旅游山水文化
旅游园林文化

初识旅游文化

旅游建筑文化
旅游宗教文化

旅游企业文化

旅游民俗文化
旅游饮食文化

旅游主体文化

TOURISM

(2006—2010)教育部高等学校高职高专餐旅管理与服务类专业教学指导委员会推荐教材

全国高职高专旅游类"十二五"示范教材

TOURISM
旅游文化

本教材编写委员会

主　编　周春林

委　员　胡丹丹　倪月犁　盛方清

彭　鹏　巴佳慧　郑晓旭　熊佳蕙　张龙秀

南京师范大学出版社
NANJING NORMAL UNIVERSITY PRESS

图书在版编目(CIP)数据

旅游文化/周春林主编. —南京:南京师范大学出版社,2013.6

(全国高职高专旅游类"十二五"示范教材/黄震方总主编)

ISBN 978-7-5651-1355-0

Ⅰ.①旅… Ⅱ.①周… Ⅲ.①旅游文化-高等职业教育-教材 Ⅳ.①F590

中国版本图书馆 CIP 数据核字(2013)第 067138 号

书　　名	旅游文化
主　　编	周春林
责任编辑	崔　兰
出版发行	南京师范大学出版社
地　　址	江苏省南京市宁海路 122 号(邮编:210097)
电　　话	(025)83598919(传真)　83598412(营销部)　83598297(邮购部)
网　　址	http://www.njnup.com
电子信箱	nspzbb@163.com
印　　刷	江苏淮阴新华印刷厂
开　　本	787 毫米×1092 毫米　1/16
印　　张	13
字　　数	240 千
版　　次	2013 年 6 月第 1 版　2019 年 1 月第 2 次印刷
印　　数	3601～5100 册
书　　号	ISBN 978-7-5651-1355-0
定　　价	32.00 元
出 版 人	彭志斌

南京师大版图书若有印装问题请与销售商调换

版权所有　侵犯必究

全国高职高专旅游类"十二五"示范教材专家指导委员会

主　任：黄震方（南京师范大学）
副主任：黄维兵（四川烹饪高等专科学校）　　海米提·依米提（新疆大学）
委　员：（按姓氏笔画排序）

　　　　王全在（内蒙古财经学院）　　　　王美萍（北京联合大学）
　　　　石　强（深圳职业技术学院）　　　冯玉珠（河北师范大学）
　　　　朱水根（上海旅游高等专科学校）　杨　坚（西南大学）
　　　　杨　柳（中国饭店协会）　　　　　汪京强（华侨大学）
　　　　邹益民（浙江大学）　　　　　　　林伯明（桂林师范高等专科学校）
　　　　赵桂毅（淄博职业学院）　　　　　唐　文（吉林商业高等专科学校）
　　　　徐桥猛（无锡商业职业技术学院）　彭诗金（郑州轻工业学院）
　　　　魏洁文（浙江商业职业技术学院）

全国高职高专旅游类"十二五"示范教材编审委员会

主　任：黄震方（南京师范大学）　　　　　徐　蕾（南京师范大学出版社）
副主任：黄维兵（四川烹饪高等专科学校）　林荣芹（南京师范大学出版社）
委　员：（按姓氏笔画排序）

　　　　丁彦宏（河北旅游职业学院）　　　方法林（南京旅游职业学院）
　　　　匡家庆（南京旅游职业学院）　　　朱海榕（南京师范大学出版社）
　　　　刘　伟（广东金融学院）　　　　　刘晓琳（山东旅游职业学院）
　　　　刘惠芹（江苏经贸职业技术学院）　吉良新（日照职业技术学院）
　　　　吴　云（上海旅游高等专科学校）　吴　江（南京师范大学）
　　　　吴丽云（中国旅游研究院）　　　　汪京强（华侨大学）
　　　　宋益丹（南京旅游职业学院）　　　张树夫（应天职业技术学院）
　　　　张　骏（南京旅游职业学院）　　　张　晶（上海旅游高等专科学校）
　　　　邹统钎（北京第二外国语学院）　　周春林（南京旅游职业学院）
　　　　胡　强（江苏经贸职业技术学院）　徐洪灿（应天职业技术学院）
　　　　徐桥猛（无锡商业职业技术学院）　曹艳芬（湖北职业技术学院）
　　　　崔　兰（南京师范大学出版社）　　詹兆宗（浙江旅游职业学院）
　　　　谢元博（桂林旅游高等专科学校）　魏　凯（山东旅游职业学院）
　　　　滕玮峰（浙江商业职业技术学院）

总 序

近年来,我国高等职业教育主动适应社会经济发展的需要,以培养生产、建设、服务、管理第一线的高素质技能型专门人才为主要任务,坚持以服务为宗旨、以就业为导向,走产学研结合发展道路,通过不断深化教育教学改革,推进体制机制和办学模式创新,办学思路日益明确,教育规模不断扩大,人才培养质量显著提升,为经济社会的发展提供了强大的人才支撑和智力支持。

"十二五"时期是我国高等职业教育稳步发展和全面提升的关键时期,是办学活力明显增强,办学水平整体提升,服务能力显著提高的重要时期,是高等职业教育深化改革、创新发展的攻坚时期。这一时期,也是我国文化和旅游业大发展、大繁荣的黄金机遇期。高等职业旅游教育面临着巨大的行业人才需求,也肩负着深化教育教学改革,全面提高教育质量,培养高素质技能型旅游专门人才的历史重任。

教材是实现教育目的的主要载体,是教学的基本依据,是培养高质量优秀人才的基本保证。伴随着我国高等职业旅游教育的发展,教材建设也取得了明显的成果,教材种类大量增多,教材内容不断丰富,对促进高等职业旅游教育发展起到了积极的作用。但是,现有的高职旅游教材还存在一些不足,主要表现在:一是高职教育特色不强,仍然没有完全摆脱本科压缩型的教材模式;二是教材内容与生产实践结合不紧,实践性内容相对不足,没有充分体现行业生产实践和职业技能鉴定规范的要求;三是教材低水平重复建设现象比较严重;四是教材内容比较单调、陈旧,难以适应现代技术、行业发展和教学改革要求。

高职旅游教材的编写是一项研究课题,需要变革和创新。应根据高职培养目标准确进行教材定位,按照应用导向设计教材内容结构,将"做中学"、"用中学"、"工学结合"等现代性、实用性观念融入教材,进入课堂教学。必须面向广大学生,研究专业的职业特点及培养目标的业务规格,突破传统教材框架,探索易于高职学生接受的编写模式和内容体系,编写体现高职院校自身特色的专业教材,使教材真正成为实现旅游教学与职业紧密对接的现代教学媒体。

高职旅游示范教材的编写更是一项系统工程,需要多领域高水平协同研发。南京师范大学出版社在全国范围内精心组织编审、编写团队,其研发历经三年多时间。从深入一线课堂进行调研,听取相关领域众多师生的意见;到向全国不同教学层次学者、行业专家征求高职旅游课程建设与教材改革、行业发展新建议、新要求,在全国多所骨干、示范性高职院校旅游类重点建设专业和精品课程负责人中遴选作者;再到多次召开调研会、编委会、组稿会、统稿会、评审会……其目的在于让教材跟上时代步伐、体现高职旅游类课程改革最新成果、彰显示范性。

本套教材结合高职旅游专业的特点,围绕工作过程(任务)系统化的课程要求,在遵循科学性、职业性、实用性、创新性、示范性的编写原则的同时,在现代职业教育理念与教材有机融合、体现课程改革与高职教材特点、教材框架体系与教材内容选择、教材编写队伍与编写方式、教材立体化开发和呈现形式等方面,体现出较好的示范作用。

本系列教材基本涵盖了当前高职高专院校旅游管理、酒店管理专业基础课、专业核心课程。编写体例分两个版本:A 版偏重理论知识的课程体例,提倡以案例化、能力活动化形式展现;B 版偏重实践操作的课程体例,提倡以情境化、实操化形式展现。无论是 A 版还是 B 版,其基本体例都包括"目标—过程—评价"。为了让学生在学习的过程中能够了解并熟悉行业要求,我们在体例设置上把"目标"进一步细化,分为"行业要求"和"学习目标或终极目标";为了把"知识和技能"融进学习任务或工作任务中,在每个教学任务下分设了"任务目标"、"案例聚焦"、"任务执行"、"任务拓展"、"任务反馈"栏目(另外,有些教材在栏目的增减或措辞上稍有差异,以适应相关课程的具体发展要求),加强了任务与任务、项目或模块与任务之间的条理性和系统性,突出了每个栏目下内容都是科学设置、合理设计的特点;为了使得学习过程和教学过程更加完整,我们在"模块评价或项目评价"栏目下分设了"知识/技能评价"、"能力应变或实训演练"、"模块链接或项目链接"三个小栏目,与行业动态、实训内容等相联系,使得学生在过程评价或实践演练中培养素质、积累经验、提高技能。

本套教材凝聚了国内多位高职旅游院校优秀教师和行业精英的智慧和经验,体现了现代旅游职业教育的特点和教育教学改革的成果,是高职旅游专业教材改革创新的一次有益尝试,对提高旅游专业教材质量,推进专业教材建设具有积极意义。

期待这套教材的出版,能在我国旅游人才的培养中发挥重要的作用,为促进高等职业旅游教育的发展作出更大的贡献。

(2006—2010)教育部高等学校高职高专餐旅管理与
服务类专业教学指导委员会　主任委员

南京师范大学旅游系主任、教授、博士生导师　

前 言

2009年春季学期开始,我在原工作单位南京师范大学面向来自不同学院的本科生主讲博雅课程"中国旅游文化"。2011年,因现供职的南京旅游职业学院要迎接高职人才培养工作评估,该课程停上过一学期。至今已经主讲过7轮,先后有近500名(限额)学生选修此课程,受到学生的好评。在南京旅游职业学院我也为选修该课程的200多名高职学生授过课,并结合自己主持的江苏省教育科学"十一五"规划课题"高职院校博雅教育课程建设与教学实践研究——以'中国旅游文化'课程为例"开展对比研究和教改实践。

在课程建设之初,是按照南京师范大学博雅教育的要求来进行的。博雅教育课程力图增强学生对各主要知识领域的认识,引导他们了解不同领域的研究方法。通过有效教学的实施,着重培养学生的认知能力、思考能力、沟通能力和批判能力。我们坚信,这些能力和素质在帮助学生适应社会变化以及他们离开学校后继续成长、继续学习、优雅生活尤为重要。

机缘巧合,2009年我来南京旅游职业学院工作,原先承担的"中国旅游文化"博雅课程因学生已网上选课而不得不回母校继续授课,同时申请了"十一五"教育规划课题专门研究这门课程。高等职业教育不同于本科学科教育,强调以就业为导向,以培养学生职业素养为前提。高职院校的学生也不同于"211"大学的本科生,他们的学习强调以活动或任务为载体,注重做中学,学中做,力求理论实践一体化。

2011年我应母校出版社之邀,主编旅游文化方面的教材。其实,旅游文化类教材已经出版了许多,想在学问上短期超越前人很不现实。虽然自己有几年研究和教学实践,但在学术上没有多少贡献,因此用"旅游文化"来命名这本教材。即便如此,作者们还是在研究性教学设计上花费了不少功夫,通过设计基于活动的教学和教材组织形式,试图实现博雅教育与高职教育的有效结合。

本教材在体例上,以"模块"的形式取代传统的"章节",在每一模块中,设置"模块目标"、"模块任务"和"模块评价"栏目。在"模块任务"中,主要通过三个左右的"活动"组织教学内容,每个"活动"包括"案例聚焦"、"任务执行"、"任务拓展"、"任务反馈"等。在"模块评价"部分则包括"知识/技能评价"、"能力应变"和"模块链接"等子栏目。力图在教学的交互性、开放性、研究性和实践性等方面有所突破。

全书共分九个模块。模块一由周春林(南京旅游职业学院)编写,模块二、模块三由胡丹丹(南京师范大学)编写,模块四由巴佳慧(南京城市职业学院)和彭鹏(南京师范大学)编写,模块五由倪月梨(南京师范大学)和胡丹丹编写,模块六由周春林编写,模块七、模块八由盛方清(南京师范大学)编写,模块九由彭鹏编写。周春林负责全书的框架设计,负责统稿和所有案例、任务拓展、任务反馈及评价模块的设计、编写。熊佳蕙、张龙秀(泰州师范高等专科学校)和郑晓旭(南京旅游职业学院)对教材个别模块的初稿有所贡献。

本教材整体框架结构如下:

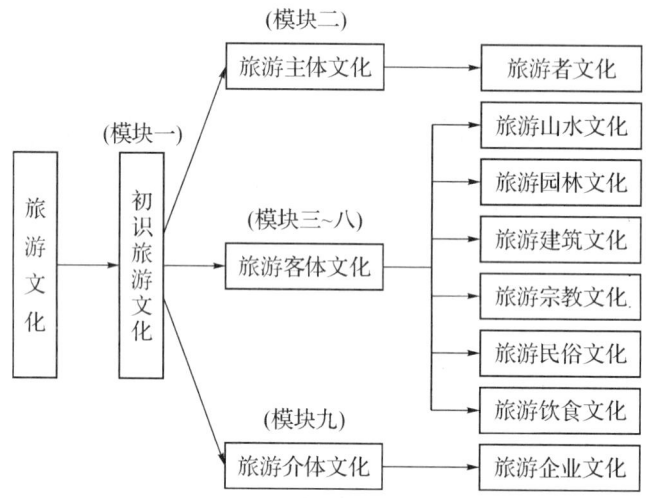

在教材编写过程中,得到(2006—2010)教育部高等学校高职高专餐旅管理与服务类专业教学指导委员会主任委员、南京师范大学博士生导师黄震方教授,南京旅游职业学院党委书记肖飞研究员,原南京师范大学地理科学学院院长沙润教授,南京旅游职业学院烹饪与营养学院院长邵万宽教授,基础部主任张军副教授等专家同好的指点和帮助,在此表示衷心感谢。编著这本教材,还参考了许多前辈同行的文献著作,大部分在教材中以"拓展路径"的形式列出,既是学生拓展阅读的资料,也是本书重要的参考文献。还有些文献受篇幅限制未能列出,特向相关作者致歉。

我们深知这本教材还很不成熟,现在能做的就是期待同行专家和广大读者的批评指教,期待在今后的教学实践中不断修改和完善。

周春林

2013 年 1 月 8 日第一稿
2013 年 3 月 21 日第二稿

目　录

总序　（黄震方）　001
前言　（周春林）　001

模块一　初识旅游文化

任务一　旅游、文化和旅游文化的再认识　001
　　活动一　旅游及其文化属性　001
　　活动二　文化与旅游文化　004
　　活动三　旅游文化研究　008
任务二　旅游文化特征及其分类　010
　　活动一　旅游文化的特征　010
　　活动二　旅游文化的分类　012

模块二　旅游主体文化

任务一　旅游主体文化特征与分类　015
　　活动一　旅游主体文化的特征　015
　　活动二　旅游主体文化的分类　018
任务二　旅游动机文化分析　021
　　活动一　旅游动机的分类　021
　　活动二　中西方旅游动机文化差异　025
任务三　旅游审美文化分析　027
　　活动一　旅游主体审美个性和审美层次　027
　　活动二　旅游审美文化类型和特征　031
　　活动三　中西方旅游审美文化差异　033

任务四　旅游消费行为文化分析　　　　037
　　活动一　旅游消费行为文化特征　　　　037
　　活动二　中西方旅游消费行为文化差异　　040

模块三　旅游山水文化

任务一　旅游山水文化分类和特征　　　　044
　　活动一　旅游山水文化的分类　　　　045
　　活动二　旅游山水文化的特征　　　　050
任务二　旅游山水文化的价值和开发　　　　052
　　活动一　旅游山水文化的价值　　　　053
　　活动二　旅游山水文化的开发　　　　055

模块四　旅游园林文化

任务一　中国旅游园林文化　　　　062
　　活动一　中国园林的发展　　　　063
　　活动二　中国园林的分类　　　　066
任务二　中西旅游园林文化比较　　　　070
　　活动一　西方旅游园林文化概述　　　　070
　　活动二　中西旅游园林文化差异　　　　074

模块五　旅游建筑文化

任务一　旅游建筑文化概述　　　　080
　　活动一　中国旅游建筑文化概述　　　　081
　　活动二　西方旅游建筑文化概述　　　　087

任务二　旅游建筑文化举隅	092
活动一　中国代表性的旅游古建筑	092
活动二　西方代表性的旅游古建筑	095

模块六　旅游宗教文化

任务一　旅游宗教文化概述	101
活动一　旅游宗教文化的概念	101
活动二　旅游宗教文化分类	105
活动三　旅游宗教文化特征	108
任务二　旅游宗教文化举隅	110
活动一　旅游道教文化	110
活动二　旅游佛教文化	114
活动三　旅游基督教文化	119
活动四　旅游伊斯兰教文化	124

模块七　旅游民俗文化

任务一　旅游民俗文化概述	129
活动一　旅游民俗文化的概念	129
活动二　旅游民俗文化的分类	132
活动三　旅游民俗文化的特征	135
任务二　中外旅游民俗文化举隅	138
活动一　中国主要旅游民俗文化	138
活动二　国外主要旅游民俗文化	145

模块八　旅游饮食文化

任务一　旅游饮食文化概述　　154
　活动一　饮食文化的概念与特征　　154
　活动二　中西方饮食文化差异　　157
　活动三　饮食文化与旅游的关系　　160
任务二　旅游饮食文化举隅　　161
　　活动一　食文化　　162
　　活动二　茶文化　　166
　　活动三　酒文化　　169
　　活动四　咖啡文化　　173

模块九　旅游企业文化

任务一　旅游企业文化概述　　179
　活动一　旅游企业文化的概念　　179
　活动二　旅游企业文化的特征　　183
任务二　旅游企业文化建设　　186
　活动一　旅游企业文化的功能　　186
　活动二　旅游企业文化的构建　　189

模块一　初识旅游文化

◆模块目标

【行业要求】

旅游从业人员需要了解旅游与文化的关系、不同类型旅游文化的特点和作用，辩证理解旅游主体、客体和介体文化三者之间的关系。

【学习目标】

学生应掌握旅游和文化的基本属性，熟悉旅游文化及其分类体系，深刻理解旅游主体（旅游者）文化是旅游文化研究的重点，明确旅游文化的内涵及其研究意义。

◆模块任务

旅游作为人类社会的一种生活方式是普遍存在的。人类文明和文化的进步推动了旅游和旅游业的发展，以旅游活动为核心而形成的文化现象和文化关系丰富了旅游学和文化学研究的内容。

本模块首先介绍和辨析相关概念，综述旅游文化研究进展，为教材界定了传达知识、培养能力的内涵与外延；其次介绍了旅游文化的特征和分类等相关知识。学生通过参与活动、完成相关任务，初步了解旅游文化学研究的目标和内容，深刻理解旅游文化在促进旅游产业、文化产业和社会事业发展中的现实意义。

任务一　旅游、文化和旅游文化的再认识

【任务目标】

文化是旅游的灵魂，旅游是文化的重要载体；文化提升旅游，旅游传播文化，旅游与文化"联姻"才能"双赢"。通过学习和完成相关任务，学生应掌握旅游、文化和旅游文化的基本概念，正确把握旅游与文化的相互关系，全面了解旅游文化学研究对象、内容和研究进展。

活动一　旅游及其文化属性

【案例聚焦】

"中国旅游日"形象标志
与口号在北京揭晓

2011年3月30日，国务院常务会议通过决议，将《徐霞客游记》开篇日5月19日定为"中国旅游日"。当年5月19日，"中国旅游日"标志和形象宣传口号在北京揭晓。标志的主体创意造型来源于甲骨文的"旅"字及传统的印鉴艺术。形象宣传口号为"爱旅游 爱生活"。

甲骨文"旅"字的变形与方形的印鉴外轮廓，突显了中国传统文化与现代旅游发展"根"与"植"的关系，为"中国旅游日"注入了更加鲜明的文化色彩，在延续传承了中国传统文化精髓的同时，创造了新的视觉意象，符合现代人日益发展的审美需求，体现了社会文明的不断进步。变形的"旅"字形象地描绘出一面旗帜引领下的一队中国游人正秩序井然、兴致勃勃地游走于美妙旅途中的场景。它有着强烈的具象化意义，突显了"中国旅游日"的主旨与核心，引导并鼓励民众积极参与旅游，体现了"中国旅游日"的号召力和影响力。

问题：旅游与文化、旅游与生活各有什么关系？国家设立"中国旅游日"有什么意义？

【任务执行】

一、旅游的概念

旅游是旅游研究中最基础、最核心的概念之一，迄今人们对旅游的界定尚未形成完全一致的共识。旅游是一种经济现象，更是一种文化现象。旅游，作为一项产业，可有效地促进地区经济的发展；作为一种文化活动，可加强不同地区文化的交流和人民的友谊；作为一种爱好，可增长见识、陶冶情操。

旅游的本质是什么？沈祖祥认为，旅游在本质上"是一种文明所形成的生活方式，是一种文化现象，是人类物质文化生活和精神文化生活的一个最基本的组成部分"。冯乃康认为："旅游不是一种经济活动而是一种精神活动，这种精神生活是通过享受美感来获得的，因此旅游又是一种审美活动，一种综合性的审美活动。"谢彦君认为："旅游是个人以前往异地寻求审美和愉悦为主要目的而度过的一种具有社会、休闲和消费属性的短暂经历。"刘德谦认为："旅游的本质是人类的交流。这种交流，既包括人与自然的交流、人与历史的交流，也包括人与人之间的交流。"国外的旅游人类学者认为，旅游是"逃离（escape）"，是"相遇（encounter）"，是"审看（gaze）"。

从本质上讲，旅游活动是一种文化活动，是文化求异和文化认同的统一，是人们暂时离开固定住所去寻求精神上满足或享受的经历。任何一次旅游经历，都是对新文化的一次体验。旅游属于文化范畴，是人类物质文化生活和精神文化生活的一个最基本的组成部分，是旅游者这一旅游主体借助旅游媒介等外部条件，通过对旅游客体的能动活动，为实现自身某种需要而做的非定居旅行的一个动态过程的复合体。

强调旅游行为的本质属性是旅游者的精神需要，认识到旅游活动的本质特征是文化行为，就能更好地从人的精神生活和文化消费需要出发，将旅游研究从实用层面提升到文化层面，对旅游进行文化和哲学的思考，真正有深度地、全面地理解旅游活动，促进旅游和旅游事业更好地发展。

二、旅游的文化属性

旅游活动是复杂的、综合性的社会现象。作为市场经济的产物，旅游具有消费属性；作为一种生活方式，旅游具有休闲属性；作为一种体验和审美活动，旅游又具有文化属性。

旅游活动涉及旅游主体（旅游者）、旅游中介体（旅游制度和企业）、旅游客体（旅游对象）和旅游社会环境四环节。从本质上讲，旅游是一种文化活动。无论是旅游消费活动，还是旅游经营活动都具有强烈的文化性。只有挖掘出文化内涵，旅游才会具备吸引旅游者的魅力。

（一）旅游主体的文化本质

旅游作为一种跨时空的消费活动，它的广泛出现是经济发展驱使的结果，但一个人能否成为旅游者更需要内在的动因。作为旅游主体的旅游者为了追求更高的物质和精神享受，走出家门，离开居住地，前往旅游目的地，在文化的驱使下，乘兴而游，兴尽而返。从历史发展的观点看，经济发展固然为社会进步提供了物质基础，但是社会发展最根本的动因是社会文化与观念的革命。二战以后世界范围内旅游活动的兴盛，改革开放后我国旅游的迅速发展，从客观条件看，是经济发展和社会繁荣的结果，从深层次看，是文化观念转变的结果。

（二）旅游客体的文化含量

作为旅游审美客体的旅游吸引物，按成因和属性可分为自然和人文两大类旅游景观。人文旅游景观，无论是有形的园林建筑、遗址古迹，还是无形的民族风情、社会风尚，均属于文化的范畴。由各种自然环境、自然要素、自然物质和自然现象构成的自然景观，只有经过人为的开发利用，才能由潜在的旅游资源变为现实的旅游资源。由于旅游主体的介入和鉴赏，赋予自然景观人格化魅力，自然旅游景观同样具有了文化性。

（三）旅游中介体的文化特征

旅游者以寻求审美愉悦、追求精神享受为目的，因此，旅游企业和经营者只有为游客提供高质量的旅游文化产品和高品质的服务，才能从交换中实现盈利的目的。在市场经济条件下，旅游产品的开发者不仅要了解旅游资源本身的特征和功能，还必须要了解游客的文化特征，开发出满足不同审美需求的旅游产品。当下，旅游业各部门不能仅满足于简单地提供吃、住、行、游、购、娱的一般服务，还应在提高各环节旅游体验的文化品位上下功夫，不断提高从业人员的文化素质，为游客提供针对性的文化服务。

【任务拓展】

①《基础旅游学》（第3版，谢彦君，中国旅游出版社，2011）认为，凡是"暂时"到"异地"寻求"愉悦"的行为，都是旅游。反过来说，只有这些行为才是旅游。你是否同意这个说法？如不同意，尝试找出反例。

②旅游的概念有多种，尝试找十个支持"旅游是一种文化活动"的概念。为什么有些概念从字面上看，旅游与文化无关？

【任务反馈】

给旅游下定义是一件很困难的事情，可以对它进行理论抽象上的概括，给出一个所谓理论性（概念性）的定义；还可以根据实际应用的需要，给出一个统计意义上的技术性（实务性）定义。

从理论上说，旅游是人们出于移民和就业任职以外的其他原因，暂时离开自己的常住地，前往异国他乡旅行、游览和逗留的活动，以及由此所引起的各种现象和关系的总和。

从技术上说，旅游是指人们为了休闲、商务或其他目的离开他们的惯常环境，去往他处并在那里进行连续不超过一年的活动。

旅游的理论性定义和技术性定义有何不同？

释疑：两者的区别在于侧重点不同。概念性定义旨在提供一个理论框架，用以确定旅游的基本特点，以将它与其他活动区别开来，侧重于对旅游活动的定义；技术性定义主要为了旅游统计、收集数据的需要，以便为决策立法提供旅游信息，所以侧重于对旅游者的定义及划分方法。

活动二　文化与旅游文化

【案例聚焦】

潘基文2011世界旅游日致辞

9月27日是世界旅游日（World Tourism Day），这是世界旅游组织确定的旅游工作者和旅游者的节日。2011年9月27日联合国秘书长潘基文在纽约发表了世界旅游日致辞，节选如下：

The theme of this year's World Tourism Day, "Tourism-linking cultures", highlights the powerful role of tourism in building international understanding and mutual respect.

There is no better way to learn about a new culture than to experience it first-hand. Tourism offers a wonderful connecting thread between visitor and host community. It promotes dialogue and interaction. Such contact between people of different backgrounds is the very foundation for tolerance. In a world struggling for peaceful coexistence, tourism can build bridges and contribute to peace.

……

World Tourism Day is an opportunity to reflect on the importance of tourism to global well-being. As we travel, let us engage with other cultures and celebrate human diversity. On this observance, let us recognize tourism as a force for a more tolerant, open and united world.

世界旅游日

问题：2011年世界旅游日的主题是什么？为什么说旅游是连接不同文化的

纽带？人们应该如何利用文化来促进旅游的可持续发展？

【任务执行】

旅游是人类认识自然、改造自然的一种生动反映，弄清旅游与文化的关系，全面加强旅游文化建设，提升旅游品位，对提高旅游行业素质，增强市场竞争力，增进不同文化交流与理解，促进旅游产业更快更好地发展，具有特殊意义。

一、文化

文化是人类群体创造并共同享有的物质实体、价值观念、意义体系和行为方式，是人类群体整个生活状态的反映。文化有广义和狭义之分，广义的概念是指人类社会历史实践过程中所创造的物质财富和精神财富的总和。狭义的概念则是指社会意识形态，以及与之相适应的制度和组织机构，可以通过符号学习和传播。文化的本体意义其实是以文教化，价值观念是文化最重要的内核。

人们在谈论旅游活动中的文化要素时多使用的是广义上的文化概念，于是文化的表现形式就有物质和非物质两种。物质形式表现为文化在创造、发展、传承过程中一种可见的实物形态，如建筑物、生活和生产工具等。非物质形式则表现为一些不可见的，必须通过一些实物、模式或行为由人来感知和体会的形态，如民俗、歌舞演艺等。

文化是旅游活动的主要内容，只有文化介入和沟通的旅游，才能摆脱单纯的旅行活动而成为真正意义上的旅游。文化是旅游的灵魂，是提升旅游竞争力的核心要素，也是区域旅游可持续发展的动力源泉。

二、文化与旅游的关系

（一）文化是旅游的灵魂，旅游是文化的重要载体

1. 文化的本质决定了文化的旅游功能

文化作为人类劳动和智慧的结晶，贯穿着人类发展和演化的整个过程，从而构成了世界上丰富多彩的文化类型和文化内涵。人类社会实践所创造的物质产品和精神产品无不凝聚了丰富的文化内涵。比如中国的万里长城、埃及的金字塔所体现的文化，不在于它们的外在建筑材料，而主要在于它们所体现的人类的科技水平和成就及其审美观念。人们用自己的智慧进行设计或加工后形成的园林、山水等自然和人文旅游景观与文化融为一体，成为大众旅游的审美对象。

2. 文化的基本类型决定了旅游文化资源的存在形式

从广义来讲，文化可分为物质文化、行为文化和精神或观念文化。物质文化对应着文化的物质要素，即文化的物质实体层面。正是这种物质层面的实体，如文物遗址等，为旅游发展提供了大量的文物古迹和历史遗存。行为文化反映文化的行为要素，正是这种文化的行为要素为游客提供了丰富多彩的民俗风情。精神或观念文化反映文化的精神观念层面，如宗教信仰、道德操守等，是极具吸引力的旅游文化资源。从旅游开发建设的角度看,要依据各种不同的文化类型,以不同的视角去挖掘各种旅游资源的文化内涵,构建特色鲜明的旅游产品。

3. 文化的基本特征决定了旅游文化的特征

(1) 文化的地域性。居住在不同环境、条件中的人们,其生产、生活的方式、内容和范围有所不同,经过漫长的演化,形成带有强烈地域特点的文化形式和文化内涵。这些对人类的各种行为包括旅游活动产生诸多影响。

(2) 文化的民族性。一个民族与其他民族区别开来的主要依据是文化传统。每个民族都生活在特定的环境中,不同的环境造就了不同的生产、生活方式,形成了不同的语言、文字、艺术、道德、风俗习惯,构成了不同的民族文化。这些不同的民族文化成为发展民族旅游的潜力之所在。

(3) 文化的时代性。在不同的历史发展阶段,文化的形式、内容和功能是不同的。人类文化进化类型与层次的多样化、共时性和穿时性是构成世界多样性的原因,也是旅游活动产生和发展的直接诱因。

(4) 文化的继承性。人类为了生存繁衍,上一代总会把自己积累的生产、生活经验与技能传授给下一代,人们从前人那里不仅继承了有形的物质遗产,还承袭了传统的价值观念、思维习惯、情感模式和行为规范。经过潜移默化的内化过程和有意识的选择传递,文化得以保存和流传,人类从而积累了深厚的历史文化资源。

(5) 文化的变异性。一方面,人类在继承前辈所创造的文化成果的同时,又在新的历史条件下从事新的文化创造;另一方面,文化的交流也以更快的速度推动文化变迁。文化的变异性为旅游创新发展提供了丰富的文化型旅游资源。

(二) 文化的优势是内涵,旅游的优势是市场

从文化的角度看,旅游的优势是有庞大的国际、国内市场,抓住了旅游就是抓住了一个巨大的市场;从旅游的角度看,文化的优势是有丰厚的内涵,抓住了文化就抓住了核心价值。从这个意义上,文化与旅游只有"联姻"才能"双赢"。

(三) 文化提升旅游,旅游传播文化

一个故事可以带动一方旅游,一场演艺可以拉动一方旅游,一首歌曲可以传播一方旅游。通过对文化内涵的解读与扩展,人们实现旅游资源的提升和跨文化的赏析与交流。通过对文化的研究,人们可以树立区域旅游形象,开发和推广旅游品牌,传播地域文化。

三、旅游文化

旅游活动是生产力发展到一定阶段的产物。作为人类的行为方式之一,它是一种复杂的社会现象与文化现象。旅游文化是人类总体文化的一种门类文化,是旅游学的基本概念之一,也是旅游学研究的重要内容。

对于旅游文化,人们可以从不同的角度进行定义,大致有以下几种表述:

（1）旅游文化是人类过去和现在所创造的与旅游相关的物质财富（文明）和精神财富（文明）的总和；

（2）旅游文化是旅游主体、旅游客体和旅游媒介相互作用产生的物质和精神成果；

（3）旅游文化是以旅游活动为核心而形成的文化现象和文化关系的总和；

（4）旅游文化是以一般文化内在价值为依据，以旅游诸要素为依托，作用于旅游生活过程中的一种文化形态；

（5）旅游文化是人类在通过旅游活动改造自然和化育自身的过程中所形成的价值观念、行为模式、物质成果和社会关系的总和；

（6）旅游文化是旅游者和旅游经营者在旅游消费或旅游经营服务过程中所反映、创造出来的观念形态及其外在表现的总和，是旅游客源地社会文化和旅游接待地社会文化通过旅游者这个特殊媒介相互碰撞作用的过程和结果。

旅游文化的内涵十分丰富，外延也相当宽泛。它既是物质的，也是精神的。既涉及历史地理、民族宗教、饮食服务、园林建筑、民俗娱乐及自然景观等旅游客体文化领域，又涉及旅游者自身文化素质、兴趣爱好、行为方式、思想信仰等文化主体领域，更涉及旅游业的产品、服务和管理等介质文化。因此，旅游文化既是一种"文化现象"，也是一种"文化关系"，既具有融合性，也具有冲突性，是一种复杂的综合文化现象。

【任务拓展】

①世界旅游日为什么被确定在9月27日？

②将潘基文2011年世界旅游日致辞翻译成汉语，深刻领会"旅游是连接不同文化的纽带"的含义。

【任务反馈】

近几年丽江市把美丽的自然风光和多姿多彩的民族文化有机结合起来，推动文化与旅游的深度融合，通过旅游业的发展为文化产业提供改革创新的平台，通过文化的繁荣为旅游业注入持续发展的动力。在建设国际精品旅游胜地的过程中，坚持把旅游作为文化的载体，把握旅游的文化属性，依靠文化提升旅游的核心竞争力。

在转变旅游发展方式过程中，如何做到文化与旅游深度融合？

释疑：第一，在融合的原则上，要坚持以自然为本，以特色为根，以文化为灵魂，以旅游为载体，以市场为导向。坚持打造独特的旅游产品，体现旅游产品的差异性，避免同质化；将旅游产品赋予文化内涵，使文化与旅游产品完美结合，彰显特色和魅力。第二，在融合的深度上，要着力将旅游产品开发成"真品"、"精品"和"绝品"。第三，在融合的广度上，要从本地特色旅游资源出发，为文化提供新的载体，在形式与内容、技术与艺术等方面有机结合，发掘新的文化业态。第四，在融合的机制上，要相互促进、彼此协调、综合配套，突破地区、部门、行业、所有制等方面的壁垒，实现文化与旅游的无缝对接。

活动三　旅游文化研究

【案例聚焦】

"旅游民族"发展民族旅游的尴尬

美国学者佛克斯说："旅游就像一把火，它可以煮熟你的饭，也可以烧掉你的屋。"民族地区开发旅游，为保留了数千年传统文化却又封闭的少数民族提供了发展机会。但从文化传播和文化变迁的角度来讲，当外来主流文化与本地非主流文化之间发生碰撞时，一般总是外来文化主动冲击和影响本地文化。当地居民在接待外来游客的过程中，会潜意识地模仿、学习外来游客，这可能会由于自己视野的狭窄，或由于主流文化的导向而丢掉自己拥有的最宝贵的民族传统文化。因此，民族地区发展文化旅游的悖论在于：旅游民族联系世界的目的与旅游人群"逃避"世界的目的最终将背道而驰。旅游民族是慨然"辞旧迎新"，成为旅游人群所代表文化的一部分，还是仅将文化差异维系于"舞台"边界，抑或是抵制旅游示范效应，继续"效忠"族群文化？无疑，在旅游情境下，作为东道主的旅游民族将如履薄冰地在这三者之间调适与斡旋。

问题：民族旅游（Ethnic Tourism）是旅游人类学研究的重点内容之一，民族地区应该如何平衡旅游发展与民族文化保护两者的关系？

【任务执行】

旅游是一种文化现象和跨文化的交流活动，这决定了研究上的文化视角取向，从而产生旅游文化学。旅游文化学是研究旅游与文化的关系、旅游文化构成体系以及旅游文化形成发展规律的学科。

一、研究对象

根据旅游文化的定义，旅游文化研究的对象包括：①旅游客源地文化；②旅游目的地文化；③旅游主体、旅游客体和旅游介体发生关系时产生的文化现象。通过研究，它主要回答旅游者、旅游客体（旅游吸引物）、旅游服务者凭什么吸引人，为什么同样景点不可能吸引所有人这样的一些问题。对旅游经营者而言，它回答开发什么样的吸引物才能得到旅游者的认同，提供什么样的服务才能让旅游者满意等问题。

二、研究内容

旅游文化学研究的内容主要包括六个方面：①旅游主体文化研究，内容包括旅游主体文化属性分析、旅游动机的文化分析、旅游审美行为的文化分析、旅游消费行为的文化分析、旅游活动对旅游主体文化人格的塑造的研究等；②旅游客体文化研究，内容包括旅游景观的旅游文化鉴赏与旅游文化分析以及文化开发研究等；③旅游介体文化研究，内容包括旅游企业文化以及旅游服务文化、旅游管理文化研究等；④旅游区域文化研究或旅游文化的空间分析；⑤旅游跨文化研究，内容包括旅游与文化交流、中西旅游文化比较、旅游文化的冲突与整合、跨文化与旅游活动及旅游经营等方面的研究；⑥旅游接待地文化变迁与调适研究。前四个方面主要涉及旅游与文化的关系并表述旅游文化构成体系（由旅游主体文化、旅游客体文化、旅游介体文化、旅游地域文化组成），最后两个方面主要涉及旅游文化的发展变化规律。

因此，曹诗图将旅游文化学的研究视阈归纳为旅游文化构成体系、旅游跨文化和旅游接待地文化三大部分，研究核心和重点是旅游主体文化与旅游客体文化。

三、研究意义

概括起来讲，研究旅游文化具有三方面的意义：一是有助于弘扬民族文化，提高国民素质，促进旅游业发展；二是有助于解释人类的旅游行为，揭示旅游活动发生发展的规律；三是有助于构建旅游学科体系，丰富旅游学和文化学的研究内容，推动社会科学发展。

四、研究进展

从国际来看，主要是从旅游社会学、旅游人类学和休闲学的视角来研究旅游对目的地社会文化的影响及其变迁的原因和本质、人们的旅游动机、旅游体验及人类思想史演变等。关注旅游活动的精神属性，研究旅游的文化本质，是近年来国际旅游学界的一大趋向。这一趋向有助于将旅游学研究从实用层面提升到精神与文化层面。

旅游文化也是我国旅游研究中最活跃的领域之一。旅游文化研究主要集中在旅游文化开发、旅游文化变迁和中国传统旅游文化研究等领域。在专项旅游文化开发研究方面侧重于历史文化、民族文化、宗教文化、节庆文化和服务文化等。在区域旅游文化开发研究方面涉及大区域、城市、旅游区和乡村等不同的空间单元。在旅游地文化变迁研究方面，受西方旅游人类学的影响，学者们更加关注旅游对目的地社会文化的影响和社会文化变迁机制的研究，特别是旅游对民族地区与乡村地区民族文化、乡村文化的影响。

总的来看，旅游文化的基础理论研究不足，理论与实践脱节。虽然当前对旅游文化概念、特征、内容及其结构体系等基本理论问题的研究很多，但正是在这些基本问题上，理论界难以达成共识，这种状况直接导致了当前旅游文化研究和实践的诸多问题。加强基础理论研究，建设和完善学科体系是当务之急。

【任务拓展】

①查阅相关文献，了解当前旅游文化学研究的主要方法。

②阅读《中国旅游文化史纲》（马勇等，中国旅游出版社，2008）或《中国旅游文化史》（徐日辉，黑龙江人民出版社，2008），了解我国旅游文化史研究的丰硕成果。

【任务反馈】

文化是旅游的灵魂，旅游是文化的载体。如何开发一个地区的旅游文化？

释疑： 对于旅游文化开发，可以简单地解释为以审美文化为导向的旅游地景观文化与服务文化的开发。开发策划需要解决文化导向、文化主题定位、文化内容策划、文化形象设计等主要问题。

自然风光的文化开发要注重发掘景观的科学内涵、美学内涵和附会文化资源；人文景观的文化开发在于其民族性、艺术性、神秘性、特殊性和传统性；而整体文化形象的塑造是旅游地文化开发的终极目的。具体到操作层面，包括文化载体的修复、文化包装、文化融入、文化活动、文化行为体现、审美引导等。

见。这样，我们就不难理解为何日本一直是我国入境游最重要的客源地之一。

日本奈良的唐招提寺

任务二　旅游文化特征及其分类

【任务目标】

旅游文化有其丰富的内涵和广阔的外延，除具有文化的一般特性之外，还具有其自身的特征。学生通过学习和完成相关任务，了解旅游文化的特征和具体分类，能够利用不同类型旅游文化的特征来分析相关旅游现象和旅游行为。

活动一　旅游文化的特征

【案例聚焦】

寻找旅游的文化动因

文化的"同"与"异"都可能导致国际游客的流动。由"同"导致的旅游主要表现在追踪同源文化上。日本人、韩国人到中国旅游，白种美国人到欧洲特别是到希腊旅游，都蕴含着深层的文化溯源心理。日本人到中国来旅游有更强的求"同"的动因。中国唐朝的政治制度、经济制度、建筑风格、城市规划乃至衣着服饰曾将日本社会引入了一个新时代。时至今日，盛唐遗风仍在当代日本依稀可

问题：为何日本游客对陕西西安情有独钟？针对日本旅华市场，在开发旅游文化资源、研发旅游商品时，可采取哪些措施？

【任务执行】

旅游文化寓于一般的文化之中，但又不同于一般文化。文化先于旅游文化而产生，旅游文化是人类文化发展到一定阶段的产物，与人类的旅游行为相始相终。旅游文化既有意识形态属性，又有经济属性，同时还具有审美属性，是一种复杂的综合文化现象。

目前学术界对旅游文化特征的认定仍在探索之中。首先，旅游文化具有一般文化所具有的属性，如民族性、综合性、地域性、继承性、时代性、变异性等；其次，旅游文化还具有自身的特性，如多元二重性、大众性、双向扩散性等。

一、一般性特征

（一）地域性

异地性是旅游最突出的外部特征。地域文化的不同是旅游之所以产生的一

个基本的条件。生活在不同地区的人们，在认识自然、改造自然的过程中，在不同的生存环境中逐渐形成了风格独特的生产、生活方式，创造了各种类型的文化。我国大致形成了四个不同的文化大区，即北方文化大区、中原文化大区、南方文化大区和青藏文化大区。这种文化的地域差异性就是旅游文化的地域性。发掘旅游文化的区域特色是旅游工作者的一项重要工作，它有助于确立一个地区的旅游资源和旅游服务的优势。

（二）民族性

民族文化是各民族在长期的历史发展过程中所创造出来的带有该民族特点、反映该民族历史和社会生活的文化。其中，民俗文化是民族文化较直接的和外在的表现形式，是较易观察和感知的文化形象。千差万别的民族文化和丰富多彩的民风习俗，对旅游主体的旅游活动产生了深远的影响。民族性是旅游文化的独特个性，是吸引旅游者的魅力所在，从某种意义上说，民族性是旅游文化的灵魂。

（三）时代性

文化的时代性指一定的文化和一定的时代相联系，一定的时代必然有一定的文化。旅游文化的时代性指不同时代旅游主体的旅游文化观念和行为方式是有差别的。从我国旅游主体的旅游性格上看，古代表现为拘谨、内向，现代尤其是青年旅游者则表现出开放和外向的性格；从旅游主体的构成上看，古代休闲旅游者多为上层贵族，现代则以大众为主。

（四）阶层性

旅游文化的阶层性是文化阶级性在旅游活动中的一种体现，指"同一社会中的不同阶层的旅游者，由于不同的经济地位、教育程度、职业性质、居住环境、闲暇时间、思维方式、价值观念、行为模式、兴趣爱好而呈现出不同的特征"。同一阶层的旅游者，具有相同或类似的心理特征及旅游偏好，这有利于旅游客源市场的细分，进而开发出适合不同阶层旅游者的个性化旅游产品。

二、特殊性特征

（一）大众性

旅游文化的大众性是由现代旅游的大众化决定的。现在旅游活动在世界各地各个阶层都普遍开展起来，旅游参加者的范围已扩展到普通民众，参加的人数越来越多，旅游的去处越来越远，具有鲜明的群体性和群众性。因而，旅游文化呈现出大众性特点。

（二）娱乐性

旅游本质上主要是一种以获得愉悦为目的的审美过程和自娱过程，是人类社会发展到一定阶段时人类最基本的活动之一。因此，旅游文化从本质上讲应是一种和谐欢乐的文化，现代旅游活动从来都是一种旅游者心甘情愿的自主自觉的娱乐性活动。

（三）多元二重性

作为一个特殊的文化现象，旅游文化的特征突出表现在矛盾运动对立统一的多个方面。它是旅游消费文化与旅游经营文化的对立统一,是文化求异与认同的统一,是文化求雅与娱众的统一,是文化求新与守真的统一,是暂时性与延续性的统一。

（四）双向扩散性

在跨空间的旅游活动中,旅游者既是文化产品的消费者,又是大众传播的媒介。一方面,旅游者无意或有意地将客源地的文化跳跃式地传入旅游接待地,而引起接待地文化的变化;另一方面,旅游接待地的文化也会被旅游者带回客源地,进而导致客源地文化的潜移默化。这种因旅游活动所引起的文化双向扩散就是旅游文化的双向扩散性,它是旅游目的地文化变迁的重要动因。

【任务拓展】

① 简述旅游文化的综合性和继承性。

② 从旅游文化双向扩散性的视角分析旅游活动对目的地文化的影响。

【任务反馈】

"保护"就是"原封不动","更新"就是"推倒重来"吗?

历史文化名镇名村的核心价值,是传承和传递真实的历史文化信息。一提起徽州文化,人们自然联想到高高的马头墙、青色的蝴蝶瓦。传承到当代的传统徽州民居具有"二重性",它既是中国传统文化特别是乡土建筑文化的历史遗存,更是当代中国亿万普通老百姓的居住现实。任何历史上发生和发展的、又传承到今天的各民族各地区的民居模式,都是当时当地乡民在被动的自然生态资源、经济技术水平以及传统生活习俗等限制条件下所做的一个主动选择。一旦这些条件有所改变,任何民居模式也必然要发生变化。徽州古民居是原封不动保护,还是推倒重来更新?

为了保护徽州聚落和徽州民居的"原真性"和"整体性",是对现状凝固起来一律"原封不动",还是对现状"推倒重来"制造假古董?

释疑：二者均不可取。应该汲取国内外古镇、民居保护的成功经验,可采取"保护"、"更新改造"和"利用"辩证统一的方式保护这些传统聚落和民居。具体的保护方式大体有这样几类：就地更新保护、异地保护、"镶嵌"保护、废墟保护、"基因"保护。

活动二 旅游文化的分类

【案例聚焦】

中日平民行为习惯有差异

作为服务人员必须要了解服务对象的国别、民族、宗教信仰等文化背景,尽量避免因文化误解造成的错误甚至是冲突。把双手交叉放在胸前和对方说话,中国人认为是一个随意的动作,表示与对方的亲密度。日本人则认为这是一种挑战性的姿势。中国人喜欢交际时拉拉扯扯、拍拍打打以示亲昵,日本人则认为接触他人的身体是一种失礼的行为。了解游客(旅游主体)的风俗习惯和行为特性,可为导游、宾馆、饭店和东道主(旅游介体)做好接待服务工作提供技术指导。

问题：日本（人）文化有何特点？如何考量旅游主体（旅游者）的文化特征？

【任务执行】

旅游文化的内涵十分丰富，外延也相当宽泛。一般认为它是由旅游主体文化、旅游客体文化与旅游介体文化共同组成的物质财富与精神财富的总和，由景观文化、服务文化和审美文化三个层次的内容构成。旅游客体文化是旅游文化的基础，也是旅游业赖以生存和发展的依托。从旅游客体的构成来看，旅游客体文化可分为旅游山水文化、旅游建筑文化、旅游聚落文化、旅游园林文化、旅游宗教文化、旅游民俗文化、旅游饮食文化、旅游文学等。从旅游主客体与旅游介体行为角度来看，分为旅游消费行为文化、旅游审美文化、旅游企业文化、旅游经营文化、旅游管理文化等。

一、旅游主体文化

旅游者是旅游活动的主体，旅游主体文化指旅游者在旅游过程中形成的一套相对独特的观念和行为模式。旅游主体文化与旅游者隶属国/民族的文化形态、旅游者的思想信仰、旅游者的文化素质、旅游者的职业和经济状况、旅游者的心理、旅游者的性格爱好、旅游者的生活方式、旅游者的消费习惯有关。旅游主体文化具有鲜明的地域民族性和个性，并具有不同的文化价值观。它主要包括旅游主体的消费文化、审美文化和休闲文化等内容。

二、旅游客体文化

旅游客体是指存在于自然环境和社会生活中的，对广大旅游者产生引诱力的事物和现象。作为旅游客体的旅游资源是旅游业赖以生存和发展的物质基础和条件，没有旅游资源就构成不了现代旅游活动。自然旅游资源和人文旅游资源体现出的不同美学价值就是旅游资源的文化内涵。这种美学价值就是吸引旅游者的最基本条件。狭义的旅游客体文化即旅游资源文化。对于中国旅游文化来说，山水文化、聚落文化、园林文化、建筑文化、宗教文化、民俗文化、餐饮文化、诗词歌赋文化、书画雕塑文化、花鸟虫鱼文化等都是旅游客体文化的"原材料"。广义的旅游客体文化还包括旅游设施和旅游产品文化。旅游客体文化是相对于旅游主体感知而言的，游客只有懂得审美，才会欣赏旅游客体的美，才可获得旅游的乐趣。

三、旅游介体文化

旅游介体，又称为旅游媒体，是指帮助旅游主体顺利完成旅游活动的中介组织，即向旅游主体提供各种服务的旅游部门和企业。相应地，旅游介体文化就包括旅游行业文化和旅游企业文化。形成旅游行业文化的主要途径有健全有关行业管理的行规会约，营造有利于旅游企业健康发展的外部环境和合理规划旅游企业的布局、规模和风格。旅游企业文化包括旅游企业价值观、旅游企业道德、旅游企业精神、旅游企业经营管理作风和旅游从业者（服务者）的文化人格等。

旅游介体文化是旅游主体文化和客体文化的媒介，是主客体文化交互的桥梁。在旅游活动的全过程中，旅游介体文化起着重要的作用。没有旅游介体文化，旅游主客体文化无法交流。旅游介体与旅游主体、旅游客体三者之间相互依存、相互制约、紧密结合，共同构成了现代旅游业这一复杂的综合体。

【任务拓展】

①依据国家颁布的《旅游资源分类、调查与评价》标准（GB/T18972—2003），可把旅游客体分为哪八大类？

②列举旅游介体所包含的具体旅游企业和旅游机构名称。

【任务反馈】

旅游客体具有显著的空间、时间和经济特征。其空间特征表现为存在的广泛性、区域性和地域的相对稳定性、构景要素的组合性；时间特征体现在季节的变化性、时代性和时代变异性；经济特征表现为价值的不确定性、开发利用的永续性和不可再生性、开发利用方式的多样性。

旅游客体的文化特征体现在何处？

释疑：旅游客体文化的感知决定性，旅游客体文化的内涵丰富性，旅游客体文化的美学观赏性，旅游客体文化的启智功能性。

◆ **模块评价**

【知识/技能评价】

①辨析旅游文化与文化旅游两个概念的异同。

②如何理解旅游与文化的关系？

③旅游文化学研究的主要内容是什么？

④简述旅游文化的分类。

⑤简述旅游文化的特征。

【能力应变】

从图书馆借阅或在线阅读2000年以来出版的《旅游文化学》（含《旅游文化学概论》、《旅游文化学导论》或《旅游文化》、《旅游文化概论》）教材，比较其内容、结构的异同。在此基础上，推荐一本你所喜欢的旅游文化教材，并说明理由。

【模块链接】

文化旅游是指旅游者为了解旅游目的地居民的生活和思想所进行的旅游活动。具体来说，是指通过某些具体的载体或表达方式，提供机会让游客鉴赏、体验和感受旅游目的地文化的深厚内涵，从而丰富其旅游体验的活动。

拓展路径

[1] 王西京.文明以止，化成天下[J].新华文摘，2008(13).

[2] 曹诗图.略论旅游文化学的主要问题[J].旅游论坛，2011,4(5).

[3] 光映炯.旅游人类学再认识——兼论旅游人类学理论研究现状[J].思想战线，2002,28(6).

[4] 朱桃杏,陆林.近10年文化旅游研究进展——Tourism Management、Annals of Tourism Research 和《旅游学刊》研究评述[J].旅游学刊，2005,20(6).

模块二　旅游主体文化

◆模块目标

【行业要求】

研究旅游主体文化,对于人们认识旅游产业化过程中的市场细分和旅游文化的演变具有重要的意义。同时,对于旅游相关从业人员来说,了解旅游主体的文化特征,能够更加有针对性地设计旅游产品、组织旅游服务、开展旅游产品的销售。

【学习目标】

学生能够了解旅游主体文化的特征与分类,掌握中西方旅游主体在旅游动机、旅游审美、旅游消费等方面的文化差异,并能把模块中所学的知识应用到酒店、旅行社等具体的服务过程中,提高自身的服务能力。

◆模块任务

旅游主体文化是旅游文化的重要组成部分,是旅游文化研究的逻辑起点与重点。研究旅游文化,必须首先从旅游主体文化入手。

本模块围绕旅游主体文化的内容展开,包括四个任务。任务一介绍了旅游主体文化的特征和分类,通过该任务的学习,学生能够对旅游主体文化有一个初步的认识。任务二、三、四则分别对旅游主体的动机、审美和消费行为进行文化分析。学生通过参与活动,完成相关任务,深刻理解旅游主体的文化内涵,全面掌握旅游主体文化的知识,以为其在将来的工作中为旅游者提供优质而高效的服务、使旅游者获得高质量的旅游体验奠定基础。

任务一　旅游主体文化特征与分类

【任务目标】

旅游主体文化的特征和分类是旅游主体文化最基本的内容。本任务对旅游主体文化的特征和分类作了一个简单的介绍,旨在通过相关案例、任务和活动的学习,让学生初步掌握旅游主体文化在特征和分类等方面的基础知识,为接下来深入学习旅游主体文化的内容打下坚实的基础。

活动一　旅游主体文化的特征

【案例聚焦】

从旅游看人生

著名的经济学家茅于轼先生曾经写

过一篇文章——《从旅游看人生》，这篇文章是他在参加过一个旅游团的出国旅行之后写的。文章中提到一个关于旅游团体的集合问题。茅于轼先生写到，二十多个人的旅游团体，每次集合的时候总有先来后到的人，时间长了，大家发现晚来的总是那几个人，而早到的也总是那几个人。从而得出了来得早晚不是偶然性而是必然性的结论，并认为这种必然性和人的习惯，甚至是人生观有关。我们每个人都深有体会，在旅游的过程中，像这种存在差异的事情不仅仅局限于集合的问题上，在其他各个方面也都有所表现。我们不可能要求每个人做得都一样。正如"世界上没有两片相同的叶子"，旅游者在各自环境的影响之下，必然会形成不同的行为模式和观念形态，从而形成各自所特有的文化特征。

问题：什么是旅游主体文化？旅游主体文化又有哪些特征？

【任务执行】

旅游主体文化是旅游文化的重要组成部分，研究旅游文化，必须先从旅游主体文化入手。旅游主体文化是旅游主体在旅游过程中形成的特有的观念形态和行为模式。它既有其他各种文化的共性，又有自身独有的特性，主要体现在以下四个方面：

一、地域性

地域不仅是一个自然地理意义上的范畴，也是一个政治、经济和文化意义上的范畴。旅游主体文化的地域性是指每一个旅游者都带有本地的、民族的风格以及本区域历史所遗留的种种文化烙印。地域性在某种程度上比民族性更具狭隘性或专属性，并具有极强的可识别性。地域性的形成离不开三个主要因素：一是本土的地域环境、自然条件、季节气候；二是历史遗风、先辈祖训及生活方式；三是民俗礼仪、本土文化、风土人情、当地用材。不同的旅游者面对着不同的生存环境，必然具有很强的地域性。正所谓：一方水土养一方人，一方人有一方人的品位。这品位或许就是长期因地理环境和地方文化熏陶而形成的个性特点。因而旅游主体文化具有地域性的特点。

二、多样性

旅游者的观念形态、生活方式、行为模式、思维方式、风俗习惯等都是旅游主体文化多样性的具体体现。旅游主体文化多样性特征产生的原因来自多个方面：首先，缘于旅游本身。旅游者在旅游中展开包括吃、住、行、游、购、娱六要素在内的多元性综合性活动，任何一个环节所体现的文化色彩，都属于旅游主体文化的范畴。其次，缘于时间和空间的特性。不同时期、不同地域，人们在旅游活动中所得到的精神体会、所积累的旅行经验、所创作的旅游作品，都属于旅游主体文化的范畴。再次，由于旅游者文化水平和审美情趣的差异，旅游主体文化呈现出多姿多彩的格局。最后，不同的地理环境对旅游者的社会生活会有不同的影响,而这种影响的后果就是派生出不同的文化类型。不同的旅游主体文化之间往往相互影响、相互作用,而这种作用的结果,就是融合产生新的旅游主体文化类型。旅游主体文化因而显示出缤纷多彩的多样性特点。

三、时代性

旅游主体生活在一定的时间和空间背景之下,不同时代的旅游主体身上会打上时代的烙印。以中国为例,传统的中国社会是一个农业社会,其主要特点是安土重迁、重农抑商、自给自足,再加上宗法制的社会组织形式,所有这一切都极大地阻碍了社会人员流动。"父母在,不远游",离别亲友犹如孤雁单飞,哀鸣不已。"日暮乡关何处是,烟波江上使人愁","在家千日好,出门一时难"。但现在,快节奏的生活方式、高强度的工作使得人们在闲暇的时间里更多地选择外出旅游,放松身心。交通方式的改善,缩短了时空距离,人们旅游的足迹遍布世界各地。旅游已然成为一种大众化的活动。原先那种把旅游视为悲苦之事,认为旅游是离开"所属群体"而引起心灵深处折磨的观点已不复存在。因而,旅游主体文化具有时代性的特点。

四、扩散性

旅游主体文化是流动的文化,因为旅游主体总在不断地变换空间。旅游主体文化与旅游客体文化、旅游介体文化不停地碰撞、整合,因而具有扩散性。根据旅游客源流向的特点,旅游人类学学者将"文化势能"的概念引入到对旅游主体文化扩散性的研究中来,认为在跨文化的旅游活动中,即两种文化的接触与交流过程中,一般是来自高势能文化区的旅游者进入到低势能文化区。旅游者来自各个地方,属于不同的阶层和群体,在目的地停留的时间不会很长,对接待地社会文化的影响可以忽略不计。不过从长远来看,接待地居民所面对的可能是一个数量上比自己庞大得多的旅游者社会群体,其整体力量不容忽视。尽管客方与主方由于文化上的差异会相互借鉴,但由于文化势能的存在,这种互动是不对等的,高势能文化必然会如水之就下,对低势能文化形成强大的冲击。旅游主体文化的扩散带给东道主最直接的影响就是当地人逐渐远离自己的传统文化,转而模仿旅游主体文化,使以前较单一的民族文化向多样化的方向发展,最终导致旅游地社会文化不断变化甚至土崩瓦解。因而,旅游主体文化具有扩散性的特点。

茶马古道上的云南和顺古镇
成为汉地文化西扩的淀积区

【任务拓展】

大量的旅游者前往川滇交界的泸沽湖地区旅游,这对当地人特别是青年一代的价值观念及生活方式产生了难以估量的影响。他们首先在穿着打扮上模仿旅游者,有的人只是在表演时才会套上民族服装;在对待民族特色文化方面,比如走婚制,很多人觉得无所谓;而且,越来越多的摩梭青年开始融入外部世界。长此以往,摩梭文化将无以为继,博物馆也许会成为其最终归宿。

①旅游主体文化的扩散性对泸沽湖地区有哪些影响?

②应采取哪些措施来避免或者减轻旅游主体文化对泸沽湖摩梭文化的冲击?

【任务反馈】

西藏号称世界屋脊,这对很多人来说是一个神秘而充满诱惑的地方。这里的雪山高峰、碧绿圣湖、幽深峡谷、千里旷野、古刹寺庙与虔诚信徒,以及独特的风俗人情交相辉映。旅游者来西藏旅行,欣赏青藏高原独特的自然景观,体验和触摸当地民众的生活事项,体会藏民的生活方式、思想意识,最终获得了心理和精神上的满足,实现了审美与自我完善的目的,达到了良好的游玩境界。而旅游者的到来,对西藏地区也产生了一定的影响,如促进当地民俗文化的开发与保护、影响藏民的价值观念和生活方式等。旅游者在西藏地区的旅游活动无不渗透着文化的传播、交流和发展。可以说,旅游活动是一种文化性的活动,而文化性则是旅游主体(旅游者)活动的本质属性。

为什么说文化性是旅游主体活动的本质属性?

释疑:从文化的角度来看,旅游主体是旅游文化的承载者和传播者。旅游主体承载着原有的文化内涵,前往相异的文化空间中旅行和游览,在将原有文化传播到异地的同时,也将各地的文化和风俗带回原有的文化环境之中。同时,旅游主体在旅游过程中,在对文化差异的比较中及文化交流的追求中,也在不断提高自身的文化修养和素质,进行审美和自我完善。因此,文化性是旅游主体活动的本质属性。

活动二 旅游主体文化的分类

【案例聚焦】

哥伦布发现新大陆

克里斯托佛·哥伦布是意大利著名的航海家,一生从事航海活动。他自幼就很热爱航海冒险,在《马可·波罗游记》的影响下,对"地圆说"深信不疑,并十分向往印度和中国。为了实现自己向西航行到达东方国家的计划,哥伦布认真学习航海知识,熟悉罗盘、海图和各种新航海仪器的使用方法,并掌握利用太阳、星星的位置确定航位的方法,为自己的航行计划打下坚实的理论基础。1492年他成功说服西班牙女王伊莎贝拉,在女王的帮助下得到西班牙国王的支持,其航行计划得以真正实施。1492年8月3日，哥伦布率领船队，经历长达3个月的航行，横渡大西洋，到达了美洲，发现了新大陆。此后，哥伦布又三次重复他的航行，登上了美洲的许多海岸。虽然哥伦布发现的美洲大陆并不是他意想中的东方国家，但是却对当时的世界产生了重要的影响，成为人类历史发展的重要转折点。除了哥伦布发现新大陆这一事件之外，西方还有达伽马绕过好望角、麦哲伦环球航行等著名的航海探险事件。西方人所处的自然环境培养了他们开放、勇敢的民族性格，形成了热爱探索、冒险和进取的旅游主体文化。而中国旅游主体深受中国传统文化的影响，形成了重人、重自然、追求天人合一等独具一格的旅游主体文化。以探险旅游为例，这一旅游活动在西方非常受欢迎，但在中国，探险活动却是近些年来才发展起来的，受推崇的范围比较局限。

问题：东西方旅游主体由于所处的自然环境和历史发展进程不同，形成了不同的旅游主体文化。东西方旅游主体文化有何差异？

【任务执行】

从地域的角度出发，旅游文化可以分为东方旅游文化和西方旅游文化。而旅游主体文化作为旅游文化的组成部分，也可按照这种方式来进行划分。

按照地域分类，可将旅游主体文化分为东方旅游主体文化和西方旅游主体文化。

一、东方旅游主体文化

东方主要指的是亚洲地区，包括部分非洲地区。东方旅游主体文化是指这些地区的旅游主体由于受到东方文化的影响而在旅游过程中表现出来的价值观念和行为模式。其中最具代表性的是中国旅游主体文化。

中国的地理形势是"内陆外海"。三面高原一面海的相对闭塞的地域特点，使得古代中国基本上与外隔绝，人们缺少探索外部世界的勇气。大河大陆性环境及其所造成的自给自足的自然经济使得中国人赞成尽物之性、顺物之情，追求人与自然的和谐，实现天人合一。人们被牢牢地束缚在土地上。同时，传统的封闭和自给自足的农业型经济，使人们可以根据血缘组成家庭或家族，共同发展生产。在"家庭本位"思想的影响下，中国人认为人生的真谛在于享受淳朴悠闲的生活，尤其是家庭生活的欢乐和社会各种关系的和睦。"父母在，不远游，游必有方"更是充分反映了古代中国人不强烈的外出旅游思想。在自然环境和社会环境的共同作用下，中国旅游主体逐渐形成了喜同不喜异、喜静不喜动、喜稳不喜变和重自然、重乡土、重血缘的文化传统。

二、西方旅游主体文化

西方，从地理位置上来讲，主要指的是位于西半球的欧洲、美洲等地区。西方旅游主体文化是指受到西方文化的影响而在旅游过程中所表现出来的价值观念、行为模式等。

西方文化的核心在欧洲,而古希腊是欧洲文化之源流。所以说,西方文化的活水源头是古希腊文化。古希腊文化发源于地中海,其所处的海洋环境培养了西方民族原始的冒险外倾的民族性格。在他们眼中,人类的力量与海洋比较起来显得尤为渺小和脆弱,但是人类依靠自身所具有的勇敢、刚毅和斗争精神征服了大海,因而人类的气魄比海洋更伟大,这一切都塑造了西方民族开放、勇敢的性格。同时,古希腊时代建立的城邦社会打破了以家族体制为基础的宗法社会形式,所实行的原始的民主政治制度,充分尊重公民的个人权利,认为公民在法律上一律平等。在此基础上,西方形成了完全不同于中国"家庭本位"思想的"个人本位"论,喜欢标新立异、独树一帜,追求自我独立、自我发展。在西方自然环境和社会环境的影响下,西方旅游主体逐渐形成了认识自然、征服世界、冒险进取、重视享乐等文化传统。

东方旅游主体文化和西方旅游主体文化,是从宏观地域层面上所进行的分类。如果进一步深入,无论是东方旅游主体文化,还是西方旅游主体文化,都可以再进行详细的分类。

关于旅游主体文化的分类,除了可以按照地域进行分类,还可以按照旅游活动展开的顺序,将旅游主体文化大致分为旅游动机文化、旅游审美文化和旅游消费行为文化。旅游动机文化形成于旅游活动开展的前期;旅游审美文化形成于旅游活动开展之中;而旅游消费行为文化则形成于旅游活动开展的中后期。本模块将于任务二、任务三、任务四部分对旅游动机文化、旅游审美文化和旅游消费行为文化分别展开讲解,在此不再赘述。

【任务拓展】

①旅游主体文化从宏观地域层次上可以分为东方旅游主体文化和西方旅游主体文化。但如果进一步深入,无论是东方旅游主体文化,还是西方旅游主体文化,都可以再进行详细的分类。请查阅相关资料,任选一种旅游主体文化(东方/西方),从微观地域层次上对其进行再分类。

②本活动介绍了两种旅游主体文化的分类方法,即按照地域分类和按照旅游活动开展的顺序分类。请思考和讨论旅游主体文化是否还有其他的分类方法,并阐述理由。

【任务反馈】

赤壁赋赏析

《赤壁赋》是宋朝大作家苏轼的著名作品。这篇文章是苏轼因"乌台诗案"被贬谪黄州,游览赤壁时而作,抒发了自己被贬谪后内心的苦闷和对宇宙、人生的一种感悟。这篇散文在字里行间传达着中国传统文化中重视"天道"、讲究"天人合一"的讯息。尤其是"浩浩乎如凭虚御风,而不知其所止;飘飘乎如遗世独立,羽化而登仙"这两句,翻译成白话文的意思就是:乘着轻风(在江面上)无所不至,并不知到哪里才会停栖,感觉身体轻得似要离开尘世飘飞而去,犹如道家羽化成仙。在这里,苏轼写出了飘飘欲仙的神态,脱离了现实的社会,从而抒发了自己在游览赤壁过程中心旷神怡和飘然欲举的超然之乐,同时也反映出中国旅游主体在旅游过程中追求人与自然融为一体及"天人合一"的文化特征。

"天人合一"是中国旅游主体在旅游中追求的一种境界,同时也是中国旅游主体一个重要的文化特征。那么什么是"天人合一",如何理解?

释疑: "天人合一"的思想观念最早由庄子阐述,有两层意思:一是天人一致。宇宙自然是大天地,人则是小天地。二是天人相应,或天人相通。人和自然在本质上是相通的,一切人事均应顺乎自然规律,达到人与自然的和谐。中国旅游主体在旅游中追求"天人合一"的境界,其实更多的是寻求人与自然的相通与交融。

任务二 旅游动机文化分析

【任务目标】

本次任务主要从文化的角度对旅游动机进行分类,并对中西方旅游动机的文化差异作了一个简单的比较。通过该任务的学习,学生能够对旅游动机的分类方法有初步的了解,并能熟练运用中西方旅游动机的文化差异分析旅游者的旅游行为。

活动一 旅游动机的分类

【案例聚焦】

井冈山红色旅游

井冈山是中国革命的发源地,是毛泽东同志1927年秋收起义之后建立的中国第一块农村革命根据地。井冈山的山山水水、一草一木,孕育了中国革命的星星之火,溅洒过无数革命烈士的鲜血,是中国当之无愧的革命圣地。近些年来,随着全国红色旅游热潮的兴起,井冈山的红色旅游也逐渐发展起来。人们前来井冈山旅游的动因,大都是因为井冈山有革命先烈的足迹,这些足迹体现出革命者大无畏的革命精神,人们希望通过追忆革命胜迹和感受先辈在艰苦岁月中的斗争精神以及他们建立的不朽功绩,学习革命传统、感悟历史、启迪未来。现阶段,旅游活动的种类有很多,红色旅游只是其中一种,推动人们进行各种旅游活动的动机也是多种多样的。

井冈山革命博物馆

问题:推动人们进行旅游活动的动

机有哪些呢?

【任务执行】

人为什么要旅游?成千上万的游客不辞辛劳地去旅游,追求的是什么?也就是说,旅游者的旅游动机是什么?动机是一个心理学名词,是直接推动人从事某种活动,并朝一个方向前进的内部动力。旅游动机是指直接推动一个人进行旅游活动的内部动因或动力。旅游动机和人类的其他行为动机一样,都来自于人的需要。

在旅游活动中,由于旅游者的范围广泛,旅游动机是非常丰富和复杂的,将旅游动机进行归类研究也很难取得一致。日本学者田中喜一将旅游动机归为四类:心情的动机、身体的动机、精神的动机和经济的动机,每一种动机反映了人们不同的需求。美国学者罗伯特·麦金托什将旅游动机分作四类:身体健康的动机、文化动机、交际动机及地位与声望的动机。德国的格里克曼斯将旅游动机分为四类:心理动机、精神动机、身体动机和经济动机。日本心理学家今井省吾将旅游动机分为三类:消除紧张感的动机、社会存在的动机、自我完善的动机。美国的托马斯也提出了包括教育和文化、休息和娱乐、种族传统和其他方面的18种旅游动机。国内学者谢元鲁从旅游文化的角度出发,将旅游者的文化动机分为五类:审美动机、学习动机、刺激动机、怀旧动机和宗教动机。本次活动采用谢元鲁关于旅游主体文化动机的分类方法,将旅游主体的文化动机分为以下五类:

一、审美动机

审美动机来源于人的审美需要,是旅游者以欣赏自然风光、领略人文风情等为旅游目的的一种动机形式。通过旅游活动,旅游者能实现自身的审美需要,获得不同的审美体验,并提高自己的审美能力。虽然对审美的追求是共同的,但由于时代、民族及个体的不同,旅游主体的审美标准却未必是相同的。地理学家赫特纳说:"风景美的典型在古代是幽雅的地方,在法国路易十四时代还认为卢瓦河边的风景属于这一类,而我们现在却觉得那里几乎是单调乏味的。几百年来,阿尔卑斯山只是一个恐怖的对象,到18世纪末时才为人们所赞叹。再晚些时候,又揭开了原野和海的美,对于文明风光的美的评价就降低了。而过去完全不被重视的荒野的自然美却慢慢进入人们的意识中。"虽然在审美标准、审美感受等方面存在时空上的差异,但这却丝毫没有影响人们因审美动机而进行旅游活动的热情。无论是过去还是现在,因审美动机而外出的旅游者一直都是旅游队伍中的主力军。可以说,审美动机是众多旅游动机中的优势动机。

二、学习动机

学习动机是指旅游者以开阔眼界、增长知识为旅游目的的一种动机形式。这种学习动机从心理学的角度可以分为有意识的学习动机和无意识的学习动机两种。所谓有意识的学习动机,是指旅游者在旅游过程中目标明确,希望从旅游过程中获得书本上学不到的知识,以作为书本知识的补充。目前,这种有意识的学习动机的主要人群是学生和学者。广大学生为了补充书本知识的修学旅游,中小学生专门针对课文所述景观的旅游,高中生到大学的参观游览,学生到国外的旅游,专家学者的考察以及学术会议、论坛等都属于有意识的学习动机。相反,无意识学习动机的游客则缺乏具体的学习目标和学习任务,只是怀着一颗探索求新的愿望去了解、去旅行。这种无意识的学习动机更多的表现为好奇。人们不断寻找着旅游地,猎奇人文风俗,探寻自然风光中的奇胜幽险之地,这在很大程度上就是为了满足自己的好奇心。如今,随着人们素质的提高,越来越多的游客都渴望能在旅途中增长见识、拓宽视野。因学习动机而外出的旅游者在整个旅游群体中所占的比重将逐渐增加。

三、刺激动机

日常生活的模式化使人厌烦,家庭生活和工作的单调性、可预见性与不变性,必须以一定程度的复杂性和变化性来刺激。可以说,寻求刺激是人们普遍追求的一种需要,在此需要之下,刺激动机也就应运而生。旅游者都带有一定程度的寻求刺激的动机,到一个与平时不同的环境中体验不同的生活。与日常生活不同的体验具有不可预见性,这种不可预见性多少也就带了刺激的成分。今天,刺激更多地表现在对生理和心理极限的挑战上,包括登山攀岩、登山滑雪、野外生存、定向越野、漂流、潜水、滑翔等多种具有挑战性和探险性的体育活动。为了满足人们这类旅游动机,城市的主题公园同样可为人们提供寻求刺激的游戏和活动,人们不一定要去野外才能获得心理和生理上的刺激。现代社会快节奏的生活和工作方式,使得通过寻求刺激来缓解身心压力的旅游活动受到越来越多人的青睐。

四、怀旧动机

人们对逝去的历史有一种怀念,希望能够看到历史的遗迹,重温逝去的光阴。在欧洲,怀旧原指一种思乡的痛苦,17世纪时被诊断为一种致命的病。现在怀旧是指对过去事情的失落感,人们所怀念的这些东西曾经是过去人们熟悉的东西,具有某种象征和表达感情的符号意义。当代人的怀旧既有对工业化时代以前的普遍怀念,也有对其他时代的

在日本世界文化遗产地东照宫可以温习《论语》"非礼勿视……"

怀想。不同的人由于生活、教育等背景不同,所怀之物也各不相同。无论是曾经的盛世还是感伤都可以激发旅游者的怀古之情。"古"、"旧"的味道受到现代人的追捧,怀旧也成了一种时尚,历史被人想象得越发浪漫。探古访旧仍然契合都市旅游者的心理。

五、宗教动机

宗教是人类的一大精神家园。以宗教为动机的旅游主要包括信徒们朝拜圣地,以宣讲或者学习教义等目的游历。世界上的一些宗教圣地、宗教偶像的出生地或曾经历大事、具有重大意义的宗教场所,旅游者络绎不绝。每当宗教节日,四方信徒更是云集。耶路撒冷可谓世界宗教最著名的圣地,是基督教、伊斯兰教、犹太教三大教所尊崇的圣地。今日,许多虔诚的宗教信仰者仍然会为了宗教的目的不远千里到宗教场所朝拜,如中国许多佛教徒会前往普陀山、五台山等佛教名山拜谒。这种动机相对其他动机而言体现出一种虔诚,它是希望与敬畏的膜拜,其神圣让世俗者惊叹甚至不解。藏传佛教中那些磕着长头,用身体丈量着大地的信徒,背负行囊,不远千里,三步一磕,向前行进,用一年半载甚至几年才能到达圣地,而此间晚上还不能躺着睡觉,只能坐着合眼。只有怀着强烈的宗教动机,信徒们才能完成这样艰难的朝圣之旅。虔诚的宗教信仰使得因宗教动机而形成的旅游群体的外出具有很强的稳定性。

磕长头去拉萨,
他们坚信去天堂的每一步就是天堂

【任务拓展】

①写出自己近期最想去的两个旅游目的地及旅游动机,并以小组(5~7人)为单位,统计各种旅游动机的频数,同时分析原因。

②谢元鲁从文化角度将旅游主体的文化动机分为审美动机、学习动机、刺激动机、怀旧动机和宗教动机,你认为这种分类方法是否合理?有没有更好的分类方法?请阐述理由。

【任务反馈】

帕洛格的心理类型模式

个人的心理特征会对旅游动机产生重要影响。美国著名的心理学家斯坦利·帕洛格以数千个美国人为调查样本,对他们的个性心理特点进行了详细的研究。发现人们可以被分为以下五种心理类型:自我中心型、近自我中心型、中间型、近多中心型、多中心型。心理类型属于自我中心型的人,其特点是思想谨小慎微,多忧多虑,不爱冒险。最强烈的旅游动机是休息与放松。在行为表现上,喜安逸,好轻松,活动量小,喜欢熟悉的气氛和活动,理想的旅游是一切都事先安排好的,比较欣赏团体旅游的方式。处于另一端的属于多中心型的人,特点是思想开朗,兴趣广泛多变。在行为表现上,喜新奇,好冒险,活动量大,不愿随大流,喜欢与不同文化背景的人相处,喜欢到偏僻的、不为人知的旅游地体验全新的经历。除了这两个极端类型外,中间型属于表现特点不明显的混合型,近自我中心和近多中心型则分别属于两个极端类型的过渡类型。越接近多中心型的旅游者,冒险精神越强烈,外出旅游的可能性越大。反之,越接近自我中心型的旅游者,外出旅游的可能性就越小。

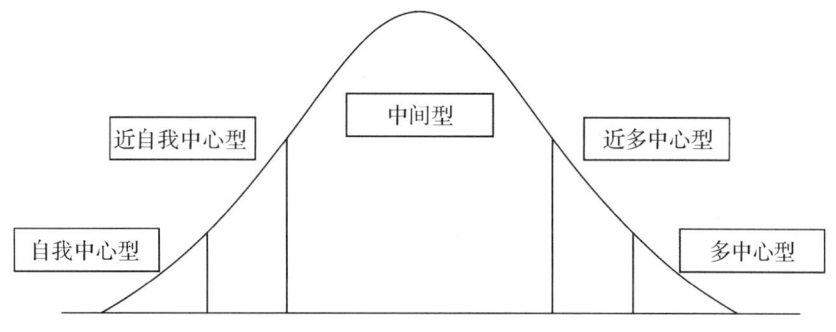

帕洛格的心理类型模式

影响旅游动机的因素除了个人心理特征之外,还有什么?

释疑:还有很多因素会影响人们旅游动机的形成,主要有年龄、性别、个人的文化程度与修养、社会条件、家庭或个人的收入状况等。例如,受过高等教育的人,掌握的知识和关于外界的信息相对较多,有亲自了解外部世界的兴趣和热情,也能够克服在陌生环境下的不安和恐惧。

活动二 中西方旅游动机文化差异

【案例聚焦】

"背包客"——等到风景都看透

背包客,又称"驴友",主要指一些三五成群或者单枪匹马四处游逛的人。现如今,背包客更多的是指那些爱好登山、徒步、探险等寻找刺激的群体或者个人。"背包客"提倡的是花最少的钱,走最远的路,看别人难以看到的风景。和一般的旅游者相比,他们更注重旅游过程中的体验。在背包客出发的时候,他们只知道一个大致的目的地,剩下的就全靠自己寻找资料、计划线路、置办装备、估算行程时间、盘算旅途的开销等。对于背包客来说,风餐露宿、买不到票、被迫流落在某个地方是常有的事情。因而在一般人的眼里,背包客的旅游方式存在一定的冒险性,难以接受。背包客最早从欧美等国家兴起。在欧洲,这些背包客往往将目的地选在人迹罕至的雪山、湖区或是边陲小镇。在旅行结束之后,他们会用文字将自己的经验记录下来与人分享，让更多的人了解到世界上那些独具特色、不为人知的风景。越来越多的人为"背包客"这种旅行方式所吸引，也逐渐加入到他们的阵列中。如今，有许多中国人也开始尝试"背包客"的旅行方式，似乎"背包客"已经成为一种时尚。

背包客的登山之旅

问题：为什么背包客最初在欧洲出现，而不是在中国出现？中西方的旅游动机有何差异？

【任务执行】

一、中西方旅游动机的强弱差异

总的来说，西方人的旅游动机要比中国人强。也许有人会说，这主要是由中西方之间经济水平的差异造成的。当然，我们不能排除经济发展水平对旅游动机的影响。相反，我们认为这种影响是相当重要的。但同时必须指出，这种差异的形成有着更为深远的文化原因。西方传统文化强调征服自然，强调着眼于未来，强调个人主义，从而塑造了西方民族较普遍和较明显的外倾性的性格特点。而中国传统文化强调尽物之性、顺物之情，强调天人合一，强调家庭本位思想，强调人的行为要符合自然的发展趋势，从而塑造了中国人较普遍和较明显的内倾性的性格特点。据心理学家研究，外倾型的人或民族相较于内倾型的人或民族来说，更乐于动，更乐于出游。中国民间有"好出门不如歪在家"、"在家千日好，出门一时难"、"看景不如听景"的俗语。这些都或多或少地反映了中华民族的内倾型民族性格特征及其对旅游动机的阻抑。

二、中西方旅游动机的类型差异

中西方旅游动机的类型差异主要表现为中国人对于单一性的需求——寻求平衡、和谐、相同、没有冲突和可预见性的倾向较为明显，而对多样性的需求程度远逊于西方人。在几千年传统文化的影响下，中华民族的旅游动机更多地表现为在旅游过程中受到自然景观的潜移默化，与自然中的某些属性发生共鸣，从而使性情得到陶冶，思想得到熏陶，最终达到"物我两相忘"、"物我合一"的审美境界。"山水比德说"就是典型的代表。与中华民族不同，西方的旅游动机表现为在征服自我、征服世界的过程中满足个人的好奇心和体现个人的竞争本能。在英文中，旅游是用"travel"来表示的。这个单词由"travail"转化而来。"travail"的本意是"有困难和危险但艰苦努力地去做"。这个英文单词在某种程度上反映了西方的旅游动机。早在西方文明的发祥期古希腊、罗马时期，西方人就形成了冒险、求知、征服的旅游精神。此时的征服客体以海洋为典型代表。在古代希腊人的观念里,海变幻无常且蕴含着巨大的破坏力。《荷马史诗·奥德赛》描写了伊大嘉国王奥德修斯在特洛亚战争结束后的回国途中于大海上漂泊10年的生活。诡谲多变、凶险四伏的大海使奥德修斯失去了所有的战士,但奥德修斯最终还是靠智慧死里逃生。史诗歌颂的正是这种征服自然的智慧和力量,这种精神在中世纪的西方继续发扬光大。西方民族充满了对外部世界的探求精神,即使冒着被劫为奴隶或牺牲生命的危险,也在所不辞。如今在这种动机的影响之下,西方旅游主要表现为发现新的旅游地、登山、滑翔、跳伞、潜水、冲浪、航海等既有高度刺激性又富有浪漫色彩的活动。中国传统文化的特点,决定了中国人缺乏冒险的旅游动机,对旅游活动中复杂性、多样性的追求有限。如果说西方人的旅游动机如太阳般炽热、耀眼,那么中国人的旅游动机则像月亮一样温柔、慈祥。

【任务拓展】

对当地某景区的中国游客和西方游客的旅游动机进行问卷调查,加深对中西方旅游动机差异的认识和理解。

【任务反馈】

中西方旅游动机的文化差异是空间上的差异,那旅游动机有没有时间上的差异?古代的旅游动机和现代的旅游动机是否一致?

释疑: 旅游动机也有时间上的差异,以中国为例,古代中国旅游大都是没有功利性质的漫游,文人士大夫的旅游大都是如此,回归自然,放浪形骸,超脱俗物。而且旅游动机的类型也比较少,以审美和学习为主。现如今,旅游动机的类型增多,有怀旧动机、刺激动机、审美动机等多种类型,同时,带有功利色彩的旅游也随处可见,真正原始意义上的旅游变得越来越少。

任务三 旅游审美文化分析

【任务目标】

审美是旅游活动的必要环节。对于旅游审美活动,需要从文化的角度对其进行深入探讨。本任务主要包括旅游主体的审美个性及因审美个性的差异而形成的审美层次、旅游审美文化的类型和特征,以及中西方旅游主体在审美文化方面的差异等三个部分的内容。通过这些知识点的学习以及相关任务的拓展,学生能够掌握基本的旅游审美文化知识,尤其是中西方旅游审美文化差异的内容,并能运用自己所学的知识解决旅游服务中的实际问题。

活动一 旅游主体审美个性和审美层次

【案例聚焦】

雁荡山游记

五月,我和朋友一起来到位于浙江的雁荡山景区旅游。雁荡山素有"寰中绝胜、海上名山"之誉,史称东南第一山。因岗顶有湖、芦苇丛生、秸草为荡,南归秋雁多宿于此,故而称为"雁荡"。雁荡山奇峰林立,从不同的角度观赏会有"一峰多态"的妙事发生。我和朋友最先观赏到的"一峰多态"便是"雁荡三绝"之灵峰。从灵峰寺的左侧可以看到一山劈为两峰,宛如双手合掌,又名"合掌峰";在灵峰寺内仰面看去,刚才的合掌已变成一只雄鹰扑面而来,气势逼人,又名"雄鹰峰";背对雄鹰站立,向后仰头观看,凶猛的老鹰已然变成了一对丰满高耸的乳峰,又名"双乳峰";再变换,又会看到此峰如一对相互依偎的情侣,我和朋友都忍不住赞叹灵峰的奇特。在旅游过程中,无论是自然景观还是人文景观,我们都不可避免地会去欣赏它们的美,可以说,审美是旅游过程中必不可少的环节。但由于旅游主体在审美能力、审美方式等审美个性方面存在差异,每个人获得的美感不都是一样的。旅游主体感受到的雁荡山灵峰"一峰多态"的美妙必然存在差异。

问题:什么是审美?旅游主体在审美个性方面的差异主要表现在何处?这种差异是否会影响旅游审美过程中所获得的美感?

【任务执行】

审美指的是审美主体对客体的内容、形式及价值的感知、观察、审视和品评,是人对美的事物的一种带有情感的认识,由审美主体、审美客体、审美中介和审美活动四个要素组成。著名学者叶朗说过:"旅游,从本质上说,就是一种审美活动。离开了审美,还谈什么旅游?旅游涉及审美的一切领域,又涉及审美的一切形态。旅游活动就是审美活动。"旅游作为一种短期性的闲暇生活方式,从本质上说,是一种集自然美、艺术美、社会美之大成,融文物古迹、建筑园林、绘画书法、雕塑篆刻、音乐歌舞、服饰烹饪、民俗风情等于一体的综合性审美实践活动。通过旅游获得审美愉悦和满足,是所有旅游者的共同追求,也是旅游的本质所在。

一、审美个性

对美的追求是人们出游的一个重要动机,但不同的旅游者因其自身个性特征、文化修养、生活经历、以往的审美实践和审美方式以及所处社会背景等的不同,展现出不同的审美个性。主要表现在以下两个方面:

(一)审美能力

旅游者的审美能力与旅游者的文化修养有关。一般来说,旅游者的文化层次越高,其旅游审美的能力也就越强。这种审美能力的差异在自然景观和人文景观中都有所表现。自然景观在基本层次上能刺激旅游者的感官享受从而产生视觉美、听觉美等一系列美感,这种层次的审美绝大多数人都能做到。除了拥有刺激感官美的特质以外,自然景观还蕴含着一定的文化信息,只有具备一定文化修养的人才能体会。对人文景观的欣赏更需要旅游者对相关知识有一定的了解。如果没有相关的文化知识，旅游者的信息获取量较小，其旅游满意程度也就不会太高。一个对中国古代建筑知识没有任何了解的人，是无法理解故宫的文化内涵的，也就无法从游览故宫的旅游过程中体会设计者的匠心独运。旅游者在审美能力方面的差异充分展现了旅游主体的审美个性。

（二）审美方式

不同的旅游者往往选择不同的审美方式，从而获得不同的审美感受。审美方式的不同主要体现在审美角度、审美时机和审美距离上。

1. 审美角度

审美角度深刻影响着审美效果，对同一景观欣赏的角度不同，审美效果会截然不同。雁荡山合掌峰同时有夫妻峰、双乳峰、雄鹰峰等名称，就是因为观赏角度不同而形成的。"横看成岭侧成峰，远近高低各不同。不识庐山真面目，只缘身在此山中。"对于不同类型的旅游资源要选择不同的观赏角度才能获得最佳享受，实现预期的审美目的。

2. 审美时机

旅游审美与一般审美不同的是，其审美的对象是随着时空的变化而不断发生改变的，因此要欣赏在特殊的时间出现的特殊景观，必须要把握观赏时机。若时机选择不当，会直接影响审美的效果。只有在深秋才能欣赏到"霜叶红于二月花"的香山红叶；只有在农历八月十八才能看到"壮观天下无"的钱塘大潮。季节不同，旅游景观也会有所差异，旅游者在审美过程中一定要把握好时机。

3. 审美距离

在审美过程中，审美主体需要与审美客体保持一定距离，这样才能欣赏到审美客体充分展示的魅力。江河湖海的旅游审美，宜于俯瞰或者远望。苏轼《赤壁赋》中写道："少焉，月出于东山之上，徘徊于斗牛之间。白露横江，水光接天。纵一苇之所如，凌万顷之茫然。"这是在湖面舟中远望所取得的审美效果。相对于一些大江大河来说，湖沼池塘则适合旅游者近距离观赏。为了欣赏到最美的风景，审美主体与审美客体之间必须保持合适的距离。

二、审美层次

在旅游审美过程中，由于旅游主体在审美个性方面存在差异，其所获得的美感在程度上不尽相同，往往显现出多层次性。李泽厚对这一问题进行过深入探讨，他把美感分为三个层次：

（一）悦耳悦目

悦耳悦目，是指以愉悦人的听觉、视觉为主的全部审美感官为体验的愉快感受。这种美感形态，通常以直觉为特征，以生理快适为基础。这是广大旅游者普遍的审美感受形态。因此，旅游活动的安排应当尽量丰富多彩，给游客悦耳悦目的审美感受，避免雷同单调。

（二）悦心悦意

悦心悦意，是指透过眼前或者耳边

具有审美价值的感性形象,领悟到审美对象某些较为深刻的意蕴,获得审美感受和情感升华。这种美感效果是一种意会,在许多情况下很难用语言来充分而准确地表述,正所谓"只可意会,不可言传"。例如,人登临云雾缥缈的黄山时,产生的愉悦体验和飘然若仙之感、超然出世之情。

悦心悦意是比悦耳悦目更高层次的审美感受。如果说悦耳悦目以感性或直觉为主要特征,那么悦心悦意则以知性或者理解为主要特征。悦心悦意的精神愉悦与悦耳悦目的感官享受相比,具有相对的持续性和稳定性。

(三)悦神悦志

悦神悦志,是指主体在观赏审美对象时,经由感知、想象、情感,尤其是理解等心理功能的交互作用,从而唤起的那种精神意志上的奋昂或愉悦状态和伦理道德上的超越。它是审美感受的最高层次。这种美感形态之所以高级而深刻,是因为它体现了主体大彻大悟、从小我进入大我的超越感,体现了审美主体与审美对象的高度和谐统一。如乘船游长江、黄河,信步登临长城,会引起人们的怀古之情,唤起人内心的民族自豪感和崇高的使命感。这种美感,不是一般感性基础上的感官快适,也不是一般理解基础上的心思意向的享受,而是一种在崇高感的基础上寻求超越与无限的审美境界。这种审美特质无疑有益于人性的完善。

【任务拓展】

因审美能力和审美方式的差异,旅游主体在审美过程中会获得不同的美感,形成不同的审美层次。这些层次从低到高分别为:悦耳悦目、悦心悦意和悦神悦志。请选择一篇游记,分析其中的旅游主体达到了什么样的审美层次,并阐述理由。

【任务反馈】

提高审美能力是旅游文化研究重点

我国旅游者的旅游文化意识不强,整个旅游水平还不高。他们对旅游这一特殊生活方式的理解还比较肤浅,不少人只是走马观花,停留在"看"山、"看"水层面,以"身临其境"为满足,"如入宝山空手回",把旅游这一对美的追求的高级文化生活视同一般外出活动。一些旅游者不懂得审美的这一起码要求,缺乏这一审美心理因素。他们分不清日常心理与审美心理的基本区别,常常以实用的观点对待旅游、要求旅游。对旅游者来说,能不能从观赏的旅游客体中获得,或获得多少美的享受,全在于旅游者本身的主观创造力,而这创造力最主要的就在于能否自觉地运用联想和想象。

为什么联想和想象对旅游者审美如此重要?

释疑:通过联想和想象,审美主体可以由眼前的事物想到其他事物,可以创造出新的事物形象,可以在更为广阔的时空范围内对审美客体进行审视、体察和品味、赏析。因此,包括旅游审美在内的审美活动同联想和想象是分不开的,没有联想和想象就没有真正的审美,更没有真正的美感。法国著名雕塑家罗丹说:"美是到处都有的,对于我们的眼睛,不是缺少美,而是缺少发现。"没有科学的观赏方法这一眼睛,是不可能发现到处都存在着的美的。

活动二 旅游审美文化类型和特征

【案例聚焦】

丽江古城游记

"丽江,是我向往已久的地方。我听说过她的美丽,听说过她的神奇。当向往一旦变成现实,心情的激动仍是难以自抑。来到丽江,举目望去,眼前的景象令人着迷,这是我见到的最美丽、最漂亮、最具古风古韵的小城。小城傍山而建,小巷临渠,家家流水,户户垂柳,优雅、温馨而又浪漫。我曾到过许多城市,何曾观赏过渠水绕城、流进家家户户的美妙景致?这里是真正的小桥流水,纳西人家,不是江南,胜似水乡。我徜徉在街头,观人流如织,摩肩接踵。好一派繁华景象,好一幅天然乐园。这是一幅生动的歌舞升平、气象万千的平民生活图景。听,脚下小桥流水;看,眼前满目生辉。置身其中,其乐融融。我爱丽江,爱她古朴,爱她典雅,爱她美丽,爱她静谧……"

这是驴友所写的一篇丽江游记,文字清新、淡雅。我虽不曾去过那里,但也可以说是心驰神往,无论是那里的环境,那里的历史,还是那里的人文气息。于旅游之中,我们每个人或欣赏自然风光,或品味人文风情,并形成属于自己的独特审美文化。这篇游记的作者亦是如此。

许愿风铃是丽江一道亮丽的风景线

东巴音乐吸引许多游客慕名来到丽江

问题:旅游审美文化有哪些类型呢?又是如何进行划分的呢?

【任务执行】

旅游审美领域大体可分为自然领域、艺术领域和社会活动领域。这里依据旅游审美领域的不同,将旅游审美文化分为自然审美文化、社会审美文化和艺术审美文化三种类型,并对各类型审美文化的特征加以分析,以便进一步把握旅游主体的审美文化。

一、自然审美文化

自然审美文化是以大自然为载体的审美文化。人类审美在自然领域的展开相对较晚,这是因为自然审美受到人与自然关系的制约。在生产力水平极为低下的远古时代,人屈从于自然,依赖于自然,人类与自然之间存在敌对性和疏远性。随着人类自身的发展,自然审美文化才逐渐萌芽。将自然由实用的对象转化为纯粹审美的对象,大约出现在中国的先秦时期,西方则始于文艺复兴时期,时间上要比中国晚得多。工业革命以后,特别是二战结束以来,随着工业化、城市化进程加快,越来越多的人渴望获得"久在樊笼里,复得返自然"的乐趣,自然审美文化有了快速的发展。在旅游审美中,作为审美主体的旅游者,在领略秀美的自然风光的同时,又对自然所蕴含的丰富文化内涵有了更深刻的理解,由此得到思想的净化和道德的升华,产生愉悦的感受。这种感受,就是精神和情感的慰藉,是一种高层次的文化享受。

二、社会审美文化

社会审美是以审美的眼光观察、体验旅游地社会的制度、结构、人情、伦理、道德、民风与生活方式。人类的社会交往、社会活动过程也是美的创造过程。这些美普遍地存在于人类的道德伦理、习俗礼仪、婚姻家庭、经济政治、宗教信仰以及社会劳动和社会产品之中,并以人类自身的存在状态和活动状态显示出来。所到之处,旅游者必然会以审美的态度观察、体验这些美,由此形成一种社会审美文化形态。美国商业部多年前曾对来美国旅游的外国人的动机进行调查,发现绝大多数游客是为了了解美国人的社会生活方式而作出旅游决策的。由此可以看出,社会审美文化在整个旅游审美中占有一定的地位。旅游者从这类文化中得到的,应该说既有一般心理上的赏心悦目、猎奇览胜,又有伦理道德层次上的震撼和启迪。

三、艺术审美文化

旅游活动中的艺术审美文化,是指旅游者与作为旅游审美客体的各种艺术作品发生"同构"关系而产生的文化形态。严格地说,艺术也是人的一种生存状态和生活活动,艺术审美也属于社会审美的范畴。但是,艺术审美毕竟具有典型性、特殊性,因此将艺术审美文化从社会审美文化中分离出来加以单独探讨是有意义的。与天然风景之美不同,艺术美是人所创造的,是人类劳动和智慧的结晶。因此,艺术作品具有鲜明的主体性和形象性的特点。艺术作品的特点决定了旅游活动中艺术审美文化的特性。首先,旅游活动中的艺术审美文化具有主导性、强制性,这使得导游介入旅游者审美过程具有重要意义。其次,艺术品的审美价值不在于它的存在本身，而在于它的内在意蕴。这种内在意蕴是社会文化的历史积淀，与人类的哲学、宗教、道德、科学有密切的复杂关系。再次，艺术审美对旅游者的反馈影响独特而深刻。艺术审美不仅具有娱乐作用，还具有审美认识和审美教育作用。旅游艺术审美能够潜移默化地引起人的思想、感情、理想、追求发生深刻的变化，引导人们正确地认识生活，树立正确的人生观和世界观。

【任务拓展】

①从社会审美文化特征的角度出发，你认为旅游目的地在发展旅游的过程中应该注意哪些问题？可选择一个具体的旅游目的地或者旅游景点来阐述。

②本活动从旅游审美领域的角度出发，将旅游审美文化分为自然审美文化、社会审美文化和艺术审美文化。还可以从哪些角度对旅游审美文化进行分类？请思考并说明理由。

【任务反馈】

在旅游审美文化中，艺术审美是否只是欣赏一般的艺术作品，如油画、建筑、园林等？

释疑：旅游活动中的艺术审美，不仅只针对一般的艺术作品。旅游服务企业中的富有艺术性的产品也是旅游者进行艺术审美的对象，如企业服务人员的服饰艺术，饭店的建筑艺术、装饰艺术、烹饪艺术等。旅游企业通过提高产品的艺术品位能产生巨大的经济效益。现阶段，塑造企业的艺术氛围，已然成为旅游企业经营管理的一项重要内容。

活动三 中西方旅游审美文化差异

【案例聚焦】

《最后的晚餐》赏析

《最后的晚餐》这幅油画是意大利著名的绘画大师达·芬奇毕生创作中最负盛名的作品。这幅作品取材于圣经故事之耶稣被捕，耶稣在即将被捕前，与十二门徒共进晚餐，席间耶稣镇定地说出了有人出卖他的消息。作品所描绘的就是耶稣说出这一句话时众人的姿态、表情和当时画面的背景等情况。在同题材的作品中，西方人认为此画是最完美的。完美之处有三：其一，此画以数学的对称为基础，一条长桌，后面三扇窗子，光线从中间射入照在耶稣身上，耶稣两边各有六个弟子，又再分为三人小组，每人的动作在构图上匀称且平衡；其二，在空间与背景的处理上，作者运用透视法画出画面的深远感，并正确地计算离地透视的距离，使水平线恰好与画中的人物和桌子构成一致，给观众造成心理上的错觉，人们仿佛能亲眼看见这一圣经故事的场面，显得尤为逼真；其三，作品在明暗程度上的处理是利用左上壁的窗子投射进来的光线实现的。所有人物都被画在阳光中，显得十分清晰，唯独背叛耶稣的那个人的脸和一部分身体处在黑暗的阴影里。西方人眼中的三处完美充分反映了他们在审美过程中对形式美（对称美）、空间的真实感以及光线明暗等的追求。和西方不同，中国人更多的是追求"神似"，不讲究比例尺寸，中国众多的名画，如《韩熙载夜宴图》《富春山居图》等充分反映了这一点。对艺术作品的欣赏属于旅游审美文化中的艺术审美文化，是旅游审美文化的重要组成部分。因而，这些艺术方面的审美差异实际上说明了中西方在旅游审美文化上的差异。

《最后的晚餐》（现藏于意大利米兰桑塔·玛丽亚感恩教堂）

问题：为什么中西方在审美方面会存在差异？这些差异表现在哪些方面？

【任务执行】

不同文化中的人对同一现象的情感体验可能大不相同，如笛卡尔所说："同一件事情可以使这批人高兴得要跳舞，却使另一批人伤心得要流泪。"同理，中西方旅游者由于文化的差异，对同一景观产生的审美意识、审美行为、审美体验等肯定也是大不相同的。

一、中国人特别关注山水景观所附载的人文美；而西方人则关注山水景观本身的自然美

中国曾有一句话，"文因景成，景借文传"，可以说，在我们国家，大多数有名的山水景观都是因为有名人贤士与之产生联系，因而得到永久的称颂。江南三大名楼便是如此。岳阳楼的出名很大程度上是由于北宋著名文学家范仲淹写了一篇不朽的散文《岳阳楼记》。据说当时巴陵郡守滕子京是很有才华的人，在楼落成之时，凭栏远眺，诗兴大发之后，请范仲淹为岳阳楼作记。此记文情并茂，读之感人肺腑，很多警句已成为后人待人处世的格言。"先天下之忧而忧，后天下之乐而乐"之句，更为世人所传诵。黄鹤楼的成名与唐代诗人崔颢的《黄鹤楼》密不可分。他写的"昔人已乘黄鹤去，此地空余黄鹤楼。黄鹤一去不复返，白云千载空悠悠"成为千古绝唱，也使黄鹤楼名声大噪。历代名人如李白、白居易、贾岛、陆游等都曾先后到黄鹤楼游览，吟诗、作赋，更使它添色不少。滕王阁则因唐代诗人王勃的《滕王阁序》而名扬四海。上元二年(675)，洪州都督阎伯屿在此大宴宾客，王勃席间所作《滕王阁序》成为传诵千古的名篇。"落霞与孤鹜齐飞，秋水共长天一色"是王勃盛赞滕王阁的名句。今人登上滕王阁，心头浮现的绝对少不了这名句。

相比较而言，西方人则关注山水景观本身的自然美。如车尔尼雪夫斯基这样来描写水："水由于它的形状而显现出美，辽阔的、一平如镜的宁静的水在我们的心理产生宏伟的形象。奔腾的瀑布，它的气势是令人震惊的，它的奇怪特殊的形象也是令人神往的。水，由于它的灿烂透明，它的淡青色光辉而令人迷恋，水把四周的一切如画地反映出来，把这一切屈曲地摇曳着，我们看到的水是第一流的写生画家。"由此可见，西方人欣赏水的美，是美在它的形状、气势、它的灿烂透明，它的淡青色光辉。水由于它本身的美而美，而不是所附载的其他东西。

中国文化从本质上来讲是一种伦理文化，道德是中国古代长期赖以生存和发展的基础。在中国长达两千年的封建社会里，中国人把道德的价值放在其他价值之上。在欣赏山水时，也要在一切山川景物中都发现可贵的"德"，将人类的美好品德赋予特定的自然对象，从而在物我交融中培养人的道德情操，使人道德完善。中国古代有一种"比德说"，其核心理念就是认为山水具有人一样的美德。长期的比德意识，使中国大量的自然景观与人产生了密切的联系，蒙上了浓重的文化色彩。而西方没有这些影响，文艺复兴运动及蓬勃而起的工业革命使自然界作为独立的审美客体出现，因而在审美中，西方人更多地关注景观本身的自然美。

二、中国人的旅游审美集中于抒情的印象重现；西方人的旅游审美则集中于风景的对象描写

艺术家林风眠曾提出，东西风景画表现方法的不同，实则就是东西风景审美的不同。为了看出两者的差异，此处不妨拿中国的风景画、水墨画和西方的风景画、油画作一比较。中国的风景画"尺幅之间见深远"，不讲究比例尺寸，更接近于概括与含蓄的真实。"图外有画，咫尺千里，余味无穷"、"只见片断，不逞全形"，以表现情绪为主，各家皆饱览山色而在情绪浓厚时一发其胸中之所积，所画皆系一种印象。而西方的风景画则是对象的描写，以模仿自然为能事。

中国国画采取非科学的"散点透视"法，不重阴影明暗，不讲层次，立体感不强，虚实也不明晰，但却气韵生动，其内在精神与韵致得到充分表达，是谓神似。西画借助焦点透视法，重远近层次、阴影明暗，把模仿的逼真性（形似）作为衡量艺术成败得失的主要尺度。

中国传统文化宣扬"天人合一"，高扬人的主体精神。认为艺术不在模仿自然，而在表达受自然感动之"心"；不在再现外物，而在抒情言志。西方"天人分离"，把风景作为独立的对象来研究，把审美客体放在首位。西方传统文化以天人相分、主客二分为根基，在人与自然的关系上，表现为人作为认识和实践主体，处在自然、世界之外、之对面，观察、思考、研究自然，并进而改造、征服自然。强调通过逻辑思维，借助光学、化学等自然科学的成果对客体的外在形式进行精确的观察、把握。在中国人的审美意识中，人与自然不像西方那样是一种对立关系而是一种包含关系，觉得宇宙自然不是人以外的外在世界，而是人在其中的宇宙整体。在审美心态上，"观山则情满于山，观海则意溢于海"，相信人与自然是和谐的。无生物与有生物都是与宇宙息息相关、相交相融的实体。在中国人的眼中，给宇宙灌注生机的自然是生命之根，是人可亲可近、相交相游、俯仰自得的亲和对象。"我看青山多妩媚，料青山见我应如是"，"举杯邀明月，对影成三人"。不重视对自然的观察、思考、研究，而更多地追求人与自然契和无间的这样一种精神状态和境界。由此造成了中西方审美观的差异。

三、中国人的风景审美其目的在于舒适精神、怡乐性情；西方人的目的在于追求形式美的享受以及光感、色彩、空间感的真实性

中国南朝诗人陶弘景曾作诗："山中何所有，岭上多白云。只可自怡悦，不堪持赠君。"据说当时的皇帝几次邀请陶弘景下山做官，都遭到他的拒绝，陶弘景以此诗说明了其中的原委。还有陶渊明的"久在樊笼里，复得返自然"，"采菊东篱下，悠然见南山。山气日夕佳，飞鸟相与还。此中有真意，欲辨已忘言"也让人感觉到中国古人的审美情趣所在。由此可见，中国人在旅游审美中以"自适、畅神"为宗旨，体现出重视人性自由的审美情调。自适、畅神是一种精神上的自我观照，是面对风景所产生的超功利的人性自由，是一种沉入意境的心灵状态。

西方因为深受自古希腊以来的形式主义美学思想的影响，十分看重物体的形式美。西方人认为"美"是一定数量关系的差异与统一所达到的和谐。比如雕刻艺术，西方曾概括出人体雕刻美的三个原则：头与全身比例为1∶7；重心在一只脚上；动作与肌肉要柔化。总之，身体各部分都应按一定比例来造型。所绘物象，立体、逼真，虚实分明，如可触摸。色彩的对比、光线的明暗、凸凹的立体感等形式美一直是西方人所追求的。

【任务拓展】

①查阅相关资料，从文化的角度出发，比较中国南北方在旅游审美文化方面的差异。

②有人认为，随着世界政治经济一体化的发展，中西方文化之间的相互交流和渗透加强，因而，在未来一段时间内，中西方在旅游审美文化方面的差异会逐渐缩小直至完全消失。你同意这个

观点吗？阐述理由。

【任务反馈】

中西方旅游审美文化的差异是空间上的差异,那旅游审美文化有没有时间上的差异？古代和现代的审美文化是否一致？

释疑：审美文化的形成受制于时代的社会经济状况,与该时代人们的价值观念、生活方式、思维方式密切相关。随着时代的发展变化,人们的审美意识、审美文化也在不断地演进。旅游审美文化也是一样,具有时间差异。例如,过去人们不屑一顾的荒野,其自然美现在慢慢进入到人们的视野中,神农架、张家界、九寨沟等旅游地成为众多游客所向往的地方。这充分反映了旅游者的审美文化是随着时间逐渐发生变化的。

任务四　旅游消费行为文化分析

【任务目标】

旅游消费行为也是一种文化。旅游消费行为的文化分析对做好整个旅游服务工作有着深远的意义和影响。通过本任务的学习和相关任务的完成,学生能够了解旅游消费行为的文化特征,掌握中西方旅游主体在旅游消费行为方面的文化差异。

活动一　旅游消费行为文化特征

【案例聚焦】

秦淮八绝

秦淮河是古城金陵的起源,是南京文化的摇篮。它素为"六朝烟月之区,金粉荟萃之所",更兼"十代繁华之地,游客云集之处"。以其数不尽的名胜佳景,说不完的逸闻掌故,成为人们流连忘返的游览胜地。秦淮风光固然美好,历史固然悠久,如若没有品尝到极富秦淮风味的小吃——秦淮八绝,秦淮之行便不算完整。乘一画舫,荡于秦淮河中,品着秦淮小吃,感受秦淮风光,别有一番韵味。如今,秦淮小吃之"秦淮八绝"已然成为秦淮文化的重要代表。品尝秦淮小吃成为人们感受秦淮文化的必做之事。

一对老人停留在玩偶店橱窗前

旅游过程中的消费是必不可少的,落实到具体便是在"吃、住、行、游、购、娱"上的消费。这些"吃、住、行、游、购、娱"所指向的对象大都是当地文化的载体和反映,如"秦淮小吃"就是秦淮文化的载体。可以说,旅游消费实质上是一种文化性的消费,而文化性便是旅游消费行为的一个重要特征。

问题：旅游消费行为的文化特征主要表现在哪些方面呢？

【任务执行】

旅游消费行为有广义和狭义之分。广义的旅游消费行为包括从旅游消费需要的产生、消费计划的制订到实际消费以及其后产生感受（满意程度）的全过程。狭义的旅游消费行为强调该行为是一种外在表现，仅指旅游者的购买行为以及对旅游产品的实际消费。从旅游消费行为的广义定义中，我们可以看出，其大部分环节都与文化有密切的联系。旅游消费行为的产生、整个消费过程和最终的实际感受都是以获取精神文化享受为指向的。大部分旅游消费者所追求的最终利益并不是旅游产品本身，而是一种文化体验。因此在该活动中旅游消费行为的文化特征、中西方旅游消费行为的文化差异是从广义的旅游消费行为的角度来阐述的。

从本质上来说，旅游消费行为是旅游主体的一种文化行为。它满足了人们对于精神文化的需要，具有突出的文化特征，主要表现以下四个方面：

一、旅游消费是一种符号消费

旅游消费不同于一般的日常消费。一般的日常消费主要是对物品的消费，因而在消费的过程中特别注重物品本身的功能性。旅游作为人们对另类生活方式的追求，对物品的消费性质发生了变化，与物品本身的功能性相比，旅游者更注重物品本身所蕴含的文化意义。由此可见，旅游中所消费物品的符号性超过了其本身的功能性。旅游所供给的物品，必须成为符号，必须表达出某种文化内涵与象征意义，才能被旅游者所接受。因而，旅游消费是一种符号消费。

二、旅游消费是为了满足旅游者精神上的需求

旅游消费从本质上来讲就是一种文化消费。随着社会经济的发展，旅游休闲、娱乐活动一直被人们看作是劳动再生产的必要而有效的途径。在后工业时代，由于工作效率的提高，人们的精神压力也随之增加，旅游活动逐渐成为除休息、饮食之外劳动力再生产的有效方式。通过旅游消费，生产者可以消除疲劳，缓释心理压力，丰富文化知识，恢复自己的体力。在实际旅游消费中，旅游者情愿付出时间、金钱和精力来获得并不具有实际使用价值的物质产品，以求得某种心理、精神上的满足和知识上的收获。

旅游消费行为能够丰富自我，提高人格的精神力量。它不仅使人的身体与精神从疲惫的工作和日常生活节奏中得到调整恢复，同时也丰富了人生经历。通过对新环境的适应、新知识的补充，人与自然、人与世界的联系变得更加丰富，人的价值观、世界观也更加趋于成熟。

三、旅游消费是一种文化性消费

从旅游消费的客体，即旅游消费中

的"吃、住、行、游、购、娱"六大环节所指向的对象看,大都是一定文化的载体和反映,具有深厚的文化内涵。如"吃"的饮食文化、茶文化、酒文化等,"住"的建筑文化等,"游"的旅游资源所承载和折射的文化等。从旅游消费主体看,他们大都是一个国家或地区特定文化的表征。在消费过程中,消费主体不断体验着消费客体中的文化,同时也会因为自身的文化背景对同一消费客体产生不同的文化反映。由此可见,旅游消费是其主体、客体等相互作用所表现出来的一种文化性消费。

四、旅游消费行为与文化的传播、交流和发展密切联系在一起

旅游者带着在自身文化氛围中形成的审美习惯、思维方式和旅游消费行为模式,进入另一个文化空间进行文化的接触和交流,并将自身的文化属性造就的消费模式带入旅游目的地。旅游者在和旅游地居民交流的过程中,以自身的文化特性对他人产生潜移默化的影响,进而使旅游地的文化特质产生一定程度的改变,同时使自己对目的地的文化和社会有了更深入且客观的了解。从某种程度上来说,旅游消费行为促进了地区之间的文化融合,旅游活动作为一种社会文化活动,在打破地区、国家的界限,促进不同国家、地区、阶层的人们相互了解、相互交流方面所起的积极作用越来越被人们接受和认同。

【任务拓展】

①为什么说旅游消费行为具有突出的文化特征?

②从旅游主体文化和旅游接待地文化两个方面分析文化对旅游消费行为有哪些影响?举例说明。

【任务反馈】

**"2012西藏行"驴友俱乐部
活动的注意事项**

1. 注重环保、低碳出行。活动产生的垃圾一律自行带离,不采摘林中植物,维护好广大驴友的光辉形象,贵重物品(如钱包、身份证件、数码产品等)请随身携带,丢失自理。

2. 进藏区前睡眠和休息要充足,出发前一周建议服用红景天胶囊或高原安,凡有高血压、心脏病、脑溢血、冠心病等病情或年龄在60岁以上,为了你的安全请勿隐瞒病情,你可另择其他线路。报名前未说明者,后果自负。

3. 藏区全民信教,风俗习惯与我们不同,游时请谨记领队提出的注意事项,请务必尊重民众的宗教信仰。不要以城市人的心态及标准去衡量当地条件,途中经过玛尼堆时可添加石头,忌讳取走玛尼石,也不可乱翻乱动,更不能上去踩踏。

4. 出门旅行都有一定的危险性,请广大驴友充分考虑这一点。在旅行过程中,参加各种活动(例如:登山、骑马等自娱活动)时应该注意人身及财产安全,如果因自身原因出现人身及财产损失,本俱乐部不承担赔偿责任……

旅游者在实现其旅游行为的过程中,一直伴随着消费行为,这种消费行为对旅游目的地会产生众多的影响,其中包括对文化的影响。那么旅游消费行为对旅游目的地文化的影响体现在哪些方面呢?

释疑:①对目的地居民思想和行为的影响;②对目的地社会生活的影响;③对目的地传统文化习俗的影响。

活动二 中西方旅游消费行为文化差异

【案例聚焦】

中国旅游者海外消费:
"钱多人傻"成新标签

春节期间走访巴黎各大百货公司发现,大批中国游客赴巴黎购物,成为此地的消费主力军。部分中国游客表示,与国内相比,同样商品在当地的价格较低、质量更有保障、服务较为周全。法国旅游业官员称,中国游客赴法旅行多以购物为重点。

以前,英国人眼里的中国人往往被贴上"勤劳节俭"的标签,但如今"钱多人傻"似乎成了新的标签。英国人甚至认为在春节等中国节假日来购物的中国游客在享受"购物狂欢"。由于有18%的古奇牌手包被中国人买走,英国媒体从2011年起就给年轻且购买力强劲的中国游客冠上了"古奇一代"的称号。据英国旅游局统计,到英国旅游的中国游客的购物支出约占旅游总花费的70%,美国游客的购物支出只占旅游花费的25%至30%。现在中国游客的消费额几乎是美国游客的两倍,而5年前中国游客的消费能力还只是美国游客的1/3……

问题:为什么中西方旅游者在购物这个消费支出结构方面会存在差异?除了上述差异之外,还有哪些?

【任务执行】

旅游者的消费行为受到自身文化的决定和支配。文化特征不同,所表现出来的旅游消费行为也不尽相同。本活动主要分析在不同文化影响下的中西方旅游者在旅游消费行为上的差异。

一、旅游目的地的选择差异

西方旅游者因为极富冒险精神,而且受个人自由主义的影响,他们在旅游目的地的选择上往往趋向于人迹罕至的旅游地,喜欢率先来到这些地区享受探索的新奇感和发现的喜悦感,喜欢接触并渴望了解他们不熟悉的文化和人群。一般而言,凡是极具特色或个性突出的目的地,往往会成为西方旅游者选择的对象。而中国人喜欢一些较为平和或静谧的景观,一般选择的是较为熟悉并且规划建设得相对成熟的目的地,而对于一些旅游开发不是很成熟,或地处边远地区的景区兴趣不大。同时,中国人具有较强的群体观念,易受他人支配,从众心理严重,在选择目的地时,容易受他人的意见或社会时尚的影响,从而使得一些知名度较高的旅游地在旺季期间达到饱和甚至超载,而一些景色奇美的小众旅游地却很少有人问津。

二、出游方式差异

与他们在目的地选择决策方式的特点一脉相承,西方人的出游方式反映了西方文化的个人主义特点。为了尽情享有属于个人的时间和空间,西方旅游者单独外出度假的情况相当普遍,似乎与人结伴或与家人同行会损害自己旅游的效益。西方人出国旅游也有参加旅游团的,但其中一个很重要的目的是为了省去订房间和订机票的麻烦。相反,因中国人有强烈的群体意识和不喜冒险的性格,所以在出国旅游和国内长距离旅游中,多喜欢组团的形式,人们认为这样可以相互照顾,获得安全感。近距离旅游则往往同家人或亲友偕行,个人单独外出旅游的情况比较少见。

三、消费支出差异

旅游消费支出结构既受个人和家庭收入水平的影响,也受消费观念的影响。由于传统文化背景的不同,中国人的消费观与西方人相比,具有节制现时消费、重视物质产品消费和重视饮食的特点。中国人的基本消费观在旅游消费领域主要表现为:第一,因有节俭传统,在交通和住宿方式的选择上注重"经济实惠"。第二,重有形物品的消费,轻劳务性消费。比如,不情愿光顾提供有偿服务的旅游中介机构,不情愿花钱聘用导游,但购物的倾向相当明显。第三,重纯娱乐性消费,轻发展性消费。旅游中的活动有些是纯消遣、娱乐、享受性的,另一些则有利于提高文化知识和修养,有利于掌握某种技能,有利于开发智力,属于发展性的。国内旅游者一般不太重视发展性消费,因而较少光顾博物馆、艺术馆之类的场所。

中国大众文化旅游重视物质享受

四、消费习俗差异

传统文化的积淀影响着人们的价值观、审美观,尽管时代发展了,但各民族文化传统中的习俗、道德、价值等仍影响着人们的行为。这实质上是中西方各自独特的文化规约和风俗习惯在各个旅游环节上的体现。例如:中国人吃饭用筷子,而西方人习惯用刀叉;中国人外出旅游不喜欢住带"4"的楼层和房间,因其与"死"谐音,喜欢"8",因其与"发"谐音,而西方人则忌讳"13",在出游时也会有意地回避带这个数字的东西,这是源于《圣经》"最后的晚餐"中出卖基督的是其第

13个徒弟；在宴席上，中国人讲究劝酒，而这在西方人看来则是无礼之举。类似这些不同习俗是相当普遍的。

【任务拓展】

①学习中西方旅游主体在消费行为方面的文化差异有何意义？

②为什么中西方旅游者在旅游消费支出结构上存在差异？列举1~2个反映西方旅游者在消费支出方面与中国旅游者存在差异的案例。

【任务反馈】

文化的发展变化是否会对旅游消费行为产生影响？如果有，那么在文化的影响下，当代旅游主体的消费行为有哪些新的特征？

释疑：文化的发展变化会影响旅游主体的消费行为。在文化的影响下，当代旅游主体消费行为的新特征有：①旅游者年龄结构趋于年轻化；②旅游主体消费需求多样化、细分化，参与意识增强；③散客旅游、组合旅游等多种旅游形式日益兴起；④旅游主体消费行为的文化动机、回归自然的动机不断强化。

◆模块评价

【知识/技能评价】

①旅游主体文化的特征有哪些？

②旅游主体文化有哪些分类方法？

③举例说明旅游审美的三个层次。

④根据旅游审美领域的不同，可将旅游审美文化分为哪几种类型？每种类型又有哪些特征？

⑤中西方旅游动机、旅游审美、旅游消费行为的文化差异表现在哪些方面？请举例说明。

⑥旅游消费行为的文化特征表现在哪些方面？

【能力应变】

假如现在有一个英国的旅游团队要来南京进行为时一个星期的旅行游览。参观游览的景点为钟山风景区、阅江楼、玄武湖、石头城、夫子庙秦淮风景区、台城、总统府、中华门、南京大屠杀遇难同胞纪念馆、雨花台革命烈士陵园区、南京长江大桥。现在请你运用所学的旅游主体文化的相关知识，为该旅游团队设计一个为期一个星期的活动方案，设计时请充分考虑西方旅游主体在旅游动机、旅游审美、旅游消费行为方面的文化特征。

【模块链接】

旅游文化的"涵化"

"涵化"属于人类学的专业性概念，指不管人们愿意还是不愿意，只要发生文化接触，其社会文化就会发生变化。

人类学家对文化涵化的问题研究了数十年，他们认为从宏观上看，当一个强态势文化和一个弱态势文化接触时，通常是弱态势文化要更多地受到强态势文化的影响。当两种文化相互接触时，不论时间长短，都会产生借鉴的过程，但是这种借鉴并不对称,而是极大地受到接触者或团体的社会与经济背景及人口差异性质的影响。通常情况下,一般性强势文化更深刻地影响或改变着弱势文化。这个研究提出了旅游跨文化涵化中的两种基本性假设:一是引导多种文化的均质化过程中,目的地文化会被强态势的旅游者文化所同化;二是旅游目的地社会传统习惯和价值观的一般性强势文化会影响游客,远比外来游客影响目的地为重。换句话说,是旅游地文化影响着游客还是游客影响旅游地文化,要看谁的文化是一般性强势文化。

拓展路径

[1] 章海荣.旅游文化学[M].上海:复旦大学出版社,2004.

[2] 彭兆荣.旅游人类学[M].北京:民族出版社,2004.

[3] 李琼英,方志远.旅游文化概论[M].广州:华南理工大学出版社,2008.

[4] 刘晓航主编.旅游文化学[M].天津:南开大学出版社,2009.

[5] 曹诗图,孙静.旅游文化概论[M].北京:中国林业出版社,2008.

[6] 马波.现代旅游文化学[M].青岛:青岛出版社,2001.

[7] 谢元鲁主编.旅游文化学[M].北京:北京大学出版社,2007.

[8] 喻学才主编.旅游文化学[M].北京:化学工业出版社,2010.

[9] 张继涛.旅游主体文化的特征分析[J].湖北大学学报,2003,30(5).

[10] 郑蓓媛,石丽萍,张东.浅析中西方文化的差异对旅游文化的影响[J].华北水利水电学院学报,2010,26(6).

[11] 觉安拉姆,阿贵,等.青藏铁路对西藏民俗文化旅游的影响及对策[J].西藏大学学报(社会科学版),2010,25(1).

[12] 张敏.试论中西方不同的旅游审美知觉——以自然景观为例[J].魅力中国,2009(80).

[13] 文岚.试论中西文化差异对旅游消费行为的影响[J].湘潭大学社会科学学报,2002(26).

[14] 张明.中西方旅游者旅游动机差异性的文化层次分析[J].社会纵横,2008(23).

[15] 郑秀娟.中西方文化差异在旅游主体上的反映[J].西安航空技术高等专科学校学报,2006,24(6).

[16] 粮艳玲.中西旅游审美文化差异[J].船山学刊,2004(3).

模块三 旅游山水文化

◆模块目标

【行业要求】

山水是文化的载体,文化是山水的内涵。在自然山水的游览过程中,各个时代所遗留下来的文化遗产,如翰墨雕刻、宗教印记、山水诗文等,是吸引人们的重要因素。因此,旅游从业人员应掌握重要的旅游山水文化知识,并能通过旅游这一过程将山水文化传达给游客,使游客获得高质量的山水旅游体验。

【学习目标】

学生能够了解旅游山水文化的分类与特征,掌握旅游山水文化的价值,能够正确理解旅游山水文化的开发意义及相关开发措施,并能把模块中所学的旅游山水文化的知识应用到具体的旅游服务中,提高自己的服务水平。

◆模块任务

自然界千山万水多姿多彩,人类历史文化源远流长,这多姿多彩的自然山水与源远流长的历史文化相交融,形成了物质与精神相结合、动态与静态相依存的旅游山水文化体系。这个丰富完整、具有民族特色的旅游山水文化体系是人类传统文化中的一份珍贵遗产,也是人类旅游文化宝库中的一颗光彩夺目的明珠。

本模块围绕旅游山水文化的内容展开,包括两个任务。任务一介绍了旅游山水文化的分类和特征,通过该任务的学习,学生能够对旅游山水文化有一个初步的认识。任务二则分别对旅游山水文化的价值和旅游山水文化的开发作了讲解。通过参与活动,完成相关任务,学生能深刻理解旅游山水文化对旅游产业、旅游相关从业人员的重要意义。

任务一 旅游山水文化分类和特征

【任务目标】

旅游山水文化的分类和特征是旅游山水文化最基本的内容。本任务着重探讨旅游山水文化的分类以及旅游山水文化的特征。通过本任务的学习,学生能够初步掌握旅游山水文化分类和特征,了解不同类型旅游山水文化的成因。

活动一 旅游山水文化的分类

【案例聚焦】

南岳衡山秀，璀璨萃人文

南岳衡山位于湖南省衡阳市境内，是我国著名的五岳名山之一，被国务院于1982年批准为国家级重点风景名胜区，2007年3月成为中国首批5A级风景名胜区。南岳衡山自然风光秀丽多姿，人文景观丰富多彩，素有"五岳独秀"和"文明景区"之称。祝融峰之高，藏经殿之秀，方广寺之深，水帘洞之奇，古称"南岳四绝"。春看花，夏观云，秋望日，冬赏雪，为南岳四季奇观。飞瀑流泉，茂林修竹，奇峰异石，古树名木，亦是南岳佳景。南岳这块神奇的土地，为历代帝王、名人所仰慕。乾隆、康熙皇帝曾为南岳题词，李白、杜甫、柳宗元、朱熹等历史名人先后到过南岳，并留下了3 700多首或篇诗词歌赋和375处摩崖石刻。南岳衡山风景区以其深厚的历史文化底蕴吸引着无数中外游客。

问题：旅游者游山玩水既有对自然美景喜爱，更有"以山比德，以水比智"的文化观照。从旅游者出行动机来看，衡山吸引游客的独特山水旅游文化是什么？

【任务执行】

广义的旅游山水文化是指以自然山水景观为物质载体、活动空间或观照对象而产生的各种旅游文化形态与文化现象的总和。狭义的旅游山水文化是指人们以自然山水景观为观照对象和基本素材而创造出来的精神财富，如山水诗文、山水绘画、风光音乐等。

从哲学意义上说，山水文化就是人化的山水，是人的本质力量的对象化的结晶，其中包括实用的、认知的、宗教的、审美的层面，它们之间相互联系，彼此制约，或使山水改变面貌，或使山水人情化，孕育出多种多样的山水文化现象。此项活动中，主要从广义的角度介绍不同类型的旅游山地文化和旅游水域文化。

一、旅游山地文化

山地是指绝对高度在500米以上、相对高度在200米以上的高地，是地壳在构造抬升运动的基础上经过强烈的侵蚀切割及大自然漫长的风化作用而形成的。从旅游者出行动机来看，旅游山地文化分为旅游历史名山文化、旅游宗教名山文化、旅游疗养名山文化、旅游风景名山文化等。

（一）旅游历史名山文化

历史文化名山是因文化景观或历史遗迹众多而形成的名山。此类名山除了拥有优美的自然景观之外，还拥有特殊的历史价值和文化价值。如因开凿莫高石窟而享誉世界的甘肃鸣沙山，有深厚文化积淀的五岳（东岳泰山、南岳衡山、西岳华山、北岳恒山、中岳嵩山）等。其中东岳泰山，以其优越的东方位置、雄伟壮观的山体和丰富的历史遗迹，而享有"五岳独尊"的称誉。

泰山位于山东省的中部,于1987年被列入世界遗产名录,拥有自然与文化双重遗产。秦汉之后,泰山逐渐成为政权的象征,我国历代的封建君王多在泰山举行封禅典礼和祭祀活动。历代的文化名人在泰山流连观赏,吟咏赞叹,并留下数以千计的诗文刻石,如孔子的《丘陵歌》、司马迁的《封禅书》、李白的《泰山吟》、杜甫的《望岳》等。由岱庙北上登山,名胜古迹甚多,如碧霞祠、玉皇阁、南天门、中天门等。登泰山顶,可观"旭日东升""晚霞夕照""黄河金带""云海玉盘"四大奇观。自然风光和人文景观绝妙融合的泰山吸引着大量的中外旅游者。

（二）旅游宗教名山文化

宗教名山以其宗教价值而为世人瞩目。以寺观为中心形成的佛教、道教游览名山更是遍布大江南北,著名的佛教四大名山为山西五台山、浙江普陀山、四川峨眉山和安徽九华山,而道教四大名山则为湖北武当山、四川青城山、江西龙虎山和安徽齐云山。

龙虎山位于江西省鹰潭市西南20公里处贵溪市境内,是世界地质公园、世界自然遗产地、国家5A级风景名胜区、国家森林公园和国家重点文物保护单位。龙虎山方圆320平方公里,包括上清宫、正一观、仙水岩、应天山、马祖岩、洪五湖六大景区,景区内共有99峰、24岩、108处自然和人文景观。龙虎山是道教发源地和道教创始人张道陵"天师世家"的世居之地,号称"中国道家第一山"。在其鼎盛时期,曾建有道观80余座,道院36座,道宫数个,是个名副其实的"道都"。龙虎山碧水丹山秀其外,道教文化美其中,是道教的第一仙境。

（三）旅游疗养名山文化

有些山地由于林木覆盖率高、自然环境优美、气候条件适宜、地理位置优越,给人们疗养身体、恢复健康、躲避酷暑寒冬提供了得天独厚的条件,成为疗养名山,其中较为著名的疗养山地有江西庐山、河南鸡公山、浙江莫干山、云南大理鸡足山等。

莫干山为天目山余脉,位于浙江省北部德清县境内,虽不及泰山之雄伟、华山之险峻,却以绿荫如海的修竹、清澈不竭的山泉、星罗棋布的别墅、四季各异的迷人风光称秀于江南。莫干山因传说中的莫邪、干将在此铸剑而得名。它素以竹、云、泉"三胜"和清、静、绿、凉"四优"闻名遐迩。山上百余座别墅楼阁,翠竹遍野,林木葱茏,泉瀑满谷,云雾变幻,环境清幽,宛如世外桃源。因其地处一定高度,绿化覆盖率高,且多流泉及茂林修竹,因此夏季特别凉爽宜人,七、八两月平均温度仅为24.1℃,是绝佳的避暑和疗养胜地。

（四）旅游风景名山文化

除了历史文化名山、宗教名山和疗养名山之外,还有很多因自然风光而享誉各地的名山,称为风景名山。它们以俊秀的英姿、绚丽的风采、独特的造型吸引着各地的游客前来观赏。例如浙江的雁荡山、福建的武夷山、安徽的天柱山、湖南的武陵源等。

行在武夷山下的九曲溪

天柱山位于安徽省潜山境内,其主峰海拔1 489.8米,高耸挺立,如巨柱擎天,称为天柱峰,天柱山也就因此而得名。天柱山属于花岗岩峰丛地貌,地质遗迹十分丰富,拥有国家首批重点风景名胜区、国家5A级旅游区、全国文明森林公园等称号。天柱山自然景色奇绝,自然风光雄奇灵秀,雾潮云海,瑰丽壮观,兼具黄山之雄奇、庐山之幽秀。既有奇松怪石、飞瀑流泉,又有峡谷、幽洞、险关和古寨。唐代大诗人李白曾写的一首诗中"奇峰出奇云,秀木含秀气。清晏皖公山,巉绝称人意"赞美了天柱山风景的奇秀。而《天柱山志》中也称其"峰无不奇,石无不怪,洞无不杳,泉无不吼"。天柱山以雄伟、壮丽、奇特的自然风景在众多名山中脱颖而出。

二、旅游水域文化

水是构成旅游环境、形成旅游景区的重要元素。很多旅游胜地都是以水著称的,如扬州的瘦西湖、杭州的西湖、贵州的黄果树瀑布、黑龙江的五大连池等。同时,自然界的其他景观,也因水的加入,而有了生命,成为绚丽多姿的旅游地,如桂林山水、江西庐山、丽江古城等。因此,水对旅游景区而言具有无法估量的重要价值。从旅游者出行动机来看,旅游水域文化分为观光游览型旅游水域文化、休闲疗养型旅游水域文化、竞技体育型旅游水域文化、刺激探险型旅游水域文化等。

(一)观光游览型旅游水域文化

观光游览是旅游的一项最基本的活动内容,也是亲水旅游中最基本的层次。如果一个水域旅游目的地缺乏观光基础,那么便谈不上旅游。通过水域观光游览,旅游者能够开阔眼界、增长自然和人文知识,同时也能够陶冶性情、怡悦心情、欣赏大自然的造化之美。

瑞士巴塞尔附近的莱茵河

杭州之美,美在西湖。西湖位于浙江省杭州市中心,旧称武林水、钱塘湖、西子湖,宋代始称西湖。西湖,是一处以秀丽清雅的湖光山色与璀璨丰富的文物古迹交融为一体的国家级风景名胜区。西湖碧水连天,南北长约3.2千米,东西宽约2.8千米,湖面面积达5.68平方千米。西湖是一首诗,一幅天然图画,一个美丽动人的故事。阳春三月,草长莺飞,苏白两堤,桃柳夹岸。湖中是水波潋滟,游船点点;湖岸是山色空濛,青黛含翠。西湖周围长堤如画,杨柳含情,青山带笑,美不胜收,历朝历代的名胜古迹和人文景观也荟萃于此。千百年来,西湖以其迷人的景致吸引人们前来观光游览,英雄豪杰、文人墨客均在此留下了许多脍炙人口的诗篇。西湖也因诗人墨客而增添文化魅力。

(二)休闲疗养型旅游水域文化

随着工业社会的发展和生活节奏的加快,人们对自身健康状况愈益关心,一系列休闲疗养度假胜地应运而生。在众多的休闲疗养度假胜地中,海滨、湖泊、温泉等水域以清新的空气、优美的风光及独特的疗养功效日益受到人们的青睐。

苏州东山浩渺的太湖湾

位于俄罗斯的贝加尔湖,长636千米,平均宽48千米,平均深度744米,面积约为3.15万平方千米,是世界上最深、蓄水最多的淡水湖泊,从成因看,贝加尔湖属于构造湖。辽阔的贝加尔湖及周边地区,有大量的自然和考古遗迹,种类丰富的动植物群,还有清新的空气,相对完好的原生态环境,是俄罗斯东部地区最大的疗养中心和旅游胜地。俄国作家契诃夫曾这样描写该湖:"湖水清澈透明,透过水面就像透过空气一样,一切都历历在目,温柔碧绿的水色令人赏心悦目……"

世界自然遗产地俄罗斯贝加尔湖

(三)竞技体育型旅游水域文化

体育旅游作为一种健康的生活方式正逐渐融入人们的日常生活。作为体育旅游重要组成部分的水上竞技体育旅游日新月异。赛艇、帆船、帆板、潜水、摩托艇、滑水以及由此派生出来的新兴水上运动项目吸引了越来越多的游客参与、观摩。水上竞技体育旅游内容丰富多彩,它寓运动、竞赛、科学技术于一体,以独有的惊险和优美得到了广大群众,尤其是青少年体育旅游爱好者的喜爱。

拥有"帆船之都"称号的青岛因承办2008年夏季奥林匹克运动会帆船比赛留下了宝贵和深远的奥运遗产,其中包括开展水上运动的大量资源。目前,在帆船帆板项目巨大的硬件支持和政府及民众的广泛推动之下,青岛市帆船帆板项目得到了飞跃性发展,并且已经成为亚洲引入国际帆船赛事最多的城市。2013年是"中国海洋旅游年",国际城市俱乐部帆船赛、"海上F1"国际极限帆船赛、第五届青岛国际帆船周和国际帆联世界杯帆船赛等多项帆船赛事在青岛举行,这些赛事将为国内外游客带来精彩帆的船赛事,也丰富了青岛海上竞技体育旅游文化。

(四)刺激探险型旅游水域文化

探险旅游是以寻求一种新的体验为目的的旅游活动。这种旅游活动通常以奇特的自然环境为背景,并且总是伴随着一定可预知的或可控制的危险,是对个人能力的一种挑战。同时也是人们满足好奇心、寻求刺激、舒缓压力以及挑战自我、提高自我的重要途径。探险旅游可分为陆地、冰雪、水上、空中及复合型探险。水域探险旅游包含悬崖跳水、自由潜水、冲浪、充气划独木舟、漂流等。

有"广东第一赛道"之称的清远古龙峡是最刺激的漂流地之一,漂流赛道的平均坡降为9.5%,超越了世界第一大峡谷雅鲁藏布大峡谷7.5%的平均坡降。高速滑行的皮艇像浪尖上的过山车,飞旋在波峰波谷间,在惊魂未定之际又戛然而止,稳稳跃入一个个清澈水潭里,平静下来,尖叫声似乎还在耳边。一处处激流回旋,一道道极限落差就在一路尖叫声中被抛在身后了。回转身去,油然而生的是"轻舟已过万重山"的豪迈。高差达千米的古龙大峡谷赋予了漂流与众不同的特色,集瀑布、深潭、奇石、丛林、珍稀植物于一体,悬崖对峙,奇峰耸立,滩多水急,银瀑飞溅,人随艇飞,移步换景,自然景色之美令人为之震撼。

【任务拓展】

①从旅游山地文化的角度分析为何庐山适合度假疗养?

②利用互联网和相关图书资料分析居住区所属的市级行政单位有哪些旅游山水文化资源?

【任务反馈】

武陵源风景区位于湖南省西北部武陵源山脉中,由张家界国家森林公园和国家地质公园、索溪峪、天子山、杨家界四部分组成,总面积约369平方公里,是国家首批5A级旅游景区。武陵源风景区集山、水、林、洞于一地,融万象之美于一体。独特的石英砂岩峰林、奇妙的溶洞、幽静的峡谷、茂密的森林、多姿的溪涧、变幻的云海和充满浓郁乡土气息的田园风光,构成了一幅雄、奇、幽、野、秀的天然画卷。武陵源因拥有珍奇的地质遗迹景观、濒危的植物资源、宝贵的野生珍稀动物和独特的自然景观,于1992年被联合国教科文组织作为中国首个"世界自然遗产"列入世界遗产名录。但之后在景区的开发过程中,因缺乏正确周密的规划和施工过程中严格的保护,武陵源的旅游资源和生态环境遭到了严重的破坏,如水土流失加剧、珍贵动物娃娃鱼大量死亡等。联合国教科文组织的官员对武陵源景区进行五年一度的遗产监测时,提出了尖锐的批评意见,并给武陵源世界自然遗产地提出了警告,认为"武陵源的自然环境已经像个被围困的岛"。

在开发旅游山水文化资源过程中,我们应采取哪些措施来保护旅游山水文化不被破坏?

释疑:首先,要确定旅游资源开发的安全系数,使旅游山水文化资源不会因过度开发而造成不可逆转的破坏。其次,要加强组织建设和法制建设,通过设立专门的旅游资源保护管理机构,行使保护的职权。再次,要营造保护旅游山水文化资源的良好氛围,加强宣传,使公众充分认识保护旅游山水文化资源的重要性。最后,要加强旅游山水文化资源的整理修复工作。

活动二 旅游山水文化的特征

【案例聚焦】

桂林旅游山水文化赏析

桂林是世界著名的风景游览城市,平均海拔150米,有着举世无双的"喀斯特"岩溶地貌。自古以千峰环立、山清水秀、洞奇石美的独特景观,享有"桂林山水甲天下"的美誉。同时,桂林也是一座文化古城。两千多年的悠久历史,为这块古老而美丽的土地孕育了富饶的文化。灿烂的文化中,传说是美丽而又动人的,被人们一代代口头传诵,更添神奇与趣味。桂林的旅游山水文化在于各种关于山和水的传说,如试剑还珠、芦笛藏宝、神象叛主、望夫石、螺女逃婚等,有时一处景致会有三到四个故事,这些故事之间有的甚至大相径庭。桂林的旅游山水文化还在于文人、诗人和游人们在观乎胜景后发出的感慨,他们将自己的遭遇寄于景中,借景抒情,如"客心仍在楚,江馆复临湘。别意猿鸟外,天寒桂水长","君家桂林住,日伐桂枝炊。何事东堂树,年年待一枝"等。由此可见,桂林的旅游山水文化是由多种要素组合成的。不仅仅是桂林,其他的旅游山水文化亦是如此。可以说,组合性是旅游山水文化的一个重要特征。

桂林山水

问题:除了组合性之外,旅游山水文化还有哪些特征?

【任务执行】

旅游山水文化作为人类特有的创造,是人与自然环境交互作用的结晶。旅游山水文化的形成是一个长期的不断创造的过程。随着时代和社会的发展,人类各个方面的进步,人对山水的需求和关心也在自然地演变。旅游山水文化的形成和发展，使得山水注入了丰富的历史文化内容，并体现出了人类文明的演进过程。作为旅游文化系统重要组成部分的旅游山水文化有着鲜明的特征：

一、多样性

多样性是旅游山水文化最基本的特征。因山水自身的历史意蕴、宗教印记以及文化艺术内涵的不同，由此而形成了丰富多彩、类型多样的旅游山水文化，如佛教名山、道教名山、长河大湖、温泉等旅游文化。旅游山水文化的多样性不仅体现在不同的山水之间，同一山水本身也有多种表现。如珠江文化就具有多样性的特点，它包括广府文化、潮汕文化、客家文化、雷州文化、海南文化、桂东文化和少数民族文化等，类型十分多样。

二、组合性

组合性，是指旅游山水文化是由多种要素共同组合而形成的。参与的要素越多，这些要素组合得越好，所形成的旅游山水文化对旅游者的吸引力就越大。以自然山水景观为物质载体、活动空间或观照对象而形成的旅游文化大都是由自然风光与山水本身的历史意蕴、宗教印记及文化艺术内涵组合而成的。黄山集中国各大名山的美景于一身，尤其以奇松、怪石、云海、温泉"四绝"著称。除了拥有气势磅礴、令人叹为观止的自然风光外，深厚的徽派文化底蕴以及历代文人的诗词画作等也为黄山增色不少。组合，在很大程度上能够提高旅游山水文化的魅力，带动旅游业的发展。

蓝天白云玉龙雪山下的"印象·丽江"

三、精神感受性

精神感受性是指旅游山水文化具有可供人们获得无形精神感受和体验的特性。旅游山水文化是人类在其自身的发展过程中，以山水为载体孕育而成的各种旅游文化形态和文化现象，是人类的宝贵财富。在游览山水的过程中，旅游者可以感受和体会到这些文化，从而获得精神上的满足。黄河是中国人的母亲河，黄河流域是中国文化的发祥地，是我国最早开发的地区。在世界各地大都还处于蒙昧状态的时候，我们勤劳勇敢的祖先就已经开始在这块广阔的土地上劳作生息，创造灿烂夺目的古代文化。黄河文化博大精深，源远流长。现在，黄河沿线已经开发了一系列以黄河文化为主线的游览景点。沿着黄河参观游览，人们不仅可以领略黄河雄伟壮观的自然风光，也可以了解黄河文化的起源与发展，感悟历史，体验黄河文化的奥秘。

四、历史积淀性与延续性

历史积淀性与延续性是指旅游山水

文化在时间上具有不断继承、延续和发展的特性。今天人们在欣赏自然山水时所感受到的文化，是古代至今不断积淀而成的。长江是我国第一大江，具有深厚的文化底蕴。长江流域沿线既有新石器时代的河姆渡文化、大溪文化、屈家岭文化，又有春秋战国时期的楚文化、巴蜀文化、吴越文化。除此之外，不同时代和长江有关的文学艺术创作，如诗词歌赋等，更是数不胜数，"朝辞白帝彩云间，千里江陵一日还"，"孤帆远影碧空尽，唯见长江天际流"，"无边落木萧萧下，不尽长江滚滚来"，"峨眉山月半轮秋，影入平羌江水流"……如今，长江流域沿线所展现出来的丰富的文化内涵和文化组合正是旅游山水文化历史积淀性和延续性的体现。

【任务拓展】

旅游山水文化除了具有多样性、组合性、精神感受性、历史积淀性与延续性的特征之外，还有哪些特征？请阐述理由并举例说明。

【任务反馈】

北宋著名的大画家郭熙，在其重要专著《林泉高致》"山水训"部分曾详尽论述山水的审美特点："山，大物也，其形欲耸拔，欲偃蹇，欲轩豁，欲箕踞，欲盘礴，欲浑厚，欲雄豪，欲精神，欲严重，欲顾盼，欲朝揖，欲上有盖，欲下有乘，欲前有倨，欲后有倚，欲上瞰而若临观，欲下游而若指麾，此山之大体也。水，活物也，其形欲深静，欲柔滑，欲汪洋，欲回环，欲肥腻，欲喷薄，欲激射，欲多泉，欲远流，欲瀑布插天，欲溅扑入地，欲渔钓怡怡，欲草木欣欣，欲挟烟云而秀媚，欲照溪谷而光辉，此水之活体也。"他说的虽然是山水画，但却道出了山水多彩多姿的审美形态。山水多姿多彩的审美形态是形成旅游山水文化的基础，没有山水的审美形态作铺垫，就无法形成拥有深厚历史意蕴、深刻宗教印记和丰富文化艺术内涵的旅游山水文化。

问题：既然山水的审美形态和旅游山水文化之间的关系如此密切，那么《林泉高致》中所描述的山水审美形态有哪些呢？

释疑：《林泉高致》中所涉及的山水的审美形态多种多样，有高耸之态、开阔之态、大雅之态、雄伟之态、柔媚之态、大雅之态，等等。我们一般用雄伟之美、秀丽之美、奇特之美、险峻之美、幽深之美和空旷之美来形容它们的形态特征。

任务二 旅游山水文化的价值和开发

【任务目标】

旅游山水文化是漫长历史发展过程和旅游活动中所形成的文化积淀。本任务围绕旅游山水文化的价值与旅游山水文化的开发两方面的内容展开。通过学习和完成相关任务，学生能够了解旅游山水文化的价值，正确把握旅游山水文化的开发意义及相关开发措施，并能将所学的旅游山水文化的知识应用到旅游资源开发和相关的旅游服务中。

活动一 旅游山水文化的价值

【案例聚焦】

洞庭湖，八百里的云梦谣

碧波万顷，水天一色，水鸟翱翔，百舸争流。古称云梦泽的八百里洞庭是我国的第二大淡水湖。洞庭秋月、远浦归帆、平沙落雁、渔村夕照、江天暮雪……春秋四时之景不同，一日之中变化万千。如此美好的洞庭湖曾无数次出现在诗词歌赋中。孟浩然在《望洞庭湖赠张丞相》中以"八月湖水平，涵虚混太清。气蒸云梦泽，波撼岳阳城"来形容洞庭湖壮丽的景象和磅礴的气势；刘禹锡在《望洞庭》里以"湖光秋月两相和，潭面无风镜未磨。遥望洞庭山水色，白银盘里一青螺"来描述洞庭的湖光与山色，再现洞庭湖的美景；范仲淹在《岳阳楼记》里更是以"衔远山，吞长江，浩浩汤汤，横无际涯；朝晖夕阴，气象万千"尽显洞庭湖之大观胜概……可以说，深厚的文学内涵是八百里洞庭除其自然风光之外的另一大特色。

问题：八百里洞庭除了有深厚的文学价值之外还有哪些旅游文化价值？

【任务执行】

随着历史车轮的不断前进、人类文化的不断发展，人们向自然山水中注入了丰富的历史文化内容，山水也因此能够展现出深厚的文化内涵。旅游山水文化的价值具有多样性，主要体现在以下几方面：

一、文学价值

自古以来，山水不仅是人们的游览观赏胜地，还是文学家、艺术家创作的素材，是他们灵感的源泉。明朝钟惺在《蜀中名胜记》的序言中说："凡高者皆可以为山，深者皆可以为水也……一切高深，可以为山水，而山水反不能自为胜；一切山水，可以高深，而山水之胜反不能为名；山水者，有待而名胜者也。然则山水何所待而'名胜'？曰事，曰诗，曰文，此三者，山水之眼也。"摩崖石刻、诗文、绘画等文学艺术作品大量出现于山水自然中，既对山水起到了点题、润色、提升境界和品位的作用，同时作为一种文学艺术作品又具有美感，弥漫着浪漫的气息，能够震撼心灵，再加上这些大多为名人佳作，其中包含了作者的人生追求、对美的向往、汹涌澎湃的激情，以及作者坎坷的人生历程和社会的动荡变迁等内容，因而对旅游者具有极大的吸引力。旅游者在欣赏自然山水时，感受蕴含其中的文化，文景呼应，内心容易产生共鸣，从而获得比单纯欣赏山水的自然风光更高层次的体验。

二、历史价值

自然山水能够名传万里，吸引众多游人前来游赏，首先在于其深厚的历史意蕴和巨大的历史价值。重要的历史人物、重大的历史事件、美丽的历史传说，造就了山水景观浓重的人文色彩和深沉的历史内涵。桃花源、九江因不为五斗米折腰的山水田园诗人陶渊明而享誉盛名;天姥山、敬亭山、庐山瀑布因浪漫主义诗人李白而名垂千古;杭州西湖、黄州赤壁因性格耿直、敢于直言进谏的苏东坡而声名远扬。"山以贤称,境缘人胜"。中唐政治家、改革家柳宗元被贬到湖南永州,用他的一双慧眼发现了诸多美景,作山水游记"永州八记"。在他笔下,山水不论是奇是险,是清幽是峻峭,都能让人感受到"悠悠乎与颢气俱,而莫得其涯;洋洋乎与造物者游,而不知其所穷……心凝形释,与万物冥合"的意境与觉悟。心有所托,意有所归,完成了山水与人生的契合。永州本是一处荒蛮之隅,然而五代两宋以来,根据"永州八记"前往发思古之情者史不绝书,究其缘故,乃因人及景所致。

三、宗教价值

自魏晋南北朝起,佛教和道教并存,玄佛合流,共同推动了山水文化的进程,给自然山水打下了深刻的宗教印记。哪里有山水胜处,哪里就有佛教建筑。远离世俗城市的深山幽谷,风景秀丽幽静。僧众在这里参禅打坐,修身养性,使山水从世人不知变成世人向往的仙山胜水。五台山、九华山、峨眉山、普陀山相继成为名扬海外的佛教名山。各个历史时期的能工巧匠、文人墨客都在这里留下了他们的杰作。道教宣扬修道、羽化成仙,把高山峻岭作为修道的最佳场所,有"十大洞天,三十六小洞天,七十二福地"之说。这些洞天福地大多是人间山岳,千峰叠翠,溪流萦绕,青松挺拔,景色优美。道教徒在这里结草为庐,建造用以修道、祭祀、举行宗教活动的道教宫观,为自然山水打下了深刻的道教印记。山中的寺庙、道观等宗教建筑与自然山水融为一体,为名山大川增添了丰富的文化色彩和审美情趣,给游客带来了更多的兴致和精神享受。佛道淡泊宁静、清心寡欲的精神境界,对压力和烦恼缠身的现代都市居民具有特别的吸引力。

四、宣传价值

名山秀水常常成为地方旅游的标识性符号,是地方旅游形象的重要体现。旅游山水文化历来是旅游推介营销最重要的载体。自古以来,很多山水景观因为文艺作品的"渲染"而声名远扬、历代传颂。山水诗、山水画等形式的山水文化以凝练、夸张的手法,对特定的自然山水景观作点睛式的描绘,创造出引人遐思的美妙意境。已故画家陈逸飞创作的油画《故乡的回忆》向世人宣传了周庄,而徐霞客的"五岳归来不看山,黄山归来不看岳"、王正功的"桂林山水甲天下"等名句更是在不经意间成为黄山、桂林两市最佳的旅游宣传口号。庐山、黄山、西湖、长江三峡、武夷山、桂林山水等成为著名风景区,固然与其秀丽独特的自然风光分不开,但也离不开人的发现、美化和宣传。

五、美学价值

自然山水景观能够满足游客多元化的审美需求。它的形态美、色彩美、听觉美、嗅觉美吸引了无数包含文人墨客在内的旅游者。山水美是一种精神价值，是人与自然之间所建立起来的亲善而又和谐的关系的特殊体现。旅游山水文化体现了中国古人崇尚自然的审美追求，向人们展现出人世之外另一个美的世界。"天地有大美而不言"。中国古代山水诗，融合了儒释道的审美观，使其骨、气、神俱备，兼具阳刚与阴柔之美。中国是山水画出现最早和最发达的国家，"平沙落雁、远浦帆归、山市晴岚、江山暮雪、洞庭秋月、潇湘夜雨、烟市晚钟、渔村落照"八种主题的山水画，或阳刚，或阴柔。山水诗、山水画、山水园林无不体现了中国旅游山水文化含而不露、虚实相生的审美理想。

【任务拓展】

①选择周边地区知名的山水景观，通过网络搜索、文献阅读及实际走访等方式，从旅游文化的角度分析其价值所在。

②分析一首你最熟悉的山水田园诗或一幅山水画所蕴含的山水文化意境。

【任务反馈】

著名园林学家陈从周这样说过："我国的名胜为什么能这样勾引无数中外游人，百看不厌？风景绚美，固然是个重要原因，但还有个重要因素，即其中有文化、有历史。"山水亦是如此，山水是文化的载体，文化是山水的生命，没有文化内涵的山水就如没有灵魂的生命。在自然山水的游览过程中，各个时代所创造的山水诗歌、翰墨雕刻等文化遗产和精神财富才是吸引游客前往游览的主要因素。风景优美固然重要，但更重要的是它蕴含着与人类相通的内在情感和相应的文化内涵。

我们应该从哪些方面来挖掘自然山水的文化美？

释疑： 我们主要从三个方面来挖掘自然山水的文化美。其一，自然山水是否有深厚的历史意蕴，如重要的历史人物、重大的历史事件和美丽的历史传说。其二，自然山水是否有深刻的宗教印记，如佛教的寺庙、道教的宫观等。其三，自然山水是否有丰富的文化艺术作品，如摩崖石刻、楹联壁画、诗词歌赋等。

活动二　旅游山水文化的开发

【案例聚焦】

桂林国际山水文化旅游节

桂林山水文化旅游节从1992年开始举办，到2001年停办，历经8届。为了进一步提高桂林的知名度，打造具有标志性的节庆活动，桂林市委、市政府于2008年决定重新举办桂林国际山水文化旅游节。新版的山水文化旅游节于每年的11月中旬开始，历时7天左右，包括7大板块（旅游、文化、体育、美食、网络、展销、演艺），近20项的活动，以全面展示桂林发展新成就、大力宣传促销新桂林、积极促进市场恢复为目标，围绕和突出旅游、文化两大内容，将文化、旅游、招商引资、成果展示结合起来。通过富有地方特色的文化艺术表演、商贸活动、互动活动、旅游线路考察等搭建平台和载体,更好地宣传桂林旅游,进一步扩大桂林的影响力,促进桂林社会经济更好更快地发展。2011年举办的第三届桂林山水文化旅游节以"美丽的桂林,中国的名片"为主题,从多角度全面地展现了桂林秀美的山水和灿烂的文化,吸引了众多中外游客共同感受轻松愉快的桂林之旅、感悟与世界文化交融的山水文化魅力、共筑世界桂林之梦。

桂林山水文化旅游节

问题:桂林山水文化旅游节对当地旅游业发展有何影响?

【任务执行】

行走在山水之间,山的巍峨,水的灵动,让仁者赏心,让智者悦目。古人说,"看山如看画,游山如读史"。山水是文化的载体,文化是山水的生命,旅游山水文化体现了一个地区旅游的内在禀赋,是旅游开发和文化保护的重点领域。

一、旅游山水文化开发的意义

(一)增加自然山水魅力,形成富有特色的旅游文化产品

从一定意义上说,缺乏文化内涵的山水是没有灵魂的山水。没有灵魂的山水就像没有生命力一般,很难对旅游者产生吸引力,其旅游业的发展也举步维艰。相反,拥有一定的山水文化,能够增加山水的魅力,有助于形成有特色的山水旅游产品,从而使旅游者在旅游活动的过程中,不仅能够欣赏到优美的自然风光,还能够满足自身的文化需求,获得高质量的旅游体验。井冈山位于中国江西省西南部的井冈山市,是一处集革命人文景观与旖旎的自然风光为一体的红色旅游胜地。如果单从自然风光的角度来看,井冈山虽然风景秀丽、林木繁茂,有高山幽壑、飞瀑深涧、岩洞云海之景,但和其他的山地旅游资源相比,并没有什么突出之处。在某种程度上其自然风光还不如黄山、武夷山、雁荡山等名山。但是,井冈山却拥有其他山地所没有的深厚的红色文化底蕴。它是中国第一个农村革命根据地,保存有丰富的革命旧址遗迹,并拥有"中国革命的摇篮"和"中华人民共和国的奠基石"等美誉。井冈山所拥有的红色文化底蕴大大增加了井冈山的魅力,并形成了以红色旅游为主题的特色旅游产品。

(二)形成独特卖点,影响人们对旅游目的地的选择

在旅游目的地的选择上,山水所拥有的文化底蕴以及人们对这些山水文化的感知与向往,会对人们的决策产生重要影响。往往那些文化底蕴深厚而又极易被人们所感知的山水旅游地,会最先被纳入到旅游者考虑的范围之中。因"飞流直下三千尺,疑是银河落九天"而使人们对庐山瀑布产生了浓厚的兴趣;

由关汉卿在《南吕·一枝花》里描写杭州景的"普天下锦绣乡,寰海内风流地","百十里街衢整齐,万余家楼阁参差,松轩竹径,菊圃花蹊,茶园稻陌,花坞梅溪"而使人们萌生一探杭州山水美景的愿望;因"五岳归来不看山,黄山归来不看岳"而使人们对黄山产生美好的憧憬;由"登东山而小鲁,登泰山而小天下"而使人们萌发出一览泰山之雄伟的心愿;因"金五台、银普陀、铜峨眉、铁九华"而使人们对佛教文化名山产生了强烈的兴趣……这些都充分反映出旅游山水文化的独特魅力,将影响旅游者对旅游目的地的选择。

(三)促进旅游产业转型升级,提高旅游综合效益

从发展的趋势看,随着旅游活动向纵深开展,人们对旅游产品的要求越来越高,缺少文化内涵的旅游产品将难以在竞争激烈的市场上立足。通过挖掘和丰富旅游山水文化,有利于促进当地原有的旅游产业转型升级,提高整体的经济效益、社会效益和环境效益。著名的5A级景区——无锡灵山景区就是因挖掘其丰富的佛教文化而发展起来的。灵山位于无锡市马山半岛。唐代著名的高僧玄奘法师曾驻锡于此,因见灵山祥符寺后主峰钟灵毓秀、翠霭多姿,与天竺佛陀说法处的灵鹫山颇为相似,遂将其命名为"小灵山",并在此开宗立派,创建了佛教中著名的"慈恩宗"。20世纪90年代中期以来,中国佛教协会和无锡马山太湖国家旅游度假区在原本屋宇残破、荒草萋萋的祥符禅寺的基础上,充分挖掘灵山本身所蕴含的丰富佛教文化,先后建成灵山大佛、九龙灌浴、灵山梵宫、五印坛城等经典佛教景观,吸引了众多游客和佛教信徒前来观光朝圣。

青铜大佛、九龙灌浴与梵宫胜境共同挖掘灵山圣水的佛教文化

（四）有利于旅游山水文化保护，实现永续利用

旅游山水文化有其赖以存在和表现的物质实体，如寺庙、道观、摩崖石刻、碑刻等等。旅游者在欣赏自然山水的过程中，大都是通过这些物质实体而实现对山水文化的感知和体会。如果没有这些物质实体，旅游者对山水文化的了解也多浮于表面，无法深入进行。因此，为了更好地发展以山水文化为载体的旅游活动，为旅游者提供高质量的文化体验，实现旅游资源的永续利用，必须重视旅游山水文化资源的保护与修缮工作。位于安徽省池州东南部的九华山，是中国四大佛教名山之一，同时也是国家重点风景名胜区和著名的游览避暑胜地。九华山佛教文化源远流长，山间古刹林立，香烟缭绕，有寺庙78座，佛像6 000余尊，其中著名的寺庙有甘露寺、化城寺、祇园寺等，收藏佛教文物千余件。九华山风景区依据"严格保护、统一管理、合理开发、永续利用"的方针，不断加大对佛教文物古迹保护和恢复力度，全山大部分寺庙都已进行翻修，佛教文化资源得到保护和再利用，这大大增强了九华山对游客和佛教信徒的吸引力，使九华山成为华东佛教旅游的首选之地。

二、旅游山水文化的开发

（一）开展旅游山水文化资源普查，制定开发保护规划

要搞好旅游山水文化的开发，首先应对地区的旅游山水文化资源进行全面普查，对这些资源的赋存量、规模、品位、地理分布和开发现状，进行详细调查、评定等级、分类整理。在此基础上，研制《旅游山水文化开发总体规划》《旅游山水文化保护规划》《旅游山水文化区划》等，勾画、描绘出旅游山水文化开发的宏伟蓝图，这样开发工作才能有条不紊地进行。

（二）规划设计先行，持续深度开发特色旅游山水文化

旅游山水文化的魅力不仅仅是外在形态的表现，开发建设也不能仅停留在建森林公园、搞摩崖石刻、开山路、修凉亭等物质实体层面，而应当由表及里，深入发掘蕴含在山水及其文化中的精神资源。充分挖掘旅游山水文化的内涵，努力增加旅游山水文化资源的附加值，是开发和优化旅游山水文化资源并增强吸引力的有效措施之一。在旅游山水文化资源的开发利用上，应根据旅游文化的系统性、完整性、功能多样性以及内涵的丰富性，进行综合利用和深度开发。但在旅游山水文化资源的深度开发和综合利用中，必须要充分考虑文化的兼容性，优化结构，防止不同文化之间产生互斥，影响整体开发效果。

（三）加强旅游人才队伍建设，引领旅游山水文化开发

开发旅游山水文化，推动当地旅游文化事业的发展，必须要有旅游文化方面的专业人才。一方面政府要出台一些政策措施，加大人才引进的力度；另一方

面要充分发挥地方文化精英和旅游从业人员的作用,加强专业化培训。扩大与高校和科研文化机构的联合,与之协同攻关,占据并保持旅游山水文化研究、开发、运营、管理的领先地位。

(四)加强文化推广与营销,保持旅游山水文化的持续发展

由于旅游主体(旅游者)、旅游客体(旅游目的地)、旅游介体(旅游经营商、旅游管理机构)这三者的价值观和利益不同,在旅游山水文化的开发上往往存在矛盾和冲突。旅游介体往往过分关注旅游山水文化开发的经济效益,诸如策划项目、招商引资等,而对旅游从业人员素质教育如何开展、项目设计中山水文化内涵如何展示等不太重视,普遍忽视旅游者旅游需求中追求文化享受这一重要内容,不利于旅游山水文化的可持续发展。有些旅游者由于文明素养较低,旅游文化知识贫乏,甚至存在"野蛮旅游行为"(如乱刻、乱画、乱扔等),对旅游山水文化的保护与开发造成严重的威胁与破坏。在旅游山水文化的开发中,应大力加强旅游文化的科普宣传与教育工作,广泛利用各种媒体和渠道,促进形成正确、科学的旅游观念,提高旅游者的文化鉴赏能力,增强旅游经营者、管理者和目的地居民的可持续发展意识与旅游文化品牌意识。

【任务拓展】

①无锡灵山景区的成功经验对于其他宗教名山的发展有何借鉴之处?

②举例说明张艺谋《印象》系列大型实景演出是如何充分挖掘目的地旅游山水文化的?

【任务反馈】

禅宗少林·音乐大典

大型文化演出项目《禅宗少林·音乐大典》,是全球最大的山地实景演出项目,由《水乐·禅境》、《木乐·禅定》、《风乐·禅武》、《光乐·禅悟》、《石乐·禅颂》五个乐章组成。水乐,溪山坐禅,踏水行歌;木乐,少林木鱼功,风幡心动;风乐,寺院铃声,山岳风涛;光乐,塔林四季,轮回鼓声;石乐,松山石歌,圆满禅颂。演出仿若进入佛界,世间一切喜怒哀乐都开始溶化,观众沉浸在一种空无的境界,每个人都深深陷入光和声编制的禅境中。《禅宗少林·音乐大典》自2007年4月27日首演以来好评如潮,曾在"全国最美的五大实景演出"评选活动中取得网络投票第一的好成绩。目前,《禅宗少林·音乐大典》正在倾力打造"禅宗圣地心灵驿站",随着演出质量的不断完善和后续二期工程的启动,越来越多的游客能在这里体验"禅悦",从纷繁俗世回到精神故乡。《禅宗少林·音乐大典》作为河南嵩山佛教文化旅游的一张耀眼名片,吸引了无数中外游客的目光。

嵩山佛教文化底蕴深厚,我们应采取哪些措施促进嵩山佛教文化旅游的发展?

释疑:为了促进嵩山佛教文化旅游的发展,我们应该采取如下措施:①保护和修缮原有的佛教文化遗产,以便游客

身临其境,欣赏佛教的文化艺术,增长佛教知识;②加强宣传力度,充分利用广播、电视、报纸、书刊、互联网等现代化传媒手段对嵩山佛教旅游景点进行专题"包装",扩大影响,吸引八方游客;③举办"嵩山佛教文化旅游节",推出如"禅宗少林·音乐大典"等大型实景演出。

◆模块评价

【知识/技能评价】

①旅游山水文化有哪些分类方法?请举例说明。

②如何理解旅游山水文化的文学价值、历史价值和美学价值?

③选择一处名山或名水,从历史意蕴、宗教印记和文化艺术内涵三个角度分析其特征。

④旅游山水文化的特征有哪些?请举例说明。

⑤举例说明旅游山水文化开发的意义。

【能力应变】

以小组(4~5人)为单位,选择一处名山秀水,以"旅游山水文化"为主线,为其设计导游词,并模拟讲解。

【模块链接】

我国自然山水的审美历程

随着生产力水平的不断提高,人类对自然的认识逐渐深化,利用和改造能力日益增强。在这个过程中,人类对自然山水景观的美学意识也发生了巨大变化,经历了致用、比德、畅神、情景交融四个重要阶段。

致用即人类以实用的、功利的观点看待自然美。远古渔猎经济时代,生产力水平低下,动物是人类最主要的生存资源,也因此成为初民眼中最美的"风景"。他们往往对周围美丽的花草树木、清澈的河流视而不见,独独钟情于自己的狩猎对象。

到春秋战国时期,这种以致用为目的的审美意识被儒家的比德观念取代。比德是将自然山水的品性与人的道德精神联系起来,从道德的角度、以道德的眼光出发,寻求人与自然山水内在精神上的契合之处。孔子在《论语·雍也》篇中探讨了人与自然的关系:"知者乐水,仁者乐山。知者动,仁者静。知者乐,仁者寿。"儒家是伦理道德哲学,认为天下万事万物都有善恶的道德属性,山水自不例外。山水与人的仁义、智慧、勇敢、包容、公正、坚强、明察具有相似性。通过比德,自然现象与伦理特性建立了情感上的对应关系。

魏晋南北朝时期,是中国山水文化的新纪元。山水审美从比德过渡到畅神阶段,进入到真正审美意义上的山水审美阶段。这时的人们开始以一种"林泉之心"接近山水,感触自然,不再给其增添道德或想象的内容,不再将其作为生活的图景和背景,也不再将其作为寓意或象征。所谓"林泉之心"就是摆脱世俗功利观念,以纯粹恬淡的心境看待山水,以超凡脱俗的虚静的内心面对山山水水,欣赏山水本身千姿百态的自然美。

当人们去掉"尘埃之心"、"世俗心机",用纯粹审美的态度,将山水作为独立的审美客体来欣赏,这样才能进入体验山水自然美的境界,进入一种虚廓心灵、荡涤性情的审美心境。反之,体验到的只是山水蕴含的现实意义和道德意义。

拓展路径

[1] 闫立杰.旅游景观鉴赏[M].北京:旅游教育出版社,2007.

[2] 于德珍主编.旅游美学[M].天津:南开大学出版社,2011.

[3] 李玥瑾.中国旅游文化[M].青岛:中国海洋大学出版社,2011.

[4] 李星明主编.旅游文化概论[M].武汉:华中师范大学出版社,2007.

[5] 李玉华.旅游文化学概论[M].北京:对外经济贸易大学出版社,2009.

[6] 刘敦荣,等编著.旅游文化学[M].天津:南开大学出版社,2007.

[7] 吴月红,刘丽君主编.旅游美学基础[M].北京:北京理工大学出版社,2011.

[8] 沙润,等编著.旅游景观审美[M].南京:南京师范大学出版社,2004.

[9] 朱伟主编.旅游文化学[M].武汉:华中科技大学出版社,2011.

[10] 吉良新主编.旅游文化[M].青岛:中国海洋大学出版社,2010.

[11] 沈祖祥主编.旅游文化学[M].福州:福建人民出版社,2011.

[12] 余开亮.论六朝时期自然山水作为独立审美对象的形成[J].中国人民大学学报,2006(4).

[13] 李伟,程旭阳.诗说中国旅游文化中的自然山水审美[J].四川教育学院学报,2010,26(4).

[14] 刘晓玲.古代山水文学的现代旅游审美应用研究——以《古代旅游文学作品选读》为例[J].兰州大学学报(社会科学版),2011,39(3).

[15] 吴玉红.从《林泉高致》解读郭熙山水画美学思想渊源[J].艺术理论,2008(6).

[16] 王玲,牛艳茹.宗教文化对旅游业的影响[J].辽宁行政学院学报,2007,9(1).

[17] 谢凝高.中国山水文化源流初深[J].中国园林,1991(4).

[18] 曹诗图,沈中印.长江三峡旅游文化开发战略构想[J].西南师范大学学报,2004,30(2).

[19] 曹诗图,胡春梅等.昭君文化旅游开发的现实意义与战略构想[J].三峡大学学报,2004,26(2).

[20] 刘月月.科学探险旅游在中国起步[J].瞭望新闻周刊,1994(44).

[21] 王龙飞,姚远.美国户外探险旅游发展经验及其启示[J].体育文化导刊,2011(6).

[22] 王晓川.2008奥帆赛背景下青岛水上体育旅游资源开发探析[D].北京:北京体育大学,2007.

[23] 陈朝隆,陈敬堂,常化倩.中国山水文化的旅游透视[M].成都:四川大学出版社,2010.

模块四　旅游园林文化

◆模块目标

【行业要求】

园林文化作为社会文化的重要组成部分，是社会历史发展的结晶，也是人类文化的积淀、延续、发展和创新。在旅游业飞速发展的今天，园林作为宝贵的旅游资源受到更为广泛的关注。旅游从业人员迫切需要掌握与旅游相关的园林文化知识，提高自身的文化修养，为旅游者提供细致而详尽的讲解服务。

【学习目标】

学生应掌握中西方园林的发展历史、分类和差异，了解园林的造园手法，熟悉欣赏园林的一般方法，正确理解园林文化与旅游赏析之间的关系。

◆模块任务

园林，在其产生发展的演变中，成为自然背景与人文背景结合的特殊文化形态，是不同文化对人与自然关系哲学理念的艺术展现，并且园林一直被认为是人类文化的载体，一部非文字的历史书。园林所具有的这种意义，使得园林旅游一直得到游客的青睐，并在旅游活动中占有重要地位。对游客而言，走马观花般欣赏各类园林无法真正领略到园林的内涵美，同时还会降低自身的旅游体验质量，影响整体的观赏效果。因而，旅游从业人员，尤其是直接面对游客的旅游服务人员（导游等）要加强对与旅游相关的园林文化的了解，全面把握园林的文化内涵，提高游客体验质量，推动旅游园林文化的蓬勃发展。

本模块分为两项任务：任务一介绍了中国园林的发展历史和分类；任务二则分析了西方园林发展历程及分类，并对中西园林文化差异进行了比较。希望学生能够掌握园林的相关知识并形成旅游园林文化的初步鉴赏力。

任务一　中国旅游园林文化

【任务目标】

中国园林是世界代表性的园林之一。数千年持续不断的绵延发展和漫长岁月的人文、自然积淀孕育出了独具特色的中国园林文化。通过学习及完成相关任务,学生能够从总体上把握中国园林的发展历史,了解不同文化特征的代表性园林。

活动一 中国园林的发展

【案例聚焦】

陈从周和他的《说园》节选

陈从周教授是我国已故的著名建筑、园林专家,毕生致力于保护和弘扬中国古建筑尤其是园林建筑文化,成果瞩目,著作等身。著有《说园》《苏州园林》《扬州园林》《中国民居》《园林谈丛》《上海近代建筑史稿》等。其中,《说园》最为精辟,"谈景言情、论虚说实、文笔清丽",影响力之大,远及日、俄、英、美、法、意、西班牙等地。

"中国园林妙在含蓄,一山一石耐人寻味。立峰是一种抽象雕刻品,美人峰细看才像,九狮山亦然。鸳鸯厅的前后梁架,形式不同,不说不明白,一说才恍然大悟,竟寓鸳鸯之意。奈何今天有许多好心肠的人,惟恐游者不了解,水池中装了人工大鱼,熊猫馆前站着泥塑熊猫,如做着大广告,与含蓄两字背道而驰,失去了中国园林的精神所在,真太煞风景。鱼要隐现方妙,熊猫馆以竹林引胜,渐入佳境,游者反多增趣味。过去有些园名,如寒碧山庄、梅园、网师园,都可顾名思义,园内的特色是白皮松、梅、水。尽人皆知的西湖十景,更是佳例,亭榭之额真是赏景的说明书。"

问题:陈从周所赞中国园林的"含蓄"之美是如何形成的?

【任务执行】

正如陈从周所说,"中国园林是由建筑、山水、花木等组合而成的一个综合艺术品,富有诗情画意,它寄托着园主的梦想,阅尽沧桑,有着悠久的文化历史底蕴"。园林,是在一定空间中,利用和改造天然山水风貌,或者人为开辟山水风貌,结合植物栽培、建筑布置,遵循科学原理和美学规律,创造出的可供人们居住、游憩和赏玩的现实生活境域。园林被认为是镶嵌在大地上的立体画卷,被赋予了园主的观念、情趣和精神归宿,成为人类历史上典雅的艺术品。

在中国园林持续不断的演进过程中,先秦两汉时期是其产生与成长的幼年期;魏晋南北朝时期是中国园林发展的转折期;隋唐时期,中国园林的发展达到全盛;两宋至清初,渐入成熟期;清中叶至清末,一方面继承前一时期的成熟传统并趋于精致,另一方面也趋于停滞,创新不够。民国初年始,西方文化大量涌入,中国园林的发展也发生了根本性变化,古典时代终结,开始进入现、当代园林发展新阶段。

一、明清以前的园林

中国古代一直流传着"瑶池"和"悬圃"的神话,同时,在《山海经》和《诗经》中也记载着对于早期园林的起源和发展的相关描述。由此可见,中国园林的起源与先民的农耕狩猎和原始崇拜,如通神、求仙等活动有着密切联系。商代中期，中国古典园林开始萌发，园林的功能由早期的狩猎、观赏、生产，逐渐转化为以游憩、观赏为主，但是汉朝之前的园林主要是皇家园林。魏晋南北朝是园林发展的重要阶段，受当时的政治社会情况影响，士人阶层社会地位、隐逸之风的形成与推进，以士大夫为主体的山水审美与园林艺术得到空前发展。唐宋时期的园林出现了前所未有的昌盛，园林艺术开始有意识地融入诗情画意，并积极吸收其他民族的养分，中国古典园林由此步入全盛期。这一时期的园林景观虽传世少，但对后世园林设计的影响之大，推进之深，使其极具历史意义。

二、明清时期的园林

明清时期是中国封建社会的最后阶段，中国古典园林作为社会意识形态的艺术体现，发展至成熟期。这一时期的造园活动呈现出极高技巧，形成了北方园林、江南园林与岭南园林三大类型，造园理论发展至顶峰。同时，随着西方建筑文化的传入，清代园林中出现了不少西式景观与装饰艺术，如圆明园中的西洋楼。而在私家园林中，西洋园林的元素多体现在细微之处，在建筑形制、建筑装饰中部分吸收外来元素。

皇家园林经历起落波折。明至清初，皇家园林的建筑规模、艺术造诣达到高峰，尤以康熙、乾隆两个时期为盛。先后建造了静宜园、静明园、圆明园、畅春园、清漪园等五个皇家花园，并在承德修建了避暑山庄。同时，北方皇家苑园吸取了大量江南私家园林的造园手法，并仿造了不少江南园林的景点，从而丰富了皇家园林的内容。鸦片战争爆发后，中国封建社会走向没落，宫廷造园艺术也步入了发展末期。

私家园林全面"文人化"。文人园林的建造涵盖了明清时期的民间造园活动，使私家园林达到艺术成就的巅峰。文人画盛极一时，影响至园林，相应巩固了写意创作的主导地位。同时，叠山技艺极为精湛，造园普遍使用叠山假石，也为写意山水园的进一步发展开辟了有利的技术条件。这一时期的园林创作更为重视技巧，建筑技巧、叠山技巧、植物配置技巧等，均展现出积极一面。

三、现、当代园林

从1840年鸦片战争开始，特别是辛亥革命后到中华人民共和国成立，中国的园林历史进入了一个新的发展阶段。不仅在城市中出现了公园，西方造园艺术也大量传入中国。园林开始为公众服务，并作为一门学科发展起来。造园，这一历来以"师带徒"方式相传的技艺，进入了高等院校的殿堂。当时的中央大学、浙江大学、金陵大学等均开设有造园课程。1928年中华造园学会成立。

中国第一个城市公园是1868年建成的上海外滩公园，由外国人建造，即今天的黄埔公园。随后，上海虹口公园、法国公园、天津英国公园等园林的出现，使中国人真正认识到西方的造园艺术。随着民主思想在中国的传播,开始出现中国人自己建造的现、当代园林,如齐齐哈尔的龙沙公园、无锡的城中公园、南京的玄武湖公园等。辛亥革命后,北京的皇家宫苑逐渐开放为公园,如颐和园、北海公园等。陵寝园林也得到发展,如由著名建筑师吕彦直所设计、著名园艺家章守玉所做园林规划的南京中山陵,以宏伟的气势、独特的设计理念成为陵园中的典范。

新中国的成立开创了中国园林建设的新纪元。风景园林艺术深受政府重视,各地纷纷修复古典园林并向公众开放,同时结合城市建设兴建城市园林。今天,园林的表现形式更为多样,现代城市公园、人造主题公园等层出不穷,继续延伸着中国园林的历史脚印。

【任务拓展】

①去附近的园林考察,尝试编写一段导游词,介绍该园林最著名的景点或小品,注意突出园林的设计思想和景点的文化内涵。

②苏州的沧浪亭、狮子林、拙政园和留园是不同时期私家园林的代表,比较它们的不同特点,并分析原因。

【任务反馈】

山水园林是在一定的地域运用工程技术和艺术手段,通过改造地形或进一步筑山、叠石、理水、种植树木花草、营造建筑和布置园路等途径创作而成的自然环境和游憩境域。

北京北海公园是典型的山水园林,位于北京市中心区,景山西侧,故宫西北面,属于中国古典皇家园林。1925年开放为公园,主要由琼华岛、东岸、北岸景区组成。琼华岛上树木苍郁,殿宇栉比,亭台楼阁,错落有致,白塔耸立山巅,成为公园标志。北海园林博采众长,有北方园林宏伟壮阔的气势和江南私家园林婉约多姿的风韵,并蓄帝王宫苑的富丽堂皇及宗教寺院的庄严肃穆,气象万千而又浑然一体,是中国园林艺术的瑰宝。

越秀公园是广州城市中心公园,是一个环境优美的市级综合性文化休憩公园。公园内林木苍翠,绿化覆盖率达83.48%。不仅保存了镇海楼、明代古城墙、四方炮台遗址、中山纪念碑等各历史时期的遗迹和众多的古树名木,还建设了五羊仙庭、成语寓言园、竹林休闲区等景点。历史古迹与现代文明齐辉,自然造化与人工巧设共舞,相映成趣。

中国山水园林和城市园林产生的原因是什么?

释疑:①人与自然的关系向来密切。中国人在漫长的历史过程中,积累了种种与自然山水息息相关的精神财富,构成了"山水文化"的丰富内涵。面对赖以立足的大地,人们的悲喜哀乐之情常常来自于自然山水。中国古典园林设计主张一切纯任自然,展现不露人工痕迹的天然美,由此,山水园林成为主导。②城市是人类文明的产物,虽然广义上也属于大的自然环境范畴,但就其作为局部的人工环境而言,毕竟与自然环境有所隔离。人们长期生活在城市中，势必寻求与大自然直接接触的方式，如旅游、踏青，或创设一种间接补偿方式，即园林建置，城市园林由此产生。

活动二 中国园林的分类

【案例聚焦】

北京颐和园VS扬州个园

颐和园是以昆明湖、万寿山为基址，以杭州西湖风景为蓝本，汲取江南园林的某些设计手法和意境而建成的一座大型天然山水园，也是保存最完整的一座行宫御苑，占地约290公顷（1公顷＝0.01平方千米），为我国四大名园之一。园林布局以水取胜，陆地面积仅占四分之一。苑林区以万寿山、昆明湖为主体。万寿山东西长约1 000米，高60米。昆明湖水面约占全园面积的78%，湖的西北端绕过万寿山西麓连接北麓的"后湖"，构成山环水抱的形势，将湖和山紧密地连成一体。

扬州个园建于清代中叶。因园主爱竹，园内遍植竹子，因竹叶的形状像"个"字，故以"个园"名之。竹是中国古代文人喜欢歌颂和表现的题材，认为它是清高、有节气的象征，苏东坡曾有"宁可食无肉，不可居无竹，无肉使人瘦，无竹使人俗"之语。尽管个园面积仅约30亩（如今其总面积约为2.3万平方米，建筑面积0.6万平方米，绿地面积1.5万平方米），但由于布局巧妙，显得曲折幽深，引人入胜，处处体现出造园者独具匠心之处。

气势恢宏的北京颐和园

清幽古朴的扬州个园

问题：为何北京颐和园比扬州个园面积大，且有真山真水？

【任务执行】

中国古典园林历史悠久，分布广泛，是一个博大精深而又源远流长的风景式园林体系。各地区由于地理环境、气候特征以及人文背景的差异，出现了不同特点与风格的园林。我国园林依据不同的分类标准，可以分为以下不同的类型：

一、依据园林隶属关系分类

（一）皇家园林

皇家园林属于皇帝个人和皇室私有。古籍中所谓苑、苑囿、宫苑、御苑、御园等，都属于这一类型。中国古代社会严密的封建礼法与森严的等级制度构筑成了一个统治权力的金字塔，皇帝则居于此金字塔的顶端。因此，与皇室相关的起居环境，如宫殿、坛庙、园林等，莫不利用其建筑形象与总体布局以显示出皇家气派。中国的皇家园林尽管也模拟自然山水，但是更强调在不悖于风景式造景原则下尽显皇权至尊。同时，又不断向民间汲取造园艺术的养分，以丰富皇家园林内容，提高宫廷造园的艺术水平。

颐和园的山水气派

皇家能够利用政治特权与经济财力占据大片区域营造园林供一己享用，无论是人工山水园或天然山水园，其规模之大远非私家园林可比拟，常常囊括进真山真水。秦汉至明清，历史上的每一朝代几乎都有皇家园林建置。它们不仅是庞大的艺术创作，也是一项耗资甚巨的土木工事。因此，皇家园林数量的多寡、规模的大小，也在一定程度上反映着一个朝代国力的盛衰。目前，我国遗存的皇家园林多为明清时期创作而成，如北京的颐和园、河北承德的避暑山庄等。

（二）寺观园林

寺观园林，即佛寺或道观的附属园林，也包括寺观内部庭院或外围区域的园林化环境。据历史文献记载及现存实例可知，寺观既建置宅园模式的独立小园林，也很讲究内部庭院的绿化，大多栽植名贵花木。郊野的寺观大多修建在风景优美地带，并注重周边生态环境的保护，因此古木参天，绿树成荫，再配以小桥流水或少许亭榭的点缀，形成了寺观外围的园林化环境，正所谓"曲径通幽处，禅房花木深"。尤其在山岳地带的寺观建筑，这一特色表现得更为明显。历来文人名士钟情于借住其中读书养性。

代表性的寺观园林中，大觉寺、白云观、普宁寺有独立建置的附园；法源寺偏重于庭院的绿化置景；灵谷寺、太素宫着重于其周围园林化的环境处理；潭柘寺、国清寺则属园林、庭院绿化与园林化环境三者兼而有之。

（三）陵寝园林

陵寝园林是为了埋葬先人、纪念先人，以实现避凶就吉为目的而专门修建的园林。在中国古代社会，上至皇帝，下至达官贵人、商富大贾，都非常重视陵寝园林。陵寝园林包括地下寝宫、地上建筑及其周边环境。

营建陵园需缜密选择山水地形。园内的树木栽植和建筑修造也都需要经过严格的规划布局。虽然这种规划布局可能并非为了游憩观赏目的，而是为了创造一种特殊的纪念性环境气氛，体现避凶就吉和天人感应的观念，但陵寝园林仍然具有中国风景式园林所特有的山、水、建筑、植物等要素，在客观上具备了观赏游览的价值。如明孝陵、明十三陵、清东陵、清西陵等均是具有代表性的陵寝园林。

龙门石窟附近唐代诗人白居易的陵寝

（四）私家园林

私家园林为地主、文人、官僚、富商修建的供一己享用的园林，是其身份地位与财富实力的象征。私家园林受封建礼法制度与园主个人情趣的限制，在内容和形式上与皇家园林有诸多不同。

建置在城镇中的私家园林，绝大多数为宅园，依附于府邸而成为园主人日常游憩、宴乐、会友、读书的场所，规模一般不大。宅园一般紧挨府宅后部，呈前宅后园格局，或位于府宅一侧而成跨院。此外，还有少数独立建置，不依附于府邸的"游憩园"，而建在郊外山林风景地的私家园林大多为别墅园，供园主人避暑、休养或短期居住。私家园林的典型代表为苏州园林。清代沈朝初《忆江南·春游名胜词》中"苏州好，城里半园亭"，概括出苏州的宅第园林之盛，其中的代表性园林甚多，如拙政园、沧浪亭、留园、狮子林、网师园，等等。

二、依据园林所处地域分类

由于我国南北自然环境和社会文化的差异，不同地区的园林呈现出风格迥异的特征。以秦岭—淮河、南岭为分界线，我国园林可分为北方园林、江南园林和岭南园林三类。

（一）北方园林

北方园林建筑形象稳重、敦实，颇有皇家气派。北方园林表现出前朝后寝、轴线对称、一池三山、仿景缩景、障景漏景等特点。前朝后寝，指园林的后园式布局。就园与宅的关系来看，园林居于宫殿、住宅的后部或侧位，如故宫的御花园、慈宁宫花园都在后部；就园内游与居的关系来看，居在前、游在后，如避暑山庄的宫殿区在南面入口处，颐和园的宫殿区在东面入口处。轴线对称，是北方园林最明显的特点。园林的轴线与宫殿和住宅的轴线一致，成为宅区轴线的延伸。中轴线上置最重要的大门、厅堂、宫殿、甬道、水池，无论大小园林都是如此。一池三山，是中国传统园林以及现代园林中表现最多的布局形式，而且已经成为定制。仿景是指按原比例对其他景观进行摹仿，缩景则是指变比例摹仿。障景和漏景是一对概念。北方园林的障景具有严密性，从围墙的障景上看，漏窗较少,即使有漏窗,也是较为厚重的花式或直接用玻璃屏蔽。入口前的障景多用龙壁,北海的九龙壁成为中国影壁的代表作。

因北方冬季寒冷且多风沙,园林多给人一种封闭感,使其别具一种不同于其他地域园林的刚健之美。北方相对于南方而言,水资源匮乏,园林供水存在困难,因而池水面积都较小,甚至采用"旱园"做法。园林叠山多就地取材,运用当地出产的湖石和青石,与北方建筑风格十分协调,很能显现雄伟气度。北方园林的规划布局,中轴线、对景线运用较多,更赋予园林严谨的格调。园内的空间划分较少,整体性较强,不似江南园林那般曲折多变。

(二) 江南园林

晋室南迁后,渡江中原人士促进了江南地区经济和文化的发展,为园林的营建创造了条件。唐宋以来,江南经济繁荣,人文荟萃,私家园林建造数量之多、质量之高均为全国之冠,并一直保持着在中国后期古典园林发展史上与北方园林并重的高峰地位。它们分布在长江下游的广大地域,造园活动主要集中在扬州与苏州两地。宋代沧浪亭、元代狮子林、明代拙政园、清代留园被称为苏州"四大名园"。明末清初有"扬州园林甲天下"一说。

江南园林叠山以太湖石和黄石两大类为主,能够仿真山之脉络气势,或作空间之屏障,或倚墙而筑为壁山,手法多样,技艺高超。江南气候温和湿润,花木生长良好,种类繁多,园林充分利用花木生长的季节性构成四季不同的景色。江南园林建筑的个体形象玲珑轻盈,相比于北方园林则具有一种柔媚的气质。

(三) 岭南园林

岭南,指五岭以南地区,处于低纬,山清水秀,一年四季郁郁葱葱。自古以来,岭南人民创造了丰富的园林景观。岭南园林规模较小,且多数是宅园,一般为庭院和庭园的组合。建筑物的平屋顶多做成"天台花园",连宇成片,通透开敞。较之北方园林的壮丽和江南园林的纤秀,岭南园林则具有轻盈、自在与敞开的岭南特色。同时,将西方古典雕塑手法与中国自然山水园林布局相结合的手法,充分体现了岭南园林兼收并蓄、博采众长的特点。

岭南园林代表作——广东顺德清晖园

岭南地处亚热带,观赏植物品种繁多,园内四季花团锦簇,乡土树种更是江南与北方园林所无,其中老榕树大面积覆盖遮蔽的阴凉效果尤佳,堪称岭南园林一绝。就岭南园林总体而言,建筑意味较浓,建筑形象在园林造景中发挥着重要甚至决定性的作用。广东顺德的清晖园、广州的余荫山房、东莞的可园与佛山的梁园，并称为"粤中四大名园"，是岭南园林的代表之作。

【任务拓展】

①分析自然条件是如何影响江南园林和岭南园林特色的。

②你最喜欢哪类园林景观？为什么？

【任务反馈】

北京颐和园昆明湖是今日保留最完好的水景，湖名虽然采用了汉武帝上林苑中的旧名，但它巧妙的构思和景色是汉代苑园无法比拟的。湖泊原由玉泉山诸泉自然汇集而成，在划入苑园时，按照天下有名的水景作了成功的改造和组织。湖上共有两堤、六岛和九桥，用来组织浩瀚水面的聚散和开合，使单一的湖面变成远近皆可观赏的美景。

承德避暑山庄建园设计气度恢弘。在地势上，山庄选址独具匠心：西北为连绵的山峰和纵横的沟壑，中部为宽阔的平原草地，东南是水光潋滟的湖区，恰似我国锦绣山河的缩影。在自然景观上，山庄内一应俱全，有山峰、沟谷、平原、河流、湖泊、森林、草原、洲岛、瀑布和温泉，可谓世界独一无二。

皇家园林发展至清代，其景观设计的突出特点体现在哪些方面？

释疑：首先，它充分利用了山水风景的自然美，常常包进了真山真水，有的甚至将当地的风景名胜也组入园内，例如古燕京八景中的"玉泉垂虹"和"西山暗雪"就分别成为静明园与静宜园的主景。

其次，以高超的艺术手法对自然进行整理和改造，诸如山上的亭台、水中的堤桥均经过了严密的艺术构思建造而成，特别是一些平地山水花园的造景，更展现了精湛技艺。

任务二　中西旅游园林文化比较

【任务目标】

由于西方与中国在所处自然环境、社会形态、文化氛围以及园林建筑材料与造园理念等多方面存在差异，从而形成了不同于中国园林的西方园林风格与文化。通过该任务的学习和相关内容的拓展练习，学生应了解西方园林文化的发展历程和中西方旅游园林文化发展历程的差异。

活动一　西方旅游园林文化概述

【案例聚焦】

西方园林的典范：巴黎凡尔赛宫

凡尔赛宫园址原为半平原半沼泽地带，为强调气势，路易十四将其改造成平坦开阔的空间，因此急湍、瀑布、涌泉等动水很少，只有平静的湖和水池。凡尔赛宫占地面积约6.7平方千米，是当时巴黎市区面积的1/4。由于面积大，为了使整个园林的构图统一紧凑，园林布局都为大轴线，各类景观依次安置在轴线周围，凡尔赛宫也因此而成为法国历史上体现政治权力的最宏大园林。凡尔赛宫的建造对欧洲的园林风格产生了巨大而深远的影响,是整个欧洲园林建筑模仿的榜样。

凡尔赛宫以宫殿为基准建构中轴线,其轴线路径均为直线延伸,极少出现阻挡。主干道布局严格对称,在视线设计上力求表达通畅明晰,行列式的树丛将道路两侧的景物隐蔽起来,引导人们的视线向中轴线纵深方向延展。强调"中轴线"这一规划观念,之后发展成为现代城市绿地系统设计应遵循的基本思路。

凡尔赛宫

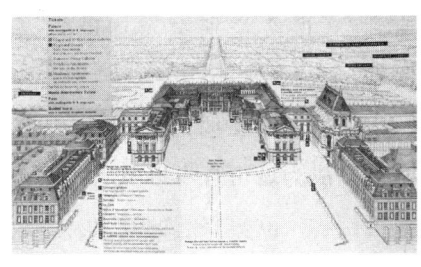

凡尔赛宫总体平面图

问题:法国凡尔赛宫与北京颐和园在空间布局上有何不同?

【任务执行】

西方园林与中国园林一样,有着悠久的历史和光荣的传统,是世界园林艺术中的瑰宝。无论是基督教的伊甸园,还是希腊神话传说中的爱丽舍田园,都为人们描绘了天使在密林深处、山谷水涧无忧无虑跳跃嬉戏的欢乐场景。这种原始环境中人与自然和谐共存的生活空间,既是早期西方造园的蓝本,也是园林艺术取之不尽的创作源泉。

一、西方园林发展的历史

公元前三千年,古埃及在北非建立奴隶制国家。他们发明了几何学,并将几何概念用于园林设计。水池和水渠的形状方整规则,房屋和树木也都按几何形状加以安排。可以说,古埃及开创了世界上最早的规整式园林设计。

(一)欧洲中世纪的园林

从古埃及宅园到中世纪庭园,其间经过古希腊、罗马园林等时期,这段时期被看作是规则式园林的萌芽发展阶段。这一阶段园林的主要特点,是在建筑物围合的人工环境中,以人工化手法布置花草树木和水景,强调人工化的"自然"景观与人为环境的协调。这种将自然引入人工环境,以自然要素装点人工园林的创作方法,可以看作是借助自然之物美化人工环境艺术思想的反映。

(二)文艺复兴时期的园林

17世纪是法国古典主义园林时期,欧洲的规则式园林艺术在其影响下发展到了一个不可逾越的高峰。萌芽于高卢时期的法国园林,在16世纪初受意大利文艺复兴的影响,其规模趋向于宏大华丽。17世纪下半叶,路易十四统治时期的法国成为全欧洲首屈一指的强国,他所提倡的古典主义文化也深深地影响着西方园林艺术。而体现古典美学原则的规则式园林,在这样的社会土壤里得到了空前发展,形成了影响欧洲园林艺术长达一个世纪之久的法国勒诺特尔式园林。

勒诺特尔设计的园林,以其恢宏的气势,开阔的视线,严谨均衡的构图和丰富的花坛、雕像、喷泉等装饰,营造出一种庄重典雅的风格,将规则式园林的人工美发挥到了极致。在勒诺特尔式园林中,极目所至都是经过人工改造的自然之物。这种在自然环境中创造完全人工化园林的设计方法,反映的是唯理主义者强调的人力能够改变自然本身、人工美高于自然美的哲学思想。

(三) 18世纪的西方园林

随着封建社会向资本主义社会过渡以及启蒙运动的发展,18世纪欧洲文学艺术领域内兴起浪漫主义运动。英国的作家、艺术家崇尚自然之美,他们将规则式花园看作是对自然的歪曲,认为造园应以自然为目标。这些舆论为风景园的产生奠定了理论基础。同时,英国丘陵起伏的地形、大面积的牧场风光也为风景园的产生提供了理想的自然条件。此外,一些到过中国的商人、传教士对中国园林的介绍,引起了部分英国造园者的兴趣,这对英国风景园的发展及其艺术风格的形成产生了一定的影响。

英国风景园以开阔的草地、自然种植的树丛、蜿蜒的小径、自然弯曲的湖岸为特色,取消了园林与自然风景之间的界限,也不再考虑人工与自然之间的过渡,而是将自然作为主体,将自然引入到园林之中,并排除一切不自然之物,自然美成为西方园林美的最高境界。人工的园林也自然化,用自然之物来美化自然本身,反映出人工美应服从自然美、造园应与自然相协调的观念。英国自然风景园的出现,改变了欧洲园林长达千年由规则式园林统治的历史,引发了西方园林艺术领域的一场深刻变革。

(四) 19世纪后的西方园林

19世纪后期,由于大工业的发展,许多资本主义国家城市日益膨胀、人口日益集中,大城市开始出现居住条件明显两极分化的现象。随着现代交通工具的出现和大量使用,中上层人士纷纷远离城市寻找清净环境,因而在郊野地区兴建别墅园林成为一时风尚。19世纪末到20世纪是别墅园林最为兴盛的时期。

随着工业文明的发展,古典园林逐渐发展成为城市自身以及居民服务的开放型园林。欧美兴起的城市公园运动拉开了西方现代园林发展的序幕,旨在减轻城市不利影响和提高城市生活质量。一战之后,园林设计开始运用现代艺术和现代建筑中的一些构图原则,注重建筑、山水、植物等在形体、质地、色彩等方面的抽象构图,讲究自由的布局和空间的穿插,逐渐形成了现代园林。

澳大利亚悉尼皇家植物园继承了西方园林的风格

二、西方园林的类型

18、19世纪,在西方园林界,法国勒诺特尔风格和英国风格这两大主流并行发展,互为消长。此后,也产生出许多混合型的实体。

(一)意大利文艺复兴园林

别墅园为意大利文艺复兴园林中最具有代表性的一种类型。别墅园多半建置在山坡地段上,就坡势而做成若干层台地,即所谓"台地园"。主要建筑物通常位于山坡地段的最高处,在它前面沿山坡而引出的一条中轴线上开辟一层层台地,分别配置平台、花坛、水池、喷泉和雕塑。各层台地之间以蹬道相联系。中轴线两旁栽植黄杨、石松等树丛作为园林本身与周围自然环境的过渡。站在台地上顺着中轴线的纵深方向眺望,可以借景无限深远的园外。这是规整式与风景式相结合并以前者为主的一种园林形式。

(二)法国古典主义园林

法国多平原,有大片天然植被和大量的河流湖泊。法国人并没有完全接受"台地园"的形式,而是把中轴线对称的规整式园林布局手法运用于平地造园。以凡尔赛宫为代表的造园风格被称作"勒诺特尔式"或"路易十四式"。这种造园风格在18世纪时风靡全欧洲乃至世界各地,德国、奥地利、荷兰、俄国、英国的皇家和私家园林大部分都是"勒诺特尔式"。我国圆明园内西洋楼的欧式庭园亦属于此种风格。

(三)英国自然式风景园林

英国的风景式园林兴起于18世纪初期,与勒诺特尔风格完全相反,否定纹样植坛、笔直的林荫道、方壁的水池和整形的树木,扬弃了一切几何形状和对称均齐的布局,代之以弯曲的道路、自然式的树丛和草地、蜿蜒的河流,讲究借景及与园外自然环境的相融合。

【任务拓展】

①西方园林深受西方哲学思想的影响。阅读汪菊渊《外国园林史纲要》,思考影响西方造园技巧的哲学思想有哪些?

②查阅相关资料,比较意大利的埃斯特庄园、法国的凡尔赛宫的造园手法和建筑风格,谈谈你更喜欢哪一个园林。

【任务反馈】

英国古典风景园——斯托海德

斯托海德风景园是英国风景式园林的杰出代表,是18世纪人们对弗吉尔和克劳迪安的世外桃源的渴望的完美实现。它建在一个繁茂的山谷之中,沿环湖小径散步,可以看到一系列的如画景色：庙宇、雕塑、泉水、洞穴……所有这一切都牵动着你的视觉神经、文学修养甚至个人经历。在这个经过精心设计的风景园，不论站在哪个角度，你都可以看到美丽的风景，包括阿波罗神庙、花神庙、先贤祠，还有那座帕拉第奥式桥梁。整个风景园就像是一片天然牧场，以草地为主，生长着自然形态的老树，有曲折的小河和池塘，让人真的如同置身于风景画之中。此园现已成为英国对游人开放的著名的风景园之一。

英国风景园有何特点？为什么会形成这种风格？

释疑：英国在文化艺术、自然地理与气候、产业经济以及对中国园林与文化的赞美与憧憬等众多因素的影响之下，形成了追求自然的造园思想。在英国的风景园中，没有笔直的林荫道、绿色雕刻、图案式植坛、平台和修筑得整整齐齐的池子，有的只是充满浓郁诗情画意和浪漫气质的牧歌式的自然景色。

活动二 中西旅游园林文化差异

【案例聚焦】

苏州园林第六次"落户"美国

1979年，苏州古典园林首先在美国纽约建造起"明轩"庭院。接着，又在加拿大、新加坡、日本、美国、德国、西班牙、南非等国建造起20多座仿苏州古典园林建筑。除了"明轩"庭院，在美国还有4座苏州园林建筑：美国纽约斯坦顿岛"寄兴园"、美国波特兰市"兰苏园"、美国佛罗里达州其士美市"锦绣中华苏州苑"、美国洛杉矶市亨庭顿植物园"流芳园"。2010年3月，在苏州市侨办的牵线搭桥下，美国德克萨斯州的葡萄城市"梦的花园"决定开建一个苏州园林，建成后将成为目前国外面积最大的苏州园林。

根据草案，"梦的花园"一期工程用于建造花园的面积为60英亩，其中"中国花园"一期工程占地30英亩，投资预算为5 000万美元。设计完成后的施工队及造材都由中国国内输送，预计于2013年建成开园。届时，"落户"美国的苏州园林将达到六个。

位于美国本土的苏州园林——纽约"明轩"庭院

问题：苏州园林六次"出口"的文化魅力何在？

【任务执行】

世界园林体系总体可概括为东方的自然山水式与西方的几何规则式园林。两者在其各自演变发展的背景中，从体系、功用、格局直至其中细微的美学趣味、工艺手段等方面既表现出显著的差异，又呈现出趋同的走向。

一、中西旅游园林文化的差异

东西方哲学、美学思想的不同导致

中西园林在形式和风格上呈现出明显的差异。

(一)自然美与人工美

在中国最早的造园著作《园冶》中,计成将自己的造园理想总结为"虽由人作,宛自天开",这既是《园冶》造园理论的核心与宗旨,也是对中国古典园林审美思想的精辟总结,反映出中国造园家崇尚自然、师法自然的造园理念。首先,"宛自天开"需靠"人作"完成。其次,"天开"之美是至高的美,也是人工造作的艺术目标,即努力消除人力雕琢的痕迹,在园林的有限天地中艺术再现大自然的山水泉石之美。最后,天工高于人工,造园技艺的最高境界是"巧夺天工"、"大巧若拙"、"返璞归真",以"妙造自然"为创作方向。正因如此,园林的山水造型是从自然界提炼出的典型形态,自由布局,常因地制宜、随高就低地布置园林要素,并不讲究对称;花草树木虽也经过人工培植与修剪加工,但加工的基本原则是保持自然的生长姿态,不求名贵,顺应植物习性;园林建筑的布局与朝向根据审美需要而定,基本没有礼制约束;为寻求与自然的协调,建筑物多形态曲折,呈不规则的自然形态。

从15世纪西方人文主义者"模仿并赞美自然"的造园思想,到16世纪人工技艺占据主导地位,西方园林景观呈现出"由公正的人性和精湛的建筑艺术结合而铸就的美丽",连树木都要修剪成"绿色雕塑"和"绿色建筑",成为建筑化的自然。西方园林设计中,对山石运用的局限性较大,大部分山石用作雕塑的材料,也有的用于造岩石园、洞穴和假山。对水的运用十分重视,如意大利花园中流动的水,法国花园中平静宽阔的水。植物也构成了西方园林设计的一个重大要素,如古罗马的绿色雕刻,法国花园的各种花坛等;建筑在西方园林中从来都是构图的中心,花园是为建筑服务的,园林是建筑和自然之间的过渡,花园设计的原则要服从建筑设计的大局。

(二)意境美与形式美

清代钱泳在《履园丛话》中说:"造园如作诗文,必使曲折有法,前后呼应,最忌堆砌,最忌错杂,方称佳构。"陈从周认为,研究中国园林应先从中国诗文入手,道出园林与诗文的关系。而园画相通、援画入园,又是中国园林的一大特征。造园家们更是借鉴诗情画意的置景原则塑造园林景观。文人将自己的心性投射到园林艺术中,对应于他们的书卷品格与清高气质。雅致成为中国古典园林意境美的集中体现。借助人工叠山理水将广阔自然中的山水风景缩移于咫尺之间,意境含蕴深广,表达形式丰富多彩。假山与水体都是物象,但可幻化为意象。通过预先设定意境主题,而后借助山、水、花木、建筑所构建的物境将主题加以表述,从而传达给观赏者意境信息;也可不预先设定意境,而在园林建成后根据现有物境特征做出文字的点题,如匾、联、诗文、刻石等,使文字作者参与园林艺术的创作。中国古典园林的情景交融和深远意境远非其他园林体系所能企及。

与中国园林风格迥异的法国规则式园林

西方园林运用绘画中的透视手法将绿地、水体、雕塑、道路等要素进行几何排列，达到所要追求的意境。如意大利园林通过创造"第三自然"来达到自己热爱大自然和享受大自然的目的；法国17世纪的园林则运用平面上强烈的轴线、对称的几何形式、平静宽大的水面、对称的花坛和草地、动人而富寓意的雕塑等来表现对理性精神的崇尚。西方的意境满足于追求事物的外在模拟和形似，强调人工美或几何美。这种数学式或几何的审美思想一直顽强地统治着欧洲的文化艺术界，西方的几何形园林风格正是在这种美学思想的影响下逐渐形成的。

（三）重情与唯理

中国园林的杰出造园理论家兼为文人，对山水的热爱使游览山川名胜成为其生活的一部分，对自然山水形式美注重的一个必然结果就是尽力去体现这种自然美。于是文人们将对游赏山水的极大热情转化成为绘画及对园林的营造，用各种艺术手段将自然山水组织在园林中，满足登临山水之癖，居于园林之中，得到一种精神寄托。住所的园林化，舒适、有情调的生活方式，使文人从对自然山水的游赏转向园林山水。园林是一种被定义了的山水，文人也在从事园林经营的过程中定义了自己，将自身与自然融为一体。

南京总统府有限水面上的石舫有乘风破浪之势

西方人的思维习惯倾向于探究事物的内在规律，喜欢用明确的方式提出问题和解释问题。16～17世纪欧洲自然科学的进展，使计算成为理性方法的实质，几何学成为主要科学。他们所制定的绝对艺术规则和标准就是纯粹的几何结构和数学关系，以代替直接的感性审美经验，用数字来计算美，力图从中找出最美的线型和比例，并且企图用数学公式表现出来。用数和几何关系来确定园林的对称、均衡和秩序的西方园林设计和建造是西方哲学家美学思想的具体体现。

二、中西旅游园林文化差异分析

中西园林间如此大的差异是什么原因导致的呢？这可以从文化背景，特别是哲学、美学思想上来分析。造园艺术和其他艺术一样要受到美学思想的影响，而美学又是在一定的哲学思想体系下成长的。从历史上看，不论是唯物论还是唯心论都十分强调理性对实践的认识作用。公元前6世纪的毕达哥拉斯学派就试图从数量的关系上来寻找美的因素，著名的"黄金分割"最早就是由他们提出的。这种美学思想一直影响了欧洲几千年之久。它强调整一、秩序、均衡、对称，推崇圆、正方形、直线等。欧洲几何图案形式的园林风格正是在这种"唯理"美学思想的影响下形成的。

与西方不同，中国古典园林在中国文化的肥田沃土之中发展，并深受绘画、诗词和文学的影响。由于诗人、画家的直接参与和经营，中国园林从一开始便带有诗情画意的浓厚感情色彩。中国画，尤其是山水画对中国园林的影响最为直接、深刻。可以说中国园林是一直循着绘画的脉络发展起来的。中国古代没有什么造园理论专著，但绘画理论著作则十分浩瀚。这些绘画理论对于造园起了很多指导作用。画论所遵循的原则莫过于"外师造化，内发心源"。外师造化是指以自然山水为创作的楷模，而内发心源则是强调并非刻板地抄袭自然山水，而要经过艺术家的主观感受以粹取其精华。

除绘画外，诗词也对中国造园艺术影响至深。自古就有诗画同源之说，诗是无形的画，画是有形的诗。诗对于造园的影响也体现在"重情"的一面。中国古代园林多由文人画家所营造，不免要反映这些人的气质和情操。这些人作为士大夫阶层无疑反映着当时社会的哲学和伦理道德观念。中国"儒、释、道"重情义，尊崇自然、逃避现实和追求清净无为的思想汇合在一起形成一种文人特有的恬静淡雅的趣味、浪漫飘逸的风度、朴实无华的气质和情操，这也就决定了中国造园"重情"的美学思想。

【任务拓展】

①以小组为单位，利用文献和网上资料，比较苏州拙政园和法国凡尔赛宫在造园思想、艺术风格等方面的差异，撰写一份不少于2 000字的报告。

②利用相关资料分析中西方园林文化的相似之处，并举例说明。

【任务反馈】

无锡寄畅园是位于惠山脚下的平地园，惠山东麓的一支余脉直接连到寄畅园西壁，并有数点山岩突入园内。造园家依顺真山脉络与纹理走向来掇山，仿效惠山，以土为主，在高处于关键点点缀石块，假山的走向与惠山余脉一致，质感和纹理颜色也相同，使真山假山浑然一体。因而，人工堆砌的土山虽仅高数公尺，却让人有置身真山脚下的感觉。寄畅园的建造体现了中国古典园林"师法自然"的风格。

英国钱伯斯设计的丘园，大片草坡沿着自然地形起伏。这里没有围墙的限制，人的视线可以跟着心灵一起自由驰骋。这里有大片的水面，但水边没有泊岸,草坡很自然地以一个优美的角度伸入湖中。一切都是宁静的,同时也显得开朗、大方和安详。

中国古典山水园林与英国自然风景式园林有何不同?

释疑:中国园林是一种内向的自然,一向拒绝功利主义倾向,注重曲折含蓄之美、疏密相间之美和天趣盎然之美。英国园林是一种外向的自然,让自己的花园与周围环境完全融合,看不到边界,具有开放性和公共性,注意把花园变成公众聚会、动植物养殖等实用的场所。

◆模块评价

【知识/技能评价】

①简述中国和西方园林发展的历史进程。

②简述中国园林的分类及各类园林的特点。

③比较中西方旅游园林文化的差异。

④举例说明如何欣赏游览某一中国古典园林。

【能力应变】

请选取一座自己熟悉的园林,为其设计一份导游词。导游词的主要内容应包括:①该园林的发展演变历史;②造园的自然与社会人文背景;③造园采用的构景手法;④园林体现的设计理念;⑤相关景点的旅游审美价值、历史文化价值和科技价值;等等。

【模块链接】

中国古典园林与现代园林设计比较

1. 哲学思想

古典园林中,园林艺术属于美学意义的一种载体,同其他艺术形式一样,受美学思想影响。中国古典园林美学思想主要受道家思想影响,如"师法自然"、"天人合一"等,其构成原则是将自然景观与人工造园艺术巧妙结合,从而达到"虽是人为,宛自天开"的艺术境界。

现代园林设计强调理性对实践的认知作用,同古典造园信奉的"天人合一"的思想相比,设计体系从唯理学说发展而来。现代园林将设计艺术建立在数理主义思想基础上,追求纯粹的几何构造关系,坚持把自然要素中的天然性格与形状去除,用人的理性美学意识法则建造设计。理性思维模式长期统领着欧洲的园林设计思想,并对世界现代园林景观设计理念产生了深刻影响。

2. 布局形式

古典园林由于受经济、政治条件的限制及民族性格的影响,自然地体现出一种含蓄的布局形式,主要表现在建筑物的周边环境布置,中心往往形成院落或开阔的水面,给人一种趋向中心收缩的心理暗示。这种布局特点在南方私家园林中尤其突出,比周围高出很多的院墙可以将内外空间划分出明显界限,为主人提供专属的私人活动空间,在有限、无人打扰的环境内,借助景观元素尽情抒情缅怀,以达成"天人合一"的高雅境界。

现代园林受唯理思想影响,追求布局的对称性。建筑、草坪、水体、花坛等注重整体性,并运用几何构造关系,使组合和谐。

3. 造园手法

中国古典园林的造园要素不外乎山、水、石、植物与建筑。这些元素的组合,创造出步移景异的艺术效果。《园冶》提到,通过营造空间上的收放对比,景点设计上的露与藏、借与框、实与虚分布,可使景观之间产生联系,浑然一体。

现代园林多运用建筑、植物、雕塑及人工喷泉等作为造园要素,更多地采用直白且理性的表达手法,经常以建筑统帅园林。整体布局服从建筑的设计原则,以建筑为标准,确定主轴线,衍生出对应的副轴线,表现以建筑为中心、发散式的外向性格。

拓展路径

[1] 周维权.中国古典园林史[M].北京:清华大学出版社,1990.

[2] 陈从周.说园[M].上海:同济大学出版社,2007.

[3] (明)计成.园冶[M].北京:中华书局,2011.

[4] 曹林娣.中国园林文化[M].北京:中国建筑工业出版社,2005.

[5] 刘天华.画境文心:中国古典园林之美[M].北京:生活·读书·新知三联书店,2008.

[6] 邵忠.苏州古典园林艺术[M].北京:中国林业出版社,2005.

[7] 刘晓惠.文心画境:中国古典园林景观构成要素分析[M].北京:中国建筑工业出版社,2002.

[8] 蓝先琳.中国古典园林大观(上、下)[M].天津:天津大学出版社,2003.

[9] 朱建宁,鹂芷若.西方园林史[M].郑州:河南科学技术出版社,2008.

[10] 程志华.外国造园艺术[M].郑州:河南科学技术出版社,2001.

[11] 沙润,等编著.旅游景观审美[M].南京:南京师范大学出版社,2004.

[12] 中国园林网,http://jingguan.yuanlin.com

[13] 中国风景园林网,http://www.chla.com.cn

[14] 园林学习网,http://www.ylstudy.com

[15] 苏州园林建筑网,http://www.szlad-art.net

模块五　旅游建筑文化

◆模块目标

【行业要求】

旅游建筑文化是旅游客体文化的一个重要组成部分，建筑以其独特的观赏价值和文化内涵成为旅游业开发和可持续发展不可或缺的旅游资源。研究中西方建筑的主要类型和构成要素，了解其文化内涵，把握建筑文化和旅游业发展之间的关系是现代旅游从业人员的基本知识素养，也是为旅游者提供高水平、高质量服务的必要条件。

【学习目标】

通过本模块的学习，学生能够了解中西方古代建筑发展的历史沿革；理解中西方古建筑的基本类型以及文化取向；掌握中西方具有代表性的古建筑概况；了解建筑文化的旅游价值并正确传播旅游建筑文化。

◆模块任务

建筑被誉为"人类历史文化的纪念碑"。数千年人类发展历史证明，不朽的建筑传承历史，铭刻着人类文明和文化的轨迹，是人类文明发展的标志之一。本模块的旅游建筑文化主要是指传统建筑文化。传统建筑是文化、艺术、宗教等意识形态的物质体现，是现代旅游业发展所依托的重要旅游资源。

本模块围绕旅游建筑文化的内容展开，包括两个任务：任务一介绍了中西建筑文化的概况，任务二讨论了建筑与旅游的关系，同时介绍了中西方代表性的旅游建筑及其蕴含的深刻文化内涵。通过本模块的学习，学生能够更加深入、透彻、全面地了解建筑艺术，体会旅游建筑文化，品味旅游建筑魅力。

任务一　旅游建筑文化概述

【任务目标】

人类创造了灿烂的历史文明，古建筑是其重要的组成部分之一。在这一任务里，首先通过对故宫太和殿和世界文化遗产——瑞士伯尔尼古城的描述让学生对中西方传统建筑文化有直观的了解；其次在任务执行中具体讲述中国传统建筑的历史沿革和基本构成要素，中西方主要的建筑类型以及建筑的文化取向；最后通过任务拓展和任务反馈深化学生对传统建筑文化的认识。

活动一 中国旅游建筑文化概述

【案例聚焦】

故宫单体建筑之最——太和殿

太和殿俗称金銮殿,是故宫内体量最大、等级最高的建筑物,其建筑规制之高,装饰手法之精,堪列中国古代建筑之首。太和殿面阔十一间,进深五间,长64米,宽37米,建筑面积2377平方米,高26.92米,连同台基通高35.05米。殿前有宽阔的平台,称为丹陛,俗称月台。月台上陈设日晷、嘉量各一尊,铜龟、铜鹤各一对,铜鼎18座。日晷是古代的计时器,嘉量是古代的标准量器,二者都是皇权的象征,龟、鹤为长寿的象征。殿下为高8.13米的三层汉白玉石雕基座,周围环以栏杆。太和殿的屋顶为等级最高的重檐庑殿顶,屋脊两端安有高3.40米、重约4300千克的大吻。岔脊的装饰在中国宫殿建筑史上也是独一无二的,第一个饰物是一个骑凤仙人,仙人之后是:龙、凤、狮子、天马、海马、狻猊、狎鱼、獬豸、斗牛、行什等十个小兽。其他古建筑一般最多使用九个走兽,只有金銮殿才能十样齐全,显示了皇权至高无上的地位。

太和殿,又称金銮殿,是中国封建社会等级最高的单体建筑

问题:在观赏旅游建筑过程中,我们如何判断传统建筑的等级?

【任务执行】

一、中国古代建筑的发展历程

我国古代建筑经历了原始社会、奴隶社会和封建社会三个历史阶段,其中封建社会是我国古典建筑形成与发展的主要阶段。原始社会的建筑发展极其缓慢,从穴居和巢居开始,逐步营建地面房屋,创造了原始的木架建筑,满足了最基本的居住要求。奴隶社会时期,以夯土墙和木结构为主体的建筑已初步形成,但前期在技术和艺术上仍未脱离原始状态,后期出现了瓦屋彩绘的豪华宫殿。经过漫长的封建社会,中国古代建筑逐步形成了一种成熟的、独特的体系,具有卓越的成就和独特的风格,在世界建筑史上占有重要地位。

(一)原始社会建筑

早在50万年前的旧石器时代,中国原始人就已经知道将天然的洞穴作为栖身之所,在北京、湖北和广西等地均发现了原始人居住过的崖洞。到了新石器时代,黄河中游的氏族部落,利用黄土层为墙壁,用木架构、草泥建造半穴居住所,进而发展为地面上的建筑,并形成聚落;南方长江流域因潮湿多雨,出现了干栏式木构建筑。可以说,原始社会是中国古代建筑的草创阶段。

(二)奴隶社会建筑

公元前21世纪夏朝的建立,标志着奴隶社会的开始。经过夏商周三代,到春秋时期，在中国的大地上先后营建了许多都邑，夯土技术已广泛使用于筑墙造台。此时的木构技术与原始社会相比，已经有了很大的提高，并且木架构已经成为中国建筑的主要结构方式。瓦的出现与使用是处于奴隶社会的西周在建筑史上的突出成就。在这一时期，无论是夯土技术、木构技术，还是陶瓦的运用，都表明中国古代建筑已经具备了雏形，这为其进一步发展奠定了基础。

（三）封建社会建筑

战国时期，铁制工具和砖的出现与应用促使木架建筑施工质量和结构技术大幅提高。秦汉时期，木架建筑渐趋成熟，砖石建筑和拱券结构有了发展。后世常见的抬梁式和穿斗式两种主要木结构样式已经形成，斗拱已普遍使用，屋顶的形式也多样起来，庑殿、歇山、悬山、攒尖等均已出现。由于国家统一，国富力强，在秦汉年间修建了规模空前的宫殿、坛庙、陵墓、长城和水利工程，中国古建筑呈现出第一次发展的高潮，古代建筑体系基本形成。

魏晋南北朝是中国历史上民族大融合时期。随着佛教的传入，诞生了佛教建筑，出现了高层的佛塔。据记载，北魏建有佛寺3万多所，仅洛阳就建有1 367座寺庙。来自印度和西亚的雕刻、绘画艺术丰富了中国的建筑艺术。这一时期最突出的建筑类型除了佛寺和佛塔之外，石窟类建筑也颇多，如大同云冈石窟、敦煌莫高窟、洛阳龙门石窟等。

隋唐时期的建筑，既继承了前代的成就，又融合了外来艺术，是我国古代建筑的成熟时期。无论在城市建设、木架建筑、砖石建筑，还是在建筑装饰、设计和施工等方面都有巨大发展。隋朝建有世界上最早的敞肩拱桥——河北赵县的安济桥。唐代沿袭前代，继续凿石窟，建佛寺，比较著名的有西安慈恩寺大雁塔、五台山佛光寺大殿、大理千寻塔等。木构架设计有了标准，朝廷也制定了营缮的法令，并设置有掌握绳墨、绘制图样和管理营造的官员。唐代建筑气魄宏伟、色彩简洁明快、风格庄重朴实。

宋朝是建筑体系大转变的时期，形成了不同于唐代的艺术风格和城市布局特色。在艺术风格方面，大量使用华丽的彩画和琉璃瓦使建筑绚丽多彩，建筑风格逐渐转向细腻、纤巧、柔和。在城市布局方面，由于商业和手工业的发展，城市逐渐由唐代的里坊制演变成临街设店、按行成街的布局。北宋还颁布了有关建筑设计和施工的规范文献《营造法式》，这反映出中国古代建筑到了宋代，在工程技术与施工管理方面已经达到了一个新的历史水平。

元朝时期，中国的社会、经济、文化发展缓慢，建筑发展也基本处于凋敝状态，大部分建筑简单粗糙。在木架建筑方面，大量使用"减柱法"，用天然弯曲的木料作梁架构件，致使许多复杂构件被简化。宗教建筑中，藏传佛教建筑比以往任何一个朝代都更为兴盛，其中最著名、目前保存也最完好的寺院是北京妙应寺。

明清时期是中国古代建筑体系的最后一个高峰期。这一时期建筑群的布置更为成熟,尤其是官式建筑,已经完全定型化、标准化。随着制砖技术的发展,砖已普遍用于民居砌墙和筑造城墙,在明代甚至还出现了全部用砖拱砌成的无梁殿。此外,明清两代还大肆兴建帝王苑囿与私家园林,形成中国历史上一个造园高潮。这一时期,建造了不少经典园林,如北京圆明园、承德避暑山庄、苏州拙政园,等等。藏传佛教建筑一如元朝时兴盛,但在造型和式样上却打破了我国佛寺传统、单一的程式化处理方式,创造了丰富多彩的建筑形式。明清两代距今最近,这就使得许多建筑佳作得以保留至今。京城的宫殿、坛庙,京郊的园林,两朝的帝陵,江南的园林,加上遍及全国的佛教寺塔、民间住居及城垣建筑等,构成了中国古代建筑史的光辉华章。

二、传统单体建筑的基本构成

中国传统建筑以木结构为主,其单体建筑一般由屋顶、屋身、台基组成。

(一)屋顶

中国传统建筑给人视觉最直观的冲击就是各式各样的大屋顶,这种变化多样的屋顶是由"庇"与"脊"的不同组合构成的。"庇"就是屋面,是屋顶覆盖面的主体;"脊"是由庇与庇相交构成或庇与墙相交构成的部分。传统单体建筑的屋顶分为庑殿顶、歇山顶、悬山顶、硬山顶、攒尖顶五种基本类型。

庑殿顶前后左右共四个坡面,交出五个脊,又称五脊殿;歇山顶前后左右四个坡面,在左右坡面上各有一个垂直面,故而交出九个脊,又称九脊殿;悬山顶前后只有两个坡面且左右两端挑出山墙之外;硬山顶也只有前后两个坡面但左右两端并不挑出山墙之外;攒尖顶所有坡面交出的脊均攒于一点,按形状可分为角式攒尖和圆形攒尖,角式攒尖顶有四角、六角、八角等式样,圆形攒尖则没有垂脊,尖顶逐渐收小。所有这些屋顶皆具有优美舒缓的屋面曲线。

脊兽

说到屋顶的等级,就一定要说到重檐,重檐是在上述基本屋顶类型的基础上重叠下檐而形成的,重檐增加了单体建筑的高度和层次,从而使得整个建筑更加威严宏伟。我国传统建筑中屋顶等级最高的是重檐庑殿顶,它主要用于皇宫的主殿和重要的佛殿,例如故宫的太和殿和武当山的金顶。等级次之的是重檐歇山顶,其常见于宫殿、园林、坛庙式建筑,大家最熟悉的北京天安门采用的便是这种屋顶。往下依次是单檐庑殿顶、单檐歇山顶,其多用于官家建筑。悬山顶、硬山顶多用于民居。攒尖顶也有单檐和重檐之分,但无等级之分。攒尖顶既可用于宫殿、坛庙建筑,例如天坛祈年殿是圆形攒尖,也可用于民间建筑中的亭台楼阁。

(二)屋身

中国传统建筑的屋身包括墙体、柱子、门窗、斗拱、雀替以及装饰等众多部分。四根木头圆柱围成的空间称为"间",建筑的迎面间数称为"开间",或称"面阔",纵深间数称"进深"。中国古代以奇数为吉祥数字,因而绝大多数建筑的开间和进深都为单数。开间是调节屋身规模的最主要因素,一般三到五间,大的至九间。开间越多,等级越高,如北京故宫太和殿和太庙大殿的开间均为十一间。

民间唯有孔庙的大成殿有如此多的开间

屋身的装饰有敷色、彩绘、雕塑、立匾等,其中彩绘是屋身装饰的重点。在古建筑物上绘制装饰画,不仅美观,而且有一定的防水性,可以延长建筑物的寿命。彩绘一般分为三类:和玺彩绘、旋子彩绘和苏式彩绘。和玺彩绘是彩绘等级中的最高级,用于宫殿、坛庙等大建筑物的主殿。梁枋上的各个部位用特别的线条分开,主要线条全部沥粉贴金,金线一侧衬白粉和加晕,用青、绿、红三种底色衬托金色,看起来非常华贵。和玺彩绘有金龙、龙凤及龙草和玺之分。旋子彩绘仅次于和玺彩绘,常用于一般官衙、庙宇、牌楼和园林中,旋花是构成旋子彩绘的主要图案。苏式彩绘等级最低,一般用于住宅和园林。苏式彩绘除了有生动活泼的图案外,还有人物、故事、山水等。颐和园中的长廊是苏式彩绘的样板画廊。

(三)台基

中国传统建筑中的台基一般由台阶、月台、台明和栏杆组成,台基的大小、高度和材料也能体现建筑的等级。

普通台基:用素土或灰土或碎砖三合土夯筑而成,高约一尺,常用于小式建筑。

较高等级台基:较普通台基高,常在台基上边建汉白玉栏杆,用于大式建筑或宫殿建筑中的次要建筑。

高等级台基:即须弥座,又名金刚座。须弥座用作佛像或神龛的台基,用以显示佛的崇高伟大。中国建筑采用须弥座表示建筑的级别。须弥座一般由砖或石砌成,上有凹凸线脚和纹饰,台上建有汉白玉栏杆,常用于宫殿和著名寺院中的主要殿堂建筑。

最高等级台基:由几个须弥座相叠而成,从而使建筑显得更为宏伟高大。常用于最高等级建筑,如北京故宫三大殿和山东曲阜孔庙的大成殿。

三、中国传统建筑的分类

丰富多样的传统建筑在我国悠久的历史、灿烂的文化中熠熠生辉,从帝王宫殿到普通民居,从陵墓庙宇到石窟桥梁,从万里长城到亭台楼阁,每一处建筑都有看不够、道不完的景致与文化。有列入世界文化遗产名录的北京故宫、承德避暑山庄和曲阜孔庙等三大古建筑群;有沈从文笔下的美丽边城凤凰、陈逸飞笔下的江南古镇周庄;还有体现宗教文化的寺庙和石窟。这里主要介绍宫殿、坛庙、寺庙、陵墓和民居等旅游建筑文化。

（一）宫殿建筑

宫殿建筑也称宫廷建筑,是古代皇帝为了突出皇权的威严,满足精神和物质生活享受而建造的规模巨大、气势雄伟的建筑物。中国古代宫殿建筑外观巍峨壮观,空间上采用严格的中轴对称式,布局上呈"前朝后寝"之状。"前朝"是帝王上朝治政、举行大典之处,"后寝"是皇帝与后妃们居住生活之所。中国历代都建有大量宫殿,历史上比较有名的有秦代的阿房宫和唐代的大明宫,但只有明清的宫殿——北京故宫、沈阳故宫得以保存至今,成为中华文化的无价之宝。

（二）寺观建筑

寺观被称为艺术瑰宝库,它是我国悠久历史文化的象征。寺观建筑和宗教有着密不可分的联系,我国的寺观建筑主要有道教的道观、伊斯兰教的清真寺和佛教的佛寺。我国现存较多,规模较大的寺观建筑一般都是佛教的寺庙。佛寺建筑布局平面呈方形,以山门殿——天王殿——大雄宝殿——本寺主供菩萨殿——法堂——藏经楼这条南北纵深轴线来组织空间,沿着这条中轴线,前后建筑起承转合;山门内左右分别为钟楼、鼓楼,僧房、斋堂则分列正中路左右两侧,对称稳重且整饬严谨。大雄宝殿是佛寺中最重要、最庞大的建筑,"大雄"即为佛祖释迦牟尼。

古塔是寺观的象征:青海瞿昙寺汉地建筑与藏传佛教白塔

（三）坛庙建筑

坛庙建筑也称礼制建筑,是与祭祀活动相关的建筑。在中国古代,作为"天子"的皇帝为了表达与天地、日月、山川的联系,每一位帝王都把祭祀作为非常重要的国家大事。皇帝亲自参加的祭祀活动有三项:祭天地、祭社稷、祭宗祖,其对应的祭祀建筑分别是天坛、社稷坛和太庙。民间的祠庙以祭祀孔子的文庙和祭祀关羽的武庙最有代表性,其中遍布全国的孔庙是具有地方特色的祭祀建筑。坛庙建筑整体依中轴线布置,占地很大,但建筑相对较少,主体建筑布置在中心位置,外面有多层围墙,并满植树木。坛庙建筑不仅突出主体形象,而且突出等级规格,我国现存坛庙建筑中最具代表性的是北京天坛和山东曲阜孔庙。

(四)陵墓建筑

陵墓建筑是中国古代建筑的重要组成部分,是中国古建筑中最宏伟、最庞大的建筑群之一。中国古代帝王陵墓按照封土的形式和朝代的更迭,主要有以下三种类型。第一种是"方上"形式,秦汉时期的帝王陵墓大多采用这种形式,它的做法是在地宫之上用黄土层层夯筑,使之成为一个上小下大的截顶方锥体。第二种是"以山为陵",就是利用山的丘峰作为陵墓的坟头,这种形式始于唐代。第三种是"宝城宝顶",就是在地宫之上砌筑高大的圆形砖城,在砖城内填土,使之高出城墙呈圆顶,这一圆顶就是"宝顶",城墙上设有垛口和女儿墙,即为"宝城",明清时期的帝王陵墓都采用这一形式。

(五)民居建筑

民居是最基本的建筑类型。我国疆域辽阔,民族众多,自然环境和社会经济环境不尽相同,在漫长的历史进程中,逐步形成了多种多样的民居建筑形式,这种传统的民居建筑不仅被打上了地理环境的烙印,还生动地反映出宗教、艺术、文化的特征。客家人的围龙屋、北京的"四合院"、陕西的"窑洞"、广西的"杆栏式"和云南的"一颗印",被中外建筑学界称为中国最具乡土风情的五大传统住宅建筑形式。

四、中国传统建筑的文化取向

我国著名建筑学家梁思成曾经说过:"欣赏优秀的建筑,就像欣赏一幅画、一首诗。建筑最吸引人的地方是蕴藏其间的一系列的'意'。"建筑本身就是一种文化现象,是文化的载体。我国的传统建筑在几千年的发展过程中,深受中国文化的影响,具有独特的文化性格,体现着一定社会时期人们的价值观、思想观。

(一)淡于宗教浓于伦理的建筑理念

儒家的"礼治"主义以维护宗法等级制为核心,认为贵贱、尊卑、长幼各有其特殊的行为规范。在我国封建社会中,皇权至上,等级森严,这种社会的伦理秩序在传统建筑中有深刻体现。首先,我国古代宫殿和帝王陵墓,气势恢宏、巍峨壮观,其实是反映了封建帝王受命于天、君临天下的统治思想。其次,我国古代建筑中的屋顶、开间、进深、门窗、彩绘,包括屋顶瓦件的颜色、屋脊上祥兽的品种与数量都反映了建筑的等级体系。这种等级制度还形成律例,用法律手段强制实施。再次,我国传统建筑在几千年进程中,建筑风格共性特征明显,变化很小,这也是受"大一统"和尊崇祖制思想的影响。

(二)浓厚的"人本主义"色彩

中国传统文化主张人与自然相辅相成、协调统一,讲究"天地人合一",所以中国的传统建筑也被称为"人本主义建筑"。首先,中国古建筑的成就主要体现在帝王的宫殿上;其次,传统建筑在布局上顺应自然环境、强调因地制宜,并且就地取材,以木结构为主要形式,同时更讲究建筑的实用性,这些都体现了一种人世的生活气息。

(三）中庸含蓄的思想

中国传统建筑的整体布局是封闭的、严谨的，不仅注重单体建筑的造型之美、装饰之美，更注重建筑组群之间的和谐之美，这不仅体现了儒家的"中庸"思想，也是中国人含蓄、低调、内向性格的写照。因而中国的传统建筑都是由一个个的单体建筑组合而成的大的建筑群，讲究中轴对称，虚实结合。

（四）突出的风水观念

建筑风水学是中国古代建筑理论的灵魂，强调天地人合一、阴阳平衡和五行相生相克。中国人自古就相信风水，我们的先人在选择生存空间时强调要朝阳、背坡、面水。刘沛林在《风水，中国人的环境观》中说到："左为青龙，右为白虎，前为朱雀，后为玄武，多数都城城门的格局就是如此，尤以称北面为玄武门和南面为朱雀门最为常见。"另外，"山环水抱必有气"也是传统风水的一条重要定律，中华大地，山环水抱的风水宝地不胜枚举，如六大古都、帝王陵墓、名人故居等。中国古代建筑用木头为主要建筑材料在一定程度上也反映出中国人的风水观。"五行"说中，"木"象征着绿色与生命，用来给生者建造房屋，"土"即砖、石，被认为是没有生命的东西，常常用来建造陵墓，这些都体现了传统的建筑文化。

【任务拓展】

①就近游览一座寺庙，草绘该寺庙主要建筑的空间分布图，分析这些建筑反映的传统文化。

②上海世博会中国馆采用的是"斗拱"造型。"斗拱"是中国传统建筑特有的结构，了解斗拱的起源、结构和用途。

【任务反馈】

与一般建筑相比，宫殿建筑对传统礼制的象征与标识作用表现得更为明显和突出，除了体现中央集权的政治制度、森严的等级观念，其中更贯彻了阴阳五行、天人合一的思想以及对宗法理念的信仰。中国古代宫殿建筑布局上讲究"中轴对称"、"前朝后寝"、"左祖右社"，因而，宫殿建筑往往成为传统礼制的一种象征和标志。

中国传统建筑中所说的"左祖右社"指的是什么，为何要这样布局？

释疑：左祖右社是指在帝王宫殿的左边（东边）建祖庙，右边（西边）建社稷坛，左右对称。左祖右社的布局体现的是中国传统的礼制思想：崇敬祖先、提倡孝道，祭祀土地神和粮食神。祖庙也称太庙，是皇帝祭拜祖先的地方，古代以左为上，所以左在前、右在后。

活动二　西方旅游建筑文化概述

【案例聚焦】

世界文化遗产——瑞士伯尔尼古城

伯尔尼古城是柴林根公爵贝尔希特五世于1191年在阿勒河畔建造的一座城市，位于瑞士的中西部。阿勒河把该城一分为二，西岸为老城，东岸为新城，横跨阿勒河的7座大桥把老城和新城连接起来。老城至今仍完整地保留着中世纪的建筑风貌，1983年被联合国教科文组织列入世界文化遗产名录。世界遗产委员会这样评价伯尔尼古城：伯尔尼古城，公元12世纪建在阿勒河环绕的山丘之上，1848年成为瑞士的首都。从伯尔尼古城的建筑，可见历史的变迁。古城保留了16世纪典雅的拱形长廊和喷泉。这座中世纪城镇的主体建筑在18世纪被重新修建，并被保留了原来的历史风貌。

瑞士伯尔尼古城地图

问题：以欧洲为代表的西方建筑中，普遍存在且气势恢宏的代表性建筑是什么？

【任务执行】

一、西方古代建筑的发展历程和主要类型

提到欧洲旅游，人们首先想到的往往是高耸尖挺的教堂和气势磅礴的城堡，旅游者常常通过这些独具魅力的西方古典建筑去感受欧洲文化的魅力。欧洲古建筑是西方古代建筑的代表，是指从古希腊时期（公元前800年至公元前146年）到英国工业革命（18世纪末至19世纪中期）时期的建筑。欧洲每个时期都会出现具有代表性的建筑类型，如古希腊时期主要是古希腊式建筑。因此，西方古代建筑的分类也反映了西方古代建筑的发展历程。

（一）古希腊式建筑

古希腊是欧洲文化的摇篮，古希腊的建筑艺术也是欧洲建筑艺术的源泉与宝库，古希腊式建筑的发展时期大致为公元前8世纪至公元前1世纪。古希腊建筑的特点是和谐、庄重、典雅、精致，其最显著的建筑元素是"柱式"。古希腊最典型、最辉煌的柱式主要有三种，即多立克、爱奥尼克和科林斯式。多立克式柱没有柱础，雄壮的柱身从台面拔地而起，柱头是简单而刚挺的倒立圆锥台，显示男性体态的刚劲雄健之美。爱奥尼克式柱身修长，柱头带着婀娜的两个涡卷，展现女性体态的清秀柔和之美。科林斯式柱身与爱奥尼克相似，但其柱头更为华丽，四周饰以锯齿状叶片，形如花篮。这三种柱式是经典建筑装饰的代表，一直沿用至今。古希腊式代表性建筑是雅典卫城和城中的帕台农神庙。

（二）古罗马式建筑

古罗马建筑是古罗马人继承古希腊建筑成就，在建筑形制、技术和艺术方面广泛创新的一种建筑风格，公元1～3世纪为其极盛时期，达到西方古代建筑的高峰。古罗马建筑一般以厚实的砖石墙、半圆形拱券、逐层挑出的门框装饰和交叉拱顶结构为主要特点。在屋顶造型方面，古罗马建筑出现了"穹拱"屋顶，这种屋顶是古罗马建筑与古希腊建筑最明显的区别。以"圆"为主的造型，是典型的古罗马建筑特点。古罗马建筑风格的杰出代表是古罗马的大斗兽场和万神庙。

(三) 拜占庭式建筑

公元395年,显赫一时的罗马帝国分裂为东西两个国家。东罗马将首都迁至拜占庭,史称东罗马帝国为拜占庭帝国,其统治延续到15世纪。拜占庭建筑,就是诞生于这一时期的建筑文化,其特点体现在四个方面:一是屋顶造型普遍使用"穹隆顶";二是整体造型中心突出,高大的圆穹顶是整座建筑的构图中心;三是色彩灿烂夺目;四是由多个独立柱支撑的穹顶所统率的集中式形制建筑使内部空间获得了极大的自由。拜占庭式建筑的代表是君士坦丁堡的圣索菲亚大教堂。

(四) 罗曼式建筑

罗曼式建筑又译为罗马风建筑、罗马式建筑、似罗马建筑等,体现了10世纪至12世纪欧洲的建筑风格。因采用古罗马式的券、拱而得名,多见于修道院和教堂。罗曼式建筑的特征主要体现在四方面:一是以拱顶为主,以石头的曲线结构来覆盖空间;二是建筑物巨大、繁复,强调明暗对照,但装饰简单粗陋;三是建筑艺术与其他艺术有明显的主次关系,建筑居于主导地位,其他艺术,如绘画、雕塑等居于附属地位;四是将钟楼组合到教堂建筑中,以起到召唤信徒做礼拜或作瞭望塔之用。罗曼式建筑因其结实的质量、厚重的墙体、半圆形的拱券、坚固的墩柱、拱形的穹顶、巨大的塔楼以及富于装饰的连拱而著名。无论是教会建筑还是世俗建筑,罗曼式建筑普遍给人以坚固而有力的印象。意大利的比萨主教堂建筑群就是典型的罗曼式建筑。

(五) 哥特式建筑

哥特式建筑是欧洲中世纪出现的一种建筑风格,它源于12世纪的法国,持续至16世纪。中世纪占统治地位的意识形态主要是基督教,因此哥特式建筑大多是教堂。哥特式建筑的总体风格是空灵、高耸、尖峭。外观的基本特征是高而直,其典型构图是一对高耸的尖塔。从内部空间的特点来看,哥特式教堂的平面一般仍为拉丁十字形,教堂内部的结构全部裸露,使空间显得极为高耸。这种空灵的意境和向上升腾的形态,是基督教精神内涵最确切的表述,显得教堂仿佛就是天堂。法国的巴黎圣母院是早期哥特式建筑的实例,意大利的米兰大教堂、德国的科隆大教堂都是哥特式建筑的代表作品。

世界文化遗产地瑞士圣加仑教堂的尖塔

(六) 巴洛克式建筑

巴洛克式建筑风格起源于17世纪

的意大利，是文艺复兴高潮过后的一种文化艺术风格，其艺术特点是怪诞、扭曲、不规整。巴洛克建筑风格具有强烈的世俗享乐的味道，其基调富丽堂皇而又新奇欢畅。巴洛克建筑风格主要有四个特征：第一，炫耀财富。大量采用贵重的材料、精细的加工、刻意的装饰以显示富有与高贵。第二，不囿于结构逻辑。常采用一些非理性组合手法，从而产生反常与惊奇的特殊效果。第三，充满欢乐的气氛。提倡人权，反对神化，这种人性解放的光芒给建筑艺术增添了欢快的色彩。第四，标新立异。这也是巴洛克建筑风格最显著的特征，采用波浪形的平面和立面，使建筑形象产生动态感，用高低错落及形式构件之间的不协调引起刺激感。巴黎凡尔赛宫以其奢华富丽和充满想象力的建筑设计闻名于世，是经典的巴洛克风格建筑。

二、西方古代建筑的文化取向

西方古代建筑在不同的历史时期呈现出别样的建筑风格，这也是一定历史时期社会文化价值的体现。

（一）神权至上的建筑理念

首先，西方古代建筑的最高成就体现在神庙和教堂上，人们将教堂建造得富丽堂皇，一些著名的教堂耗时上百年才完成。西方社会是一个泛神论的社会，强调神权至上，因而西方古代建筑体现以神为崇拜对象的宗教精神，也被称为"神本主义建筑"。西方古代建筑的最大成就便是与宗教密不可分的教堂建筑，人们耗费时间、精力、物力、财力将教堂建造得气势恢宏。著名的德国科隆主教堂是最大的哥特式主教堂之一，钟塔高157米，大厅长144米，总宽45米，从12世纪起造了600多年才完工。

其次，西方建筑与中国古代建筑一个最大的不同就是多使用石料作为建筑材料，这不仅使得建筑本身可以留存久远，也体现了西方认为建筑是神为的思想，追求宗教上的永恒这一特征。西方的许多教堂、神庙屹立了几百甚至上千年仍然存在并且保存完好。西方选择了适宜于往高空发展的石头来营造建筑空间，这也深刻体现了西方的"神本主义"思想，追求宗教上的永恒和归属感。

苏格兰爱丁堡古城

再次，西方古代建筑往高处堆砌，尤其是哥特式的教堂建筑，尖顶直插云霄，这种震撼人心的高度寄托着教徒对天国的渴望与向往，将人们的精神引向上苍。哥特式教堂的所有造型都由尖拱、尖券、尖顶组合而成，整个教堂充满腾飞在即的动势，仿佛是一名宗教信徒双膝跪地、高举双手伸向上苍，这些都在把人们的目光往天空引领，激发信徒对天国的渴慕与向往，体现了上帝的崇高与人类的渺小。

西班牙直插入云霄的教堂

最后，西方古代建筑外部体型庞大、造型夸张，内部装饰豪华，色彩艳丽，追求一种光怪陆离、迷乱朦胧的宗教氛围。君士坦丁堡的圣索菲亚大教堂是典型的拜占庭式建筑，从内部空间看，这座教堂通过排列于大圆穹顶下部的一圈 40 个小窗洞，将天然光线引入教堂，使整个空间变得飘忽、轻盈而又神奇，增加了宗教气氛，同时借助建筑的色彩语言，进一步构造艺术氛围。大厅的门窗玻璃是彩色的，柱墩和内墙面用白、绿、黑、红等彩色大理石拼成，柱子用绿色，柱头用白色，某些地方镶金，圆穹顶内都贴着蓝色和金色相间的玻璃马赛克。这些缤纷的色彩交相辉映，既丰富多彩，富于变化，又和谐相处，统一于一种神圣、高贵和富有的意境。

（二）自由开放、追求个性的性格基调

首先，西方古代建筑在空间布局上多为同心放射状，垂直扩展，这种风格是开放的、外向的，追求自由的。西方建筑一般不设围墙，是开放式的空间，在平面布局上，一般都有面积很大的广场，以规则的水池和水池周围的雕塑、喷泉为中心向四周呈放射状扩散，欧洲的城市建设也基本上采用这种模式。

其次，西方古代建筑在历史发展过程中不断创新，风格不断变化，时代特色明显，这反映了西方人不满现状、锐意进取的改革精神和自由奔放的性格特征。如果说中国的古代建筑在建筑形式和风格上有点千篇一律的话，那么西方古代建筑给我们呈现的则是一个变化多端、风格各异的建筑世界。西方古代建筑具有强烈的时代性、地域性和民族性，每一次历史变迁、社会发展都会在西方古代建筑上得到深刻的体现。例如古罗马建筑内部空间精雕细琢、充实美观，充分显示了古罗马帝国奴隶制繁荣时期的武力与豪华。

再次，西方古代建筑虽然也有群体的组合，但更注重的是个体的变化，每种建筑风格都注重建筑物个体的风貌，表现各自的风格魅力，具有强烈的个性。西方人对建筑的塑造主要表现在对建筑本体的经营，因而西方古代建筑在空间上垂直扩展，追求立面效果，并且几乎找不到同样形制的建筑作品。即便是同一种建筑风格，每一个建筑物本身都仍然会保留自己独特的形象。

最后，西方古代建筑的形体结构通常由几何形体和几何比例关系来确定，那些充满张力的穹顶与尖拱显示出与自然的对抗和对自然的征服。西方建筑讲究"体积美"，美的建筑是由明确的几何形体与几何比例关系以及确定的数量关系构成的，所以，西方人往往追求用数的组合和几何形状来塑造建筑的形式美,以夸张的造型和撼人的尺度展现了建筑的永恒与崇高,深刻体现了人的伟大力量。

【任务拓展】

①《欧罗巴的苍穹下:西方古建筑文化艺术之旅》(北京出版社,2005)以图文并茂的形式介绍了欧洲的古建筑文化。推荐阅读并尝试用自己的眼光去看待、发现和还原西方古代建筑的历史。

②去欧洲旅游看古代建筑,意大利是首选,推荐阅读陈志华著《意大利古建筑散记》(安徽教育出版社,2003),领略意大利的古典建筑文化。

【任务反馈】

天际线又称城市轮廓,是由城市中的高楼大厦构成的整体结构,或由许多摩天大厦构成的局部景观。城市天际线是人造建筑物的天际线,纽约、东京和香港等城市有着与众不同的天际线。如今中国城市的地标建筑不断飙高,城市天际线也在不断刷新。2009年9月建成的广州塔,俗称"小蛮腰",高达600米,为中国第一、世界第四高的建筑。

为什么中国古代建筑不高,现在却跟随西方建筑不断往高处发展?

释疑:从建筑材料的角度说,中国古代建筑采用的是木结构,其本身不能承载太大的重量,所以限制了建筑的高度,而西方以石头为主要建筑材料,只要解决了地基承重问题,建筑的高度就可以迅速发展;从建筑理念的角度考虑,中国文化讲究中庸内敛,因而以沉稳为主,西方建筑受宗教影响较大,不断向上发展,给人以恍入天堂圣境之感。中国不断飙高的地标建筑一方面是经济快速发展、各地政府处心积虑经营城市的体现,另一方面也是建筑技术进步、西方建筑思想东渐的体现。

任务二 旅游建筑文化举隅

【任务目标】

建筑被誉为"凝固的音乐",是人类文明的重要载体。独具特色的中西方建筑,是世界文明的重要组成部分。通过学习和相关任务的拓展训练,学生应了解与旅游密切相关的中西方代表性古建筑的文化艺术,提高自身文化素养和跨文化交流、欣赏的能力。

活动一 中国代表性的旅游古建筑

【案例聚焦】

来过,就不曾离开

有人说,丽江是一首安静在你心里的诗,它让瞬间变永恒,让未来像从前;也有人说,丽江是一种慵懒在你心里的味道,它让时日变分秒,让岁月似流年;而我却感觉,丽江是一个飘渺在你心里的梦境,它让虚度变充实,让忙碌换悠闲。

清晨,在古城,漫步于石板路。这一刻,放下所有烦闷的工作,抛开全部忧郁的心情,你会邂逅最真实的自我,感受到全新的生活——这,就是丽江。

黄昏,在客栈,独憩于小院中。泡一壶清茶,你会发现,自己已经融入在这古香古色的小院环境中,即使只是泡茶发呆,也不会觉得虚度光阴——这,也是丽江。

入夜,在雨巷,沿水渠散步。放飞心情,浏览古城的夜景,带着满腔的诗情画意,带着前所未有的悠闲惬意,细细品味身处唯美丽江的小幸福。你会对自己说,这才是我想要的生活方式——这,还是丽江。

丽江就是这样一个地方,让你去了便深深依恋。所以,不要轻易去丽江,因为它会把你的心留下,让你深刻体会到,什么叫做——"来过,就不曾离开"。

问题:为什么像丽江这样的古镇越来越受到旅游者的青睐?

【任务执行】

一、宫殿建筑——故宫

北京故宫是世界文化遗产,海内外游客来到北京一定会前往参观。故宫占地72万平方米,建筑面积约15万平方米,共有殿宇9 999间,是世界上现存规模最大、最完整的古代皇家建筑群。故宫总体布局严谨,中轴对称,前朝后寝,左祖右社,秩序井然。寸砖片瓦皆遵循着封建等级礼制,映现出帝王至高无上的权威,被誉为世界五大宫(北京故宫、法国凡尔赛宫、英国白金汉宫、美国白宫、俄罗斯克里姆林宫)之一。世界遗产委员会这样评价故宫:紫禁城是中国五个多世纪以来的最高权力中心,它以园林景观和容纳了家具及工艺品的9 000多个房间的庞大建筑群,成为明清时代中国文明无价的历史见证。据2011年中国旅游行业发布的"中国旅游百强景区"数据可知,故宫以年游客接待量1 230万人次高居榜首。2012年国庆黄金周期间,故宫更是创下了单日游客接待量18万的记录。

二、寺观建筑——悬空寺

悬空寺位于山西省浑源县北岳恒山金龙峡翠屏峰的悬崖峭壁间,始建于北魏后期,迄今已有1 500多年的历史,是国内现存最早、保存最完好的高空木构摩崖建筑,也是国内真正儒释道三教合一的独特古建筑。悬空寺距地面约50米,其建筑特色可以概括为"奇、悬、巧"。悬空寺"奇"在建寺的设计与选址上,寺庙处于深山峡谷的一个小盆地内,全身悬挂于石崖中间,可以免受雨水冲刷和洪水淹没。"悬"在建筑的受力支撑,利用力学原理,半插飞梁为基。全寺共有殿阁40间,表面看上去支撑它们的是十几根碗口粗的木柱,其实有的木柱根本不受力,真正的重心位于寺庙下部坚硬的岩石上。"巧"则体现在建寺因地制宜,充分利用峭壁的自然状态,布置和建造寺庙各建筑,将一般寺庙平面建筑的布局、形制等建造在立体的空间中,山门、钟鼓楼、大殿、配殿应有尽有,设计非常精巧。2010年12月,在全球著名杂志《时代》周刊公布的世界十大最奇险建筑中,中国山西悬空寺与阿联酋阿布扎比全球倾斜度最大的人工建筑"首都之门"、希腊米特奥拉修道院、意大利比萨斜塔等国际知名建筑同列榜单，引起国内外旅游者的广泛关注。

三、坛庙建筑——天坛

北京天坛是中国明、清两朝历代皇帝祭天之地，是中国现存最大的皇帝祭天的坛庙建筑群，1998年被联合国教科文组织确认为"世界文化遗产"。北京天坛占地272万平方米，整个面积比故宫还大，圜丘坛在南，祈谷坛在北，二坛同在一条南北轴线上，中间有墙相隔，主要建筑有圜丘坛、皇穹宇、祈年殿等。天坛建筑的主要设计思想就是突出天空的辽阔高远，以表现天的至高无上。就单体建筑来说，祈年殿和皇穹宇都使用了圆形攒尖顶，它们外部的台基和屋檐层层收缩上举，体现出一种与天接近的感觉。天坛还处处展示着中国传统文化特有的寓意和象征的表现手法。北圆南方的坛墙和圆形建筑搭配方形外墙的设计，寓意传统的"天圆地方"的宇宙观。主要建筑上广泛地使用蓝色琉璃瓦，以及圜丘坛重视"阳数"九、祈年殿按天象列柱等设计，也是这种表现手法的具体体现。天坛是物化了的古代哲学思想，有着较高的历史价值、科学价值和独特的艺术价值，更有着深刻的文化内涵。世界遗产委员会认为天坛是世界保存完好的坛庙建筑群，无论是在整体布局还是单一建筑上，都反映出中国古代宇宙观中占据着核心位置的天地关系。

天坛的祈年殿

四、陵墓建筑——秦始皇陵

秦始皇陵南依骊山，北临渭水，陵墓规模宏大，气势雄伟。陵园总面积超过56平方公里，相当于78个故宫的大小，陵上封土原高约115米，现仍高达76米。秦始皇陵是中国历史上第一座帝王陵园，不仅在中国陵寝史上首设陵邑、建设寝殿便殿，而且首开大规模修建陪葬坑的风气。1974年考古挖掘，发现了令世界震惊、被誉为"世界第八大奇迹"的秦始皇陵兵马俑。秦始皇兵马俑陪葬坑坐西向东，三坑呈品字形排列。从各坑的形制结构及兵马俑的装备情况判断，一号坑象征由步兵和战车组成的主体部队；二号坑为步兵、骑兵和车兵穿插组成的混合部队；三号坑是统领一、二号坑的军事指挥所。如今所呈现出来的兵马俑，只占到秦始皇陵总体部分的3.5%，秦始皇陵地宫至今仍完整地保存在封土之下。世人说古埃及金字塔是世界上规模最大的地上王陵，而中国秦始皇陵则是世界上规模最大的地下皇陵和地下军事博物馆。1987年秦始皇陵及兵马俑坑被列入世界文化遗产名录。

五、民居建筑——开平碉楼

开平碉楼分布在广东省开平市的乡村,是中国乡土建筑的一个特殊类型,是一种集防卫、居住和中西建筑艺术于一体的多层塔楼式建筑。开平碉楼在明代后期(16世纪)已经产生,到19世纪末20世纪初发展成为表现中国华侨历史、社会形态与文化传统的一种独具特色的群体建筑形象。2007年,开平碉楼与村落被正式列入世界文化遗产名录,中国由此诞生了首个体现华侨文化的世界遗产项目。开平碉楼中西合璧的风格十分鲜明,有的渗透了古希腊的柱廊、古罗马的柱式、拱券和穹隆等建筑形式;有的采用了欧洲中世纪的哥特式尖拱和伊斯兰风格拱券、欧洲城堡构件;还出现葡式建筑中的骑楼、文艺复兴时期和17世纪欧洲巴洛克风格的建筑元素。这些多层建筑,高于一般的民居,比普通民居坚固厚实,而且窗户开口小,外设铁板门窗,碉楼上部四角都建有突出悬挑的全封闭或半封闭角堡,可居高临下还击进村之敌。2010年电影《让子弹飞》,让这些一百年前的碉楼与影片的梦幻色彩及时代背景完美结合,打动了无数观众的心。2011年元旦期间,前来开平碉楼参观游览的旅游者数量比上一年同时段增长了将近4成。

【任务拓展】

①近十年来,我国哪些影片带动了以"追寻电影中唯美建筑"为主题的旅游热潮?

②了解中国陵墓建筑中被列为世界文化遗产的有哪些?它们为何会被列入世界遗产名录?

【任务反馈】

丧葬礼俗历史就是一部人类的历史,人类的文明史在漫漫历史长河中积累、沉淀和发展。不管是何种文明,虽丧葬礼俗的形式复杂多样,但是至少在遵循某种丧葬礼俗和宗教仪式来表达对逝者的缅怀这一点上都是相同的。不过在具体实施的过程中无不带有本民族的文化烙印。

中国古代每个社会阶层尤其是帝王、贵族皆精心构筑死后的陵墓。相较于中国的这种厚葬习俗,西方的丧葬风俗是简丧薄葬,为什么?

释疑:西方丧葬礼俗主要受基督教文化的影响。基督教将每一个人的灵魂直接与上帝发生关系,不允许偶像崇拜,崇尚灵魂升华而轻视肉体,因此西方的丧葬风俗是简丧薄葬。基督教的丧礼更多是为死者祈祷,祝其灵魂早日升入天堂,解脱生前痛苦。基督教认为人死后灵魂需要安静,因此丧礼非常肃穆。在基督教文化的影响下,上至王公贵族,下至平民百姓,西方丧葬基本从简,即所谓在上帝面前"灵魂平等"的原则。

活动二 西方代表性的旅游古建筑

【案例聚焦】

古代建筑是凝固的文明

雨果在《巴黎圣母院》中有句话:"在

每一块石头中……往往都写了人类的世界通史。"古希腊、古罗马的建筑以大型石头雕塑为主。公元11世纪以后宗教发展带来建筑艺术的巨大变化，新的建筑以教堂和修道院为主，内部以壁画、雕刻及玻璃窗画装饰为主，艺术形象刻板威严，并富有永恒的精神力量。到了文艺复兴时期，艺术与科学的结合使建筑内部的壁画、雕塑发生了重大的变化，人物被赋予灵魂，空间透视感强、造型准确、明暗烘托、动态变化万千。这些附在建筑上的绘画和雕塑内容多以古希腊神话、圣经故事为题材，这些作品为后人留下了宝贵的艺术财富。建筑成为了艺术，在改变人类物质生活的同时，也带给人们精神世界美的享受。现代建筑学界，常把建筑喻作"凝固的音乐"，那么，古代的建筑，则可以称为"凝固的文明"。

问题：西方不同时期的古建筑反映了哪些西方文明？

西班牙圣家族教堂是安东尼·高蒂的作品，至今仍未完工

【任务执行】

西方不同时期的代表性古建筑有希腊首都雅典卫城古希腊式建筑帕台农神庙、意大利首都罗马的古罗马式建筑罗马万神庙、土耳其君士坦丁堡的拜占庭式建筑圣索菲亚大教堂、意大利的罗曼式建筑比萨主教堂、法国的哥特式建筑巴黎圣母院、意大利文艺复兴建筑佛罗伦萨主教堂等。本任务主要介绍其中的四处古建筑。

一、古希腊式建筑——帕台农神庙

在希腊首都雅典卫城古城堡中心石灰岩的山岗上，耸立着一座巍峨的长方形建筑物，这就是著名的帕台农神庙。帕台农神庙是为雅典城邦守护神雅典娜而建的祭殿，采取八柱的多立克式，以46根高达10米的大理石柱撑起整座神庙。柱间用大理石砌成的92堵殿墙上，雕刻着栩栩如生的各种神像和珍禽异兽。神庙有两个主殿：祭殿和女神殿，从神庙前门可进祭殿，踏后门可入女神殿。

帕台农神庙在古典建筑艺术中之所以成为典范，不仅仅在于它的建筑，更重要的是其雕刻。东边人字墙上的一组浮雕，镌刻着智慧女神雅典娜从万神之王宙斯头里诞生的生动图案；西边的人字墙上则雕刻着雅典娜与海神波塞冬争当雅典守护神的场面。神庙原来还供奉着一尊高达12米的黄金象牙雕刻的雅典娜巨像，现已不复存在。帕台农神庙是希腊全盛时期建筑与雕刻的主要代表，有"希腊国宝"之称，也是人类艺术宝库中一颗璀璨的明珠。这座神庙历经两千多年的岁月洗礼、沧桑之变，如今庙顶已坍塌，雕像荡然无存，浮雕剥蚀严重，但从巍然屹立的柱廊中，还可以看出神庙当年的丰姿,那简约庄严的美依然鲜活,犹如昨日。正如英国诗人拜伦在他的名作《恰尔德·哈罗德游记》里赞叹的那样:"你消失了,然而不朽;倾朽了,然而伟大!"帕台农神庙正是以这种极致的残缺美令无数游客心驰神往。

二、古罗马式建筑——罗马万神庙

万神庙是保存最好的古罗马式建筑,位于意大利首都罗马圆形广场的北部。公元前27年的罗马共和国时期,阿格里巴为了纪念屋大维打败安东尼和安娄帕特拉,在罗马城内建造了这座庙,献给"所有的神",这便是"万神庙"名称的由来。但是最初的庙宇在公元80年被大火焚毁,直到公元125年才由喜爱建筑的罗马皇帝哈德良下令重建。重建后的万神庙因采用了穹顶覆盖的集中式形制而成为单一空间、集中式构图的建筑物代表,同时也成了罗马穹顶技术的最高代表。

整个建筑包含前部的门廊和后部的神殿两个部分。门廊由16根科林斯式石柱支撑着一个半三角形的额墙组成,高大雄壮。神殿为万神庙的主体建筑,是一个由8根巨大拱壁支柱承荷的穹顶大厅。这一直径达43.4米的穹顶原本一直是世界上最大的无梁圆拱,直至1960年罗马建立起直径100米的体育馆圆顶后,这一纪录才被打破。穹顶正中有一直径为8.92米的采光圆眼,是整个建筑的唯一入光口。从圆眼进来的柔和漫射光,照亮神殿空阔的内部,营造出一种宗教的宁谧气息,同时也寓意着神的世界和人的世界的某种联系。大厅内部有供奉天主教圣人的壁龛和祭台,还有一些由著名艺术家创作的壁画和雕刻,整个神殿给人以肃穆、神秘之感。万神庙在设计和建造上的先进程度使其在2 000多年后的今天仍然保持着基本完好的状态。在参观游览万神庙时,世界各国游客无不对古罗马人如此深奥的学识和技巧肃然起敬。"到罗马,一定要去万神庙",已成为游客约定俗成的选择。

三、罗曼式建筑——意大利比萨主教堂建筑群

比萨主教堂建筑群建于欧洲中世纪,是意大利罗曼式建筑风格的代表作,包括主教堂、洗礼堂和钟塔三个部分。公元11世纪时,比萨是海上贸易和军事强国。1063年,比萨为纪念前一年打败阿拉伯人、攻占西西里岛首府巴勒莫开始建造主教堂,该教堂至1092年建成。比萨主教堂平面格局表现为长方的拉丁十字形,全长95米,纵向有4排68根科林斯式圆柱。中厅用木桁架,侧廊用十字拱。正立面高约32米,立面上方有4层空券廊作装饰,这是罗曼式风格的典型手法。主教堂东南20多米处有座圆形钟塔,即著名的比萨斜塔,这座钟塔直径约16米,高55米,共8层。底层在墙上作浮雕式的连续券,中间6层则是罗曼式风格的以柱石环绕的空券廊;收缩的顶层为钟楼。主教堂前面大约60米处是圆形的洗礼堂,立面分为3层,上两

层也同样采用空券廊作装饰。现在旅游者在洗礼堂所见到的穹隆型的顶部是用木桁架加以改造而成的。

在比萨主教堂建筑群中,三座建筑虽然形体各异,对比强烈,但在色彩运用和构图母体上都是采用白色的基调和空券廊装饰,形成了统一的风格。洗礼堂和钟塔两个圆形建筑一大一小,一高一矮,一远一近,与主教堂生动和谐地组合在一起。1987年,比萨主教堂建筑群被列入世界遗产名录。在这三座罗曼式建筑中,比萨斜塔的知名度远远高于其他两座建筑。伽利略的自由落体实验使得比萨斜塔平添了许多人文气息和传奇色彩,并造就了比萨小城的鼎鼎大名。如今,来自世界各个角落的人们纷至沓来,为的是一睹斜塔之斜。

四、文艺复兴建筑——佛罗伦萨主教堂

在佛罗伦萨古城狭长的街道尽头,坐落着被誉为"世界上最美的教堂"、文艺复兴第一个标志性建筑——佛罗伦萨主教堂,通常也称为圣母百花大教堂。佛罗伦萨主教堂是13世纪末商业和手工业行会从贵族手中夺取政权后,作为共和政体的纪念碑而建造的。教堂用白、绿、粉色花岗石贴面,楼内有370级台阶,人们可登高俯瞰全城。教堂侧面有两扇十分壮观的大门:北面是15世纪的曼多尔拉门,南面是14世纪的卡诺尼奇门。建筑师坎皮奥设计的主教堂形制很有独创性,虽然大体还是拉丁十字式的,却突破了中世纪教会的禁制,以穹顶覆盖教堂八边形歌坛。穹顶工程本身就历时14年,于1434年完成,顶高106米,由当时意大利著名的建筑师勃鲁涅斯基设计。穹顶的基部呈八角平面形,平面直径达42.2米,在其正中央有希腊式圆柱的尖顶塔亭,连塔亭总计高达107米。为突出穹顶,设计者特意在穹顶之下修建了一个12米高的鼓座。大教堂建筑的精致程度和技术水平超过古罗马和拜占庭建筑,其穹顶被公认为意大利文艺复兴式建筑的第一个作品,体现了奋力进取的精神。

除大教堂以外,整个建筑群中的钟塔和洗礼堂也是很精美的建筑。洗礼堂的黄铜色大门是经典之作,门上将"旧约全书"的故事情节分成十个画面以浮雕的形式分别镶嵌在铜门的框格内。雕塑大师米开朗基罗走到这里时,看到了这扇精美的浮雕大门,惊叹这漂亮的大门"如果是通往天堂的大门该多好!"从此人们称洗礼堂的黄铜色大门为"天堂之门"。佛罗伦萨主教堂的建成预示着一种新建筑风格的诞生,是古典艺术与当时科学的完美结合,正因如此,所有到佛罗伦萨的游客都会来仰视大教堂的穹顶、钟楼和那"天堂之门"。

【任务拓展】

①上网搜索本活动中提及的四处代表性的西方古建筑图片,加深对文中描述的细部建筑的理解,从而更好地体验不同时期西方古建筑文明。

②选择其中一处代表性的古建筑，设计图文并茂的幻灯片，分享你对本活动述及建筑文明的理解。

【任务反馈】

中国传统建筑在几千年的历史文化发展中，历经了多次的社会变革、朝代更替、民族融合以及不同程度的域外影响，但不同时代的建筑活动并没有发生根本性变革。在数千年形成的中国传统文化系统影响下发展起来的建筑审美意识逐渐成为一个封闭的稳定体。第一次鸦片战争以后，随着西方文化的传播，西方建筑逐步打破了鸦片战争前中国传统建筑一统天下的局面。中国建筑在设计理念、建筑材料和施工技术等方面更新转型成为必然，建成了一批体现西方传统建筑和当代建筑理念的单体建筑或建筑群。

我国受西方建筑风格影响的著名建筑有哪些？

释疑：哈尔滨圣索菲亚大教堂（东正教教堂风格）、上海徐家汇天主堂（天主教哥特式大教堂）、天津劝业堂（西方折中主义建筑）和上海陆家嘴现代建筑群等。

◆ 模块评价

【知识/技能评价】

①中国传统单体建筑的基本构成要素有哪些？

②中国传统建筑分有哪些主要类型，代表建筑是什么？

③简述建筑文化与旅游业发展之间的关系。

④简述西方传统建筑的主要类型及其代表性建筑。

⑤西方传统建筑文化中主要的建筑理念有哪些？

【能力应变】

在旅游业高速发展的今天，任何有价值的旅游资源都在被开发和利用。古城镇在现代旅游高速发展的过程中获得了巨大经济效益，但是在城镇面貌、原住民利益分配、生态环境等方面也受到了前所未有的挑战。搜集相关案例，讨论如何实现古城镇、古建筑保护与旅游开发的可持续发展。

【模块链接】

北京拆一座城楼像挖去我一块肉

北京，是一座有着三千多年历史的文化古都。三千多年的人文积淀，赋予了它别样的风情。明清的建筑与现代化的楼宇交相辉映，构成了一幅传统与现代并存的迷人画卷。

梁思成为了拯救他所钟爱的城墙，1950年，写下了《北京城墙存废问题的辩论》一文。在这篇文章中，梁思成不但表达了城墙不阻碍城市发展的观点，还用诗意的语言描绘了一幅城墙之上的画卷。"这应该成为一个全长将近四十公里的世界上最伟大的环城公园。登上去，可以壮阔我们的胸襟，舒活人民疲劳的筋骨，古老的城墙可以担负起新的使命。"

对北京旧城的根本性改造,很快波及了北京中轴线周围的建筑。20世纪50年代,面对他钟爱的城门和城墙被拆毁时,梁思成曾经说过一段著名的话:"拆掉一座城楼像挖去我的一块肉,剥去一块城砖像剥去我的一层皮。"然而,疾速前进的历史并没有眷顾那曾经在风霜雨雪中挺立了八百多年的老城墙。

在那个破旧立新的年代,梁思成保护古建筑的理想毕竟是不合时宜的,他所做的一切努力也势必会被淹没于声势浩大的建设浪潮中。然而,今天,当我们以冷静的眼光去重新审视这段历史时,不禁会想起50年前梁思成说过的话:"事实会证明,我是对的。我敢于争论,一个人没有主见是不行的。"1972年,梁思成结束了自己71年的生命历程,也是在这一年,有着八百余年历史的北京城墙彻底拆完了。

许多年后的今天,历史又回到了原点,当年梁思成构筑在城墙之上的理想,如今在北京城仅存的东便门明代城墙遗址上实现了。尽管,这梦想姗姗来迟了半个世纪,但这毕竟是一段圆梦的城墙。远处的现代建筑提醒我们,今天的北京,正以惊人的发展速度展现着现代大都市的魅力。如何保留北京古都风貌,仍然是许多人今天正在研究和探讨的课题。

拓展路径

[1] 傅熹年.中国古代建筑十论[M].上海:复旦大学出版社,2004.

[2] 沈福煦.中国古代建筑文化史[M].上海:上海古籍出版社,2001.

[3] 沙润.旅游景观审美[M].南京:南京师范大学出版社,2004.

[4] 于德珍.旅游美学[M].天津:南开大学出版社,2008.

[5] 梁金兰.旅游美学[M].大连:大连理工大学出版社,2010.

[6] 曹诗图.旅游文化与审美[M].武汉:武汉大学出版社,2006.

[7] 王其钧,郭宏峰.图解西方古代建筑史[M].北京:中国电力出版社,2008.

[8] 张文祥.旅游美学基础[M].北京:旅游教育出版社,2007.

[9] 楼庆西.中国传统建筑文化[M].北京:中国旅游出版社,2008.

模块六　旅游宗教文化

◆模块目标

【行业要求】

旅游从业人员应该了解不同宗教的主旨要义和文化特点,在接待工作中能够有的放矢地做好服务工作,为不同宗教信仰的游客提供恰到好处的服务。

【学习目标】

了解中外主要宗教的历史源流、不同宗教的文化特点和差异,熟悉不同宗教旅游文化的表现形态与代表性宗教旅游地,为参与宗教旅游活动和做好宗教旅游文化开发、保护工作奠定基础。

◆模块任务

宗教是一种信仰,同时还是一种文化。文化是连接宗教与旅游的黄金纽带,依托优秀的宗教文化可以开展健康、高尚、文明的旅游活动。

该模块共设有两项任务,任务一从总体上介绍了宗教旅游文化的概念、分类以及特征;任务二则分别介绍了道教、佛教、基督教和伊斯兰教等主要宗教的历史源流及其代表性的宗教旅游文化名胜。

任务一　旅游宗教文化概述

【任务目标】

本任务一方面是介绍宗教、旅游宗教文化的概念,让学生理解旅游宗教文化的深刻内涵;另一方面通过学习和相关拓展训练,从总体上把握旅游宗教文化的分类以及特征,正确理解宗教文化的旅游价值。

活动一　旅游宗教文化的概念

【案例聚焦】

现代宗教往何处去?

在许多现代中国人的眼里,中国宗教不过是日薄西山的老人,拄着颤颤巍巍的拐杖去寻求灵魂慰藉的地方。甚至在一些人眼里,宗教是与现代科学相背离的迷信。然而,当忙碌而劳累于事务的现代人,在休闲之余,能拿起一本《道德经》或《南华真经》或《坛经》阅读,沉浸进去,将获得太多的人生启示,生活中不少烦恼将一扫而光。人的心绪也将从纷繁之中解脱出来,获得难得的宁静与安闲。忙碌于外在世界的现代人太需要有这样空虚明净的心境,即使只是片刻的安闲,也将有利于现代人调整心态,健全人格。

推开宗教的一扇门
（世界文化遗产瑞士圣加仑大教堂）

问题:为什么西方学者认为旅游就是一种朝圣?

【任务执行】

一、宗教及宗教文化的概念

宗教是人类发展到一定历史阶段的产物,作为人类沿革的一种文化沉淀,它凝结了人类的智慧和审美,深刻地影响着人类生活的各个方面,与人类社会的政治、经济、文化、哲学、历史有着密切的联系。宗教是人类社会中一种普遍的文化现象和复杂的社会现象,它是关于超人间、超自然力量的一种社会意识,以及对之表示信仰和崇拜的行为,是综合这种意识和行为并使之规范化、体制化的社会文化体系。

宗教是种多层次的复合体系,由宗教观念与思想、宗教感情与体验、宗教行为与活动以及宗教组织与制度等四个要素组成,前二者为内在要素,后二者为外在要素。四种要素结合在一起,互为表里、相辅相成,形成一个严密而完整的体系。作为一种意识形态,它为人们提供一种认识世界的方式,一套评判社会行为的价值观念和道德体系。作为一种社会组织,它为社会提供了一种组织的形式,一套调适、控制和整合社会的机制和体系。

宗教是一种信仰,同时还是一种文化。可以从五个方面来把握宗教文化。第一,宗教是一种特殊的社会意识形态;第二,宗教文化是以信奉超自然、超人间力量为核心的信仰体系;第三,宗教有一套特定的活动方式;第四,宗教是一种有组织的社会实体,是一种不可忽视的社会力量;第五,宗教是一种社会历史文化现象。

宗教文化随着社会的发展,也在不断丰富和更新。同时,宗教文化处在与社会中其他文化不断调整的关系之中,并扩展和扩大自身的影响。宗教文化已经被认为是一种文化渗透,影响着人类社会的方方面面。

二、旅游宗教文化的概念

宗教与旅游是人类社会整体文明当中,既相互独立,又相互联系、相互作用、相互影响的两种社会行为形态。在历史上,它们通过宗教朝圣制度联系在一起。国外很多学者认为,正是在宗教朝圣的基础上,现代旅游才得以发展,朝圣是旅游最早的形式,旅游是朝圣活动逐渐演变而来的。

宗教不仅仅是一种文化资源，也是一种宝贵的旅游资源。宗教观念与思想、宗教感情与体验、宗教行为与活动以及宗教组织与制度，这四个宗教体系构成的要素与旅游活动的结合，形成了旅游宗教文化。这些旅游活动既包括游客对于宗教旅游资源的游览和参观，也包括宗教人士进行的朝觐、朝拜、传教、宗教交流或考察等传统宗教活动。

所谓旅游宗教文化，是指旅游活动与宗教活动相互作用并产生的物质、行为、意识等各种文化现象和关系的总和。宗教旅游文化是宗教旅游资源的核心。对旅游者具有强大吸引力的不是建筑或者仪式本身，而是它们背后所蕴含的对超越人类认识的某种力量的信仰。宗教是人类自己建立起来的神圣世界体系，以完成人类对未知领域的想象。这种终极的神秘感是其他旅游形式无法具备的，它对宗教活动起着强烈的渲染作用。因此，宗教活动是旅游活动的重要目的和动力。同时，旅游活动极大地促进了宗教文化的发展和传播，并促进了宗教旅游文化的价值实现。

三、旅游宗教文化的价值

旅游宗教文化种类繁多，分布广泛，其本身所具有的价值体现在如下四个方面：

（一）宗教教义的哲理性、道德观对现代人具有很大的吸引力

宗教道德虽然把幸福寄托于来世和天国，但它却立足于今生和尘世，把一己的幸福同他人的幸福联系在一起，把一己的解脱同他人的解脱联系在一起，把自尊同尊重他人联系在一起，这就是宗教教义所体现出来的鲜明的道德观。当今社会的大变革导致人们在纷繁复杂的社会现象面前，丧失了目标和理想，找不到行为准绳，精神上无所寄托。宗教可用不同的方式，对生命和世界做出诠释，对现实世界的人具有明显的启迪、安慰、寄情作用。这能够适应当代人不同层次的精神需要，包括获得慰藉的需要、摆脱恐惧和孤独的需要、群体交往的需要、追求平静的需要、情感宣泄的需要等。此外，宗教中包含了许多人类世代相传的对人类发展、社会存在、人际关系等极有价值的普遍道德准则，也规定了涤罪、悔改、洁净等内容。宗教的这种劝人为善、戒除恶念、净化身心的境界和求善情结往往成为旅游者所乐于接受的美好道德品格，其吸引力巨大广泛而且深沉。

宁夏须弥山石窟：
它是丝路行旅过客们的心理寄托

（二）旅游宗教文化所包含的众多艺术形式具有独特的魅力

宗教文化所包含众多的艺术表现形式，比如教堂、寺院、庙宇等各种形式的宗教建筑和宗教题材的绘画、雕塑等，都是旅游审美的重要对象。宗教建筑具有高度的艺术性，无论是从选址，还是美学风格的追求来看，都毫无例外地表现出设计营造者卓越的艺术创造能力，体现宗教丰富的神职功能，借以吸引各种信众。各种宗教造像也具有独特的审美价值。以宗教石窟为代表，这是一种融建筑、彩塑、壁画于一体的宗教艺术表现形式。比如甘肃敦煌莫高窟、山西云冈石窟、河南龙门石窟等。这些石窟不仅数量大、分布广，而且具有极高的艺术价值、美学价值和文物价值，值得旅游者细细品味其中的艺术气息。

（三）宗教仪式和宗教音乐的神秘性吸引人们探奇求知

宗教本身就是人们对超自然力量及其象征物所产生的不真实的体验。在宗教活动过程中，人们往往把这些神秘色彩融化进去，并逐步形成一整套丰富而复杂的宗教礼仪和教规。旅游过程中，旅游者对神仙鬼怪、菩萨罗汉、上帝天使、天堂地狱等所持的将信将疑的心态，或对宗教仪式、宗教场所、宗教设施中所渲染的神秘气氛的猎奇心理，促使他们把旅游兴趣与宗教兴趣自然地结合在一起。此外，宗教音乐艺术以其深邃淡泊的旋律、独特的风格吸引了很多旅游者，满足了人们在精神领域中求知、求美、放松身心等多方面的需要。

（四）宗教名山的清幽性满足了现代人回归自然的心理需求

自古以来，我国清幽秀丽的名山大川往往成为著名的宗教名山。宗教名山所展示的"天人合一"理念，正好迎合了现代人对恬淡生活和优美自然环境的需要。一座座宗教名山同自然山水形成了高度统一的和谐关系，展示出独特的魅力。它们不仅是宗教信徒顶礼膜拜、进香朝圣的场所，而且也是具有独特观赏价值的旅游风景区。著名旅游景区和名山胜地的宫观寺庙，不仅是宗教活动的场所，也是具有重要历史文物价值的文化设施。人们在旅游活动中，往往把宗教设施作为一种人文景观加以追求和观赏。游人行走于青山绿水之中，既可观赏自然风光，又可观赏隐逸山间的建筑艺术，一举两得，其乐融融。

【任务拓展】

①信仰的本质在于人类对自身本质力量和生存发展的把握。信仰是精神生命的支柱，是人精神世界的核心，是人的全部价值意识的定向形式，没有信仰的生命就只剩下了躯壳而没有了灵魂。信仰就是一种价值追求，有什么样的信仰，就会选择什么样的人生目标。信仰的选择在一定程度上决定着人生的价值取向。结合实际，谈谈宗教信仰对旅游主体行为的影响。

②阅读《宗教的起源与发展》（麦克

斯·缪勒著,上海人民出版社,2010)或《宗教学概论》(彭自强主编,宗教文化出版社,2008),分析宗教对旅游等活动的影响。

【任务反馈】

世界上一些著名的宗教圣地如沙特阿拉伯的麦加(伊斯兰教克尔白圣殿)、耶路撒冷(基督教耶稣圣墓教堂、伊斯兰教阿克萨清真寺、犹太教所罗门圣殿)、伯利恒(犹太教古以色列大卫王的故乡、传说中耶稣降生之所)、意大利的罗马、梵蒂冈(世界天主教的中心)在过去和现在都是世界旅游业最发达的地方。在扎西著《圣地之旅——一生要去的36个心灵震撼之地》中,宗教圣地就有30个。他认为:每一个人的心中都有一个圣殿,所谓的人生不过是向着这个圣殿出发的旅行。每一个人的心中都有一种渴望,所谓人生就是对这个渴望的追求和向往。在这个世界上,有着无数令人心灵震撼的地方,那里散发着文明的光芒,传播着古老神圣的思想,它照亮了人们的内心,吸引着世人的目光。例如耶路撒冷,一座被信仰挤爆的圣地,每年接受着来自全世界18亿教徒的顶礼膜拜。

为什么如此众多的信徒要前往耶路撒冷?

释疑:耶路撒冷是历史上最古老的城市之一,有着5 000年的历史。它分东、西两区。东区也被称作"老城"。"老城"是全世界犹太教徒、伊斯兰教徒和基督教徒朝觐的圣地。犹太人认为自己是上帝的选民,而耶路撒冷则是上帝送给他们的土地。这片土地上留下了他们祖先的生活足迹,这里有他们的圣殿山和"哭墙"。基督教徒深信此地是基督诞生、传教、受难和复活的地方。对于伊斯兰教徒来说,此地是他们的第三圣地,这里是先知穆罕默德造访安拉上天的地方,这里有他们的阿克萨和萨赫莱清真寺。耶路撒冷由于是人类三大宗教——基督教、伊斯兰教和犹太教的共同摇篮,且保存着最完善的历史古迹,从而吸引着世界上千千万万的信徒前来朝拜、敬仰。

活动二 旅游宗教文化分类

【案例聚焦】

宗教旅游的别样成就

宗教旅游通过"寓教于游"的方式发挥宗教教化作用,将宗教的伦理和宗教故事传输给信众与游客。宗教文化中的人物故事通过文学作品、影视作品传播到千家万户。如四大名著之一的《西游记》讲述唐朝玄奘法师西天取经的故事,让佛教文化深入人心。被誉为"悟空故里"的连云港花果山景区更是成为著名的风景名胜区。另外一部以佛教为题材的电影《少林寺》影响更加巨大,无论是武术爱好者还是旅游爱好者,在影片播出之后都前来少林寺景区参观游览。2010年,少林寺历史建筑群被联合国教科文组织第34届世界遗产大会列为世界文化遗产,成为中国第39处世界遗产。2011年,电影《少林寺》因影响中国文化旅游发展而获得首届中国文化旅游发展贡献奖金奖。

别样的宗教文化：河南登封少林寺的塔林

问题：花果山景区是否属于佛教旅游文化地？

【任务执行】

一、按宗教旅游资源形式分类

许多学者认为有形或无形的宗教文化都能构成宗教文化旅游资源。根据资源的呈现形式,可将旅游宗教文化分为以下三类。

（一）基于宗教节日和宗教仪式的旅游宗教文化

一些宗教节庆或仪式融合了当地其他的社会文化,通过一定的组合可以形成旅游事件,进而吸引游客,带动宗教旅游的发展。从宗教文化体验角度看,没有宗教信仰的游客,或信仰其他宗教的游客,都可以通过观摩或参与当地宗教节日和宗教活动,从而获得文化上的体验。

（二）基于宗教圣地和宗教建筑的旅游宗教文化

宗教圣地和宗教建筑是宗教文化的物质载体,与宗教节日和宗教仪式的最大区别是其具有不可移动性。一些国际朝圣中心陆续出现,如罗马圣墓、耶路撒冷圣城、葡萄牙的法蒂玛和法国的卢尔德,先后成为基督徒朝圣的目的地；麦加、麦地那是穆斯林朝拜的圣地；印度和中国的一些佛教祖庭也成为佛教徒朝拜的圣地。对于信徒而言,这些圣地体现了朝圣、朝拜等信仰活动上的价值。对于一般游客而言,这些地方体现了宗教教义的哲理性和宗教氛围的神秘性,并且巨大的文化环境差异构成了强大的旅游吸引力。

（三）基于宗教纪念品的旅游宗教文化

宗教旅游纪念品除了纪念功能之外还能为旅游者提供一种心灵的寄托。它们对于信徒和普通的旅游者而言具有一种神圣的力量,使他们精神上信仰、向往抑或是想要探秘虚拟世界的愿望可以借助宗教旅游纪念品这一表现形式得到满足。宗教旅游纪念品可以把无迹可寻的文化化作触手可及的实物。

二、按旅游者动机分类

根据旅游动机,可以将旅游宗教文化分为以下五类。

（一）旅游宗教朝圣文化

朝圣是依托包括职业僧侣和一般信徒在内的宗教信仰者,基于宗教目的或出于宗教愿望而朝拜宗教圣地的活动。在这些活动中旅游仅仅是实现宗教情感的途径和手段,宗教朝圣这种文化形式才是促使信徒离开常驻地到宗教圣地,从事宗教活动真正的背景和动力。伊斯兰教信徒前往圣地麦加朝圣的举动,可以看做是宗教文化影响下的旅游活动。

(二)旅游宗教观光文化

宗教旅游观光是以非宗教信仰者为主体,对有形的宗教文化旅游资源包括建筑、雕塑、绘画、园林等进行的游览、欣赏、参观、考察等。侧重对宗教艺术的审美、宗教知识的补充,以及对宗教神秘性的体验等。重大宗教活动、寺庙建筑艺术、僧侣生活习俗以及与宗教场景融为一体的自然景观,如高山、流水、瀑布、奇花、异草、怪树,都可以吸引宗教信徒和普通观光旅游者。

(三)旅游宗教养生文化

宗教旅游地大多风景如画、空气清新,有山寺之宁静、有佛钟之悠远,配合以宗教的养生之道和一些专项服务,是修身养性的好场所。欣赏风景、放松身心的同时,还可从宗教文化中领悟到生活的真趣、生命的真理、生存的真谛。

(四)旅游宗教生态文化

宗教文化蕴涵着万法缘起、天人合一、返璞归真等深厚的哲学和生态理念。宗教旅游可以让游客体悟慈悲为怀、和睦祥瑞、惜福感恩等生态伦理,正确认识人在自然界中的地位,从心灵深处改善自身行为,在保护、美化、净化环境的同时,完善人类自身的建设。

(五)旅游宗教体验文化

宗教建筑、宗教典章、石刻绘画、宗教音乐等无不蕴含深刻的文化艺术内涵,旅游者可以深入了解和体悟自己感兴趣的物化宗教文化。旅游者也可到宗教场所,和宗教人士同守戒律,同求正法,一起劳作,一起生活,通过这些活动来体验或学习原汁原味的"他文化"。

【任务拓展】

宗教建筑按照存在的形式可分为:寺观、石窟、塔、造像、经幢、经文石刻、陵墓及其附属建筑等。其中以石窟群、陵墓及其附属建筑的数量最大,以佛寺、道观、塔在全国的分布最多。宗教建筑以其迥异于世俗的文化吸引着各类游客。访问中国宗教学术网(http://iwr.cass.cn/)之"宗教景观"专栏,通过了解不同宗教的代表性建筑,把握不同的宗教文化。

【任务反馈】

我国是一个多种宗教并存的国家,最主要的四大宗教是道教、佛教、基督教和伊斯兰教,其中道教是我国土生土长的宗教,其余三大宗教则是外来宗教。四大宗教在我国历史发展的舞台中相得益彰,共同形成了我国五彩斑斓的宗教文化。

开发宗教旅游文化应该最关注什么?

释疑:最重要的是保留不同宗教旅游文化的特色。特色是发展旅游的生命线,要深入挖掘宗教旅游文化,提高旅游文化品位,保证旅游活动的质量,实现经济效益、社会效益、环境效益与文化效益的和谐发展。

活动三　旅游宗教文化特征

【案例聚焦】

道教文化节

第三届中国（成都）道教文化节于2010年9月16日～19日在著名道教胜地青城山隆重举办。经国家宗教局同意，每两年举办一届的中国道教文化节将正式永久落户成都。

第三届中国（成都）道教文化节以"自然、生命、和谐、发展"为主题，推出太极神韵——开幕式暨《道韵青城》大型文艺晚会、祈福众生——老君阁灾后重建落成典礼暨感恩祈福大法会、论道青城——"中华之道"中国传统文化巅峰论坛、天籁之音——蜀派古琴表演、仙山新姿——名人书画暨摄影作品展、道在养生——道家养生体验与展示活动、道解都江堰——闭幕式暨《道解都江堰》实景演出等系列专题活动。整个道教文化节以关爱生命内涵为主线，体现道法自然、上善若水、天人合一的重要理念，启迪人们"养生、养心、养性"，是一次具有广泛参与性和体验性的旅游文化盛会。

第三届道教文化节举办地
——四川青城山

问题：鲁迅先生说"中国根柢全在道教"，旅游道教文化有何特征？

【任务执行】

宗教是一种复杂的社会现象，也是一种文化现象，是旅游文化的重要组成部分。与其他旅游客体文化相比，旅游宗教文化具有其自身的特征：

一、宗教性

宗教性是旅游宗教文化区别于其他旅游客体文化的最根本特征。对于游客来说，每一座香火鼎盛的寺庙，每一间神圣静谧的教堂，每一次虔诚真心的膜拜，每一句发自肺腑的祈祷，无不让游客瞬间感受到宗教的氛围。旅游宗教文化离不开宗教性的物质成果和精神财富，宗教性作为宗教旅游活动中最本质的文化特征，也是宗教旅游活动给旅游主体最直观和最明显的感受。旅游宗教文化的发生、发展依托于宗教。没有宗教，就没有旅游宗教文化。

神秘性也是宗教性的一种表现。宗教的起源是人的幻想。早期人类社会由于生产力的落后，无法正确认识自然界，从而幻想出"神"统治世界这一概念，进而逐渐产生宗教。随着人类社会的发展，"神"统治世界的论调虽不再成立，但"神"融入了宗教，使得宗教产生了更多的神秘感。比如，道教继承原始文化而形成的神仙体系、太极八卦等极具神秘色彩的宗教文化，使得道教在游客心中产生了浓厚的神秘感。正是这种旅游宗教文化的神秘性，促使更多的现代旅游者出于好奇而进行宗教旅游活动,切实地感受旅游宗教文化。

二、精神性

恩格斯说过:"一切宗教都不过是支配着人们日常生活的外部力量在人们头脑中的幻想的反映。在这种反映中,人间的力量采取了超人间的力量的形式。"这种精神作用在宗教旅游文化中体现为精神性。宗教本身具有两重性,即现实性和理想性。人类社会发展至今,从早期对自然界的无知和恐惧,到后来的战争动荡,再到现代社会的压抑紧张,总存在着各种各样让人精神受挫的问题。如何解决或规避这些问题?在某种程度上,宗教能够引导人们追求精神上的超脱出世,缓解人们生理和心理压力。

宗教旅游的兴起,使旅游者找到了自己的精神寄托。也许旅游者无法做到真正归隐,但寺院或教堂的氛围就足以让他们忘却尘世的烦恼,震撼的钟声也能够排解他们心中的喧嚣与愤懑,这便是旅游宗教文化精神性的真谛所在。

三、艺术性

旅游宗教文化的艺术性,表现在宗教文化中众多的艺术表现形式,比如宗教建筑、绘画、雕塑、音乐等,对旅游者产生艺术上的诱导和吸引作用,给游客展示多种多样、美轮美奂的宗教艺术文化。

旅游者通过游览观赏各具魅力的宗教艺术遗迹,可以了解一个国家或地区不同时代的生产力发展水平、民族关系、行为方式、思想意识、价值观念以及对美和时尚的追求等内容。同时,在跨越时空的旅游活动中体验先人的生活方式,这在很大程度上满足了游客求知、求奇、求美的心理需求。因此,艺术性是旅游宗教文化的一个重要特征。

四、发展性

旅游宗教文化不是一成不变的,其发展性体现在积累性和可变性两个方面。积累性是指旅游宗教文化由一个文化主体或一个时代从另一个文化主体或另一个时代的接受和积累的过程。旅游宗教文化的积累是其发展的前提。可变性则是指旅游宗教文化在积累过程中不断变化,强调积累的过程与自身文化的实际情况相结合。积累是变化的基础,变化是为了适应不同的旅游主体、客体和介体,实现旅游宗教文化的更新和发展。

以伊斯兰教为例,随着世界各民族之间的频繁交流,我国维吾尔族、回族等都与阿拉伯世界一样信奉伊斯兰教,但是在伊斯兰教建筑的表现形式上,却呈现出一定的差异。如宁夏同心清真大寺、中宁纳家户清真寺都表现出强烈的汉地建筑风格,这便是旅游宗教文化的发展性。

【任务拓展】

中国宗教文化与世界其他国家的宗教文化,如基督教、伊斯兰教和印度佛教有显著区别。这种区别主要表现在中国宗教文化的依附性、入世性、包容性、功利性和层次性上。举例说明这些特征在中国宗教旅游文化中是如何体现的?

【任务反馈】

宗教与旅游是两种不同文化之间的吸引、交流、体验与碰撞。宗教文化对旅游和旅游业的影响体现在三方面：(1)宗教文化为旅游提供了深厚的文化底蕴；(2)宗教文化为旅游业提供了众多的人文景观；(3)宗教文化通过文学作品、影视作品等间接地影响旅游及旅游业。

旅游对宗教文化有哪些影响？

释疑：旅游对宗教文化的影响有积极和消极之分。从积极影响来看，体现在两方面：一是旅游促进了宗教文化的传播与交流；二是旅游业的发展推动了宗教文化遗产保护工作。从负面影响来看，一是在利益的驱动下，以开发宗教旅游为幌子，大兴土木，修寺庙，建佛像，形成新的造神运动，宗教圣地商业化气息浓厚，宗教氛围日益世俗化；二是封建迷信活动泛滥，以所谓的"开光"商品进行敛财，以打卦算命骗人钱财，宗教文化的圣洁性和神秘性日渐淡薄。

任务二 旅游宗教文化举隅

【任务目标】

佛教、基督教、伊斯兰教是世界性的三大宗教，而其他宗教则主要为民族性宗教或地域性宗教。道教是中国传统宗教，在民间占据着重要的地位。本任务介绍这四大宗教的旅游文化，并结合具体宗教名胜分析其旅游宗教文化特征。

活动一 旅游道教文化

【案例聚焦】

看《水浒传》 游龙虎山

看过小说《水浒传》的人，都会对书中开篇第一回"张天师祈禳瘟疫，洪太尉误走妖魔"的印象十分深刻，里面不仅以生动的文字描写了龙虎山的景色，"千峰竞秀，万壑争流；瀑布斜飞，藤萝倒挂"，还讲述了洪太尉在龙虎山的奇闻异事及放走一百零八妖魔的故事，读来令人心驰神往。

被誉为"道教第一仙境"的龙虎山

2011年新年伊始，连续剧新《水浒传》登陆四大卫视，其第一集就是在龙虎山景区拍摄的，剧中展现的龙虎山神奇的丹霞地貌自然景观以及深厚悠久的道教历史文化，让许多不知道龙虎山的人认识了龙虎山。这在很大程度上提高了龙虎山的知名度，也勾起了众多旅游爱好者去龙虎山旅游的欲望。安徽环球国旅就依凭电视剧《新水浒传》热播的余威,组织了2011年11月11日"龙虎山自驾之旅"、11月26日"龙虎山百人团游"大型系列活动,带领众人一览《水浒传》中的龙山凤水之地。

问题:龙虎山不仅是世界自然遗产、世界地质公园、中国5A级风景区,更是道教祖庭,在道教文化中占有重要地位。中国还有哪些重要的道教名山宫观?

【任务执行】

道教是中国固有的一种宗教,它的教义与中华本土文化紧密相连。道教深深扎根于中华沃土之中,具有鲜明的中国特色,并对包括旅游文化在内的中华文化产生了深远的影响。

一、道教文化的概述

(一)道教文化的源流

道教大致是从三种社会思想演变而来:一是鬼神信仰、二是方仙信仰、三是黄老思想。早期以"五斗米道"和"太平道"为代表。东汉末年,即东汉顺帝时,在蜀中鹤鸣山,张陵(尊称张道陵)倡导五斗米道,也称"米道",因入道之人需交纳五斗米而得名。"五斗米道"为早期的道教。魏晋时期所出现的葛洪、陆静修、陶弘景等著名的道教人物,从神学理论、组织制度、宗教实践活动等方面加以改造和完善,使道教进一步上升为理论,走向成熟和定型。

金元以来至今,全国道教形成全真道与正一道两大教派。全真道为金初创立的道教宗派,主要创始人为王重阳。全真教以道德经、佛经和儒经为主要经典,主张道、佛教及儒家思想的融合。在修行方法上,重内丹修炼,以修身养性为正道。全真道士必须出家住宫观,不得蓄妻室,必须严格遵守清规戒律。正一道形成于元代,是江南道教的统称,统归龙虎山天师府领导。正一道奉持的主要经典为《正一经》。道士可以有家室,不住宫观,清规戒律也不如全真道严格。目前,全国道教宫观大多属全真派,正一道主要流行在江南地区和台湾省。

道教在东汉张道陵创教之初,便奉老子为祖师,以老子所著的《道德经》为圣典,以《道德经》中所提出的"道"与"德"为最根本的信仰。认为"道"是"万物之母",是宇宙万物之中最核心的东西。相信三清尊神之下,还有诸多神仙。庞杂的神仙体系,体现了对神仙的崇拜。道教信奉天道承负、善恶报应,强调修炼,以求得长生不老、肉体成仙。

(二)道家文化的影响

道教是我国思想文化的一个有机组成部分,它在长期的发展过程中,积累了大量的经籍文献,对中国古代的政治、经济、哲学、文学、艺术、音乐、绘画、建筑、医学、养生、化学、武术等都产生了不同程度的影响。

道教对中国古代文学影响巨大。魏晋时期最有名的志怪小说《搜神记》中记载了许多道教故事,《世说新语》中同样涉及道教内容。唐代"诗仙"李白所作的诗中,道教内容极多,被称为"反映道教思想的杰出作家"。宋词中不少词牌都与道教有关，如《临江仙》、《女冠子》、《望仙门》、《献仙音》、《潇湘神》等，莫不与道教神仙故事有牵连。元曲中反映道教的内容更多些，如马致远的神仙道化剧《西华山陈抟高卧》、《开坛阐教黄粱梦》等。在四大名著中，《西游记》的内容虽然是佛教取经故事，但也深受道教思想影响，书中充满了"金公"、"木母"等道教丹法术语。《三国演义》中诸葛亮登坛借东风、五丈原布灯祈续命等情节完全是道教思想的反映。《水浒传》就是以"张天师祈禳瘟疫"发端的。《红楼梦》开宗明义是由一个空空道人把"石头记"抄下来传到人间。这些都反映了道教对中国古代文学的影响。

历代绘画名家根据道教题材创作了许多名画。如东晋著名画家顾恺之绘有《列仙图》、《洛神赋》等，唐代著名画家如阎立本绘有《元始像》、《行化太上像》、《北帝像》等近20幅道画，吴道子则绘有《天尊像》、《列圣朝天图》等。举世闻名的山西芮城永乐宫壁画，场面浩大，人物众多，生动逼真，堪称中国美术史上的杰作。

道教音乐是中国传统音乐的一个有机组成部分，它在发展过程中广泛吸收宫廷音乐和各地民间音乐的成分，在中国乐坛上独树一帜。《二泉映月》，就是无锡道士华彦钧（阿炳）创作的。

道教建筑也是中国古代建筑艺术的典型代表之一。北京白云观、苏州玄妙观、嵩山中岳庙等道教建筑，是国家级重点文物保护单位。武当山宫观建筑群，更是被列为世界文化遗产。

历代道士在继承中国传统医学的同时，结合自己的实践，形成了颇具特色的"道医"形象和道教医学流派。其中唐代道士孙思邈在民间有着崇高的地位，被尊称为"药王"，其著作《备急千金要方》收集了自东汉以来的许多医论、医方、用药、针灸等基本成果，兼及服饵、食疗、导引、按摩等养生方法，同时也记载了他的临床经验和采集的民间验方。对我国医药学特别是方剂学作出了卓越的贡献。历代道士在炼制丹药的过程中，积累了丰富的化学知识，促进了中国古代化学的发展。作为我国四大发明之一的火药，就是道士们在炼丹时发明的。

二、著名道教文化旅游地

"山不在高，有仙则灵。"中国有大量的道教名山宫观，它们既保留了自然山林的宏伟秀丽，又体现出风水、建筑的超凡脱俗与出神入化。自然与人文的交相辉映，宗教与哲思的有机交融，道教文化的熠熠光辉使得这些道教名山宫观成为重要的宗教旅游地。

（一）武当山

武当山又名太和山，位于鄂西北的丹江口市境内，是我国的道教名山，列中国"四大道教名山"之首，又是武当武术的发源地。主峰紫霄峰海拔1 612米。武当山山势奇特，雄浑壮阔，有72峰、36岩、24涧、3潭、9泉，这些景观构成了"七十二峰朝大顶，二十四涧水长流"的秀丽画境。山间道观总数达 2 万余间，道观建筑群因规模宏大、建筑考究、文物丰富而被列入世界遗产名录。据传战国时的尹喜真人、汉代阴长生、晋代谢允、唐代吕洞宾、宋代陈抟、明代张三丰等均在此修炼。山间主要景点有金殿、紫霄宫、遇真宫、复真观、天乙真庆宫等近百处。武当功夫是中国武术中与少林齐名的重要流派，誉为"北崇少林、南尊武当。"武当山以独特的道教文化，将山的雄奇与妩媚、水的流荡与静谧、雾的生腾与凄婉、人生意态的高远与宽阔凝聚成一种奇特的道教人文景观。

(二) 青城山

青城山又名赤城山，位于都江堰市西南 15 千米处，海拔 1.6 千米，其 36 座山峰，如苍翠四合的城郭，故名青城。这里林木青翠，峰峦多姿，向有"青城天下幽"之誉。青城山为我国道教发祥地之一，相传东汉张道陵（张天师）曾在此创立"五斗米道"。历代宫观林立，至今尚存 38 处。著名的有建福宫、祖师殿、天师洞、上清宫等，并有经雨亭、天然阁、凝翠桥等胜景。"问道青城山，风景天下幽。"青城山空翠四合，峰峦、溪谷、宫观皆掩映于繁茂苍翠的林木之中。道观亭阁取材自然，不假雕饰，与山林岩泉融为一体。道家崇尚朴素自然的风格在青城山展现得淋漓尽致。

(三) 龙虎山

龙虎山位于江西鹰潭市西南郊 20 千米处，是道教正一天师的祖庭。源远流长的道教文化，独具特色的碧水丹山，以及规模巨大的崖墓群，构成自然、人文景观的"三绝"。著名景点有天师府、上清宫、悬棺遗址等。近年来，龙虎山风景名胜区重在加强对道教文化内涵方面的发掘建设，推出了"瞰道教全貌"、"览道教仙境"、"思崖墓之奇"的道教朝圣游。

(四) 齐云山

齐云山位于安徽屯溪西 33 千米处，是一处以道教文化和丹霞地貌为特色的山岳风景名胜区。齐云山海拔高度为 585 米，有 36 奇峰、72 怪岩、24 飞涧，加之河、湖、泉、潭、瀑，构成了一幅山清水秀、峭拔明丽的自然图画。主要景观有洞天福地、真仙洞府、玄天太素宫、玉虚宫等。它有"天下无双胜境，江南第一名山"的美称。该山道教始于唐代，至明代盛行，香火旺盛，成为我国四大道教名山之一。

(五) 白云观

白云观，位于北京西便门外，始建于唐，是道教全真道派的三大祖庭之一，全真七子之首丘处机曾居住于此。今存观宇系清康熙四十五年（1706）重修，有彩绘牌楼、山门、灵官殿、玉皇殿、老律堂、邱祖殿和三清四御殿等。如今白云观成为首都北京的一大名胜，每年春节的民俗庙会，游人如织，热闹非凡。

(六) 青羊宫

青羊宫，川西第一道观，坐落在成都西南郊，相传是老子度化尹喜的地方。现今建筑为清康熙六至十年（1667—

1671)重建,后又经多次修葺,形成了现在的建筑规模。主要景点有山门、混元殿、八卦亭、青羊宫、三清殿、玉皇殿等。每年农历二月十五日既是青羊宫传统的庙会日,又是青羊宫历史悠久的"花会"日,届时宫内香烟缭绕,磬声悠悠,人如潮涌。

此外,陕西省周至县的楼观台、广东博罗县浮山冲虚观、西安八仙宫、江苏句容茅山道观等都是有名的道教宫观和旅游胜地。

【任务拓展】

白云观网站(http://www.bjbyg.org)提供了丰富的道教经典、道教仪范、道教历史、道教音乐、道教文物、斋醮科仪、丹经典籍、医道养生等文化信息。访问该网站,浏览自己感兴趣的内容,丰富旅游道教文化知识。

【任务反馈】

道教所尊崇的教义,摒弃其消极的一面,很适合现代人们旅游的需要。旅游者现在越来越多地关注绿色旅游、保健旅游等健康的旅游方式,而道教所提出的师法自然、天人合一等观念及其人生追求、生活方式、健身秘诀等无不与当今回归自然、返璞归真的旅游潮流相吻合。因此,开发道教旅游资源,无疑会为当今休闲旅游注入新的活力。

可以开发哪些道教旅游产品?

释疑:①道教文化游:在道教胜地开发道教宗教活动、道教建筑、音乐、雕塑、书画、碑刻、文学作品、诗词歌赋、健身、美食等旅游文化产品与活动,以吸引海内外众多追寻道家奥秘的游客。②养生保健游:道教对生命的态度、清静无为的思想、养生和自我保健意识对于当今生活节奏快、竞争压力大的人们无疑具有指导作用。通过练习"吸取天地精华"于青山绿水环境之中的道教道功、道术,达到强身健体、延年益寿的目的。可相应推出学太极拳、八卦拳,练书画气功,品养生餐饮、野菜药膳等参与性强的旅游产品。③生态休闲游:将道教崇尚的"师法自然"与现代人追求的"返璞归真"相结合,将道教的文化观念与景观建设开发相结合,追求一种自由、舒适、天人合一的意境和生活方式,让现代人在自然界中汲取知识,陶冶性情,享受天人合一的乐趣。

活动二 旅游佛教文化

【案例聚焦】

居士团朝山拜佛游

某旅行社设计的五台山5日朝山拜佛游的行程如下:

D1 早出发,午抵五台山,游拜"小布达拉宫"之称——菩萨顶,五台山规模最大、最古老的寺院——显通寺,五台山标志"大白塔"所在塔寺院。宿五台山。

D2 早餐后,五台山香火最旺最灵验——五爷庙,小朝台——黛螺顶,拜五方文殊;下午游览佛、道、儒三教汇集之地——南山寺,石雕艺术宝库——龙泉寺,女众寺院集福寺。宿五台山。

D3　早餐后,游文殊祖庭——殊像寺,参拜五台山最大的骑狮文殊像,于般若泉饮智慧圣水,游章嘉活佛驻锡地——镇海寺,游拜九头十八臂大威德黑金刚;下午佛母洞神奇半日游。宿五台山。

D4　早餐后,进行大朝台活动,上午游北台叶斗峰灵应寺、中台翠岩峰演教寺、西台挂月峰法雷寺;午餐后,游南台锦绣峰普济寺、东台望海峰望海寺。宿五台山。

D5　早餐后,寺院安排做法会,午餐后,圆满结束五台山朝圣之旅。

五台山的标志建筑大白塔

问题:旅行社为什么设计五台山朝山拜佛主题旅游?这与五台山在中国佛教文化中占有的特殊地位有何关系?

【任务执行】

一、佛教文化的概述

(一)佛教的起源

佛教创立于公元前6世纪的古印度,是世界上创立时间最早的宗教。创始人是迦毗罗卫国的王子乔达摩·悉达多,后人称其"释迦牟尼",意即释迦族的圣人。

释迦牟尼约于公元前565年(相当于我国的春秋时代)诞生在尼泊尔的蓝毗尼花园(以前属古印度迦毗罗卫国)。他亲眼目睹了人世间的生老病死和社会的动荡不安,29岁时他抛弃王位,出家修行,以求解脱。经历了6年的苦行生活之后,35岁时在菩提伽耶城外的菩提树下盘腿而坐,静思己身及大千世界,终于大彻大悟,成为佛陀。得道之后,在鹿野苑初转法轮,弘扬佛法。80岁时在拘尸那迦城圆寂。现在释迦牟尼的出生地蓝毗尼花园、成道地菩提伽耶城、初转法轮地鹿野苑、圆寂地拘尸那迦已成为了佛教的四大圣地。

(二)佛教的传播

佛教原来只流行于印度恒河流域一带。孔雀王朝时期,阿育王奉佛教为国教,广建佛塔,刻敕令和教谕于摩崖和石柱,从此佛教遍传南亚次大陆的很多地区。同时阿育王又派传教士到周围国家传教,佛教向亚洲各地传播。

佛教传播分为三条路线。一是北传佛教:从古印度向北传入中国,再由中国传到朝鲜、日本、越南等国。以大乘佛教为主,其经典主要用汉语写成,亦称汉语系佛教。二是南传佛教:从古印度向南,传入斯里兰卡、缅甸、泰国、老挝、柬埔寨等南亚、东南亚国家以及中国云南傣族等少数民族地区。以小乘佛教为主,其经典主要用巴利语写成,亦称巴利语系

模块六　旅游宗教文化

佛教。三是藏传佛教：主要是印度密乘佛教与藏区苯教融合而形成的具有西藏地方色彩的佛教。流传于中国的藏、蒙、裕固、纳西等民族地区以及不丹、尼泊尔、蒙古等国家和地区。它的经典用藏语写成，故亦称藏语系佛教。

中国佛教包括了北传佛教、南传佛教和藏传佛教三大体系，全面继承了印度三个时期的佛教。世界上最完整的佛教在中国，最完整的佛教经典也在中国。可以说，佛教诞生在印度，发展在中国。

一般认为汉族地区的佛教是西汉哀帝元寿元年（公元前2年），大月氏王使臣伊存向中国博士弟子口授《浮屠经》时传入中国的。佛教在中国的发展大致经历了译传、创造和融合三个阶段。两汉、魏晋、南北朝时期为译传阶段，在这一阶段中国先后译出大量的佛教经典，佛教成为一时之盛。隋唐两代是中国佛教的创造阶段，中国僧人分别以一定的印度佛教经典为依据，开宗立派，创构了中国佛教的理论体系，形成三论宗、天台宗、华严宗、法相宗、律宗、净土宗、禅宗、密宗等八个主要宗派，这一时期是中国佛教的鼎盛时期。宋元明清中国佛教处于融合阶段，佛教与中国文化空前而深入地融合，以至出现"家家观世音，户户阿弥陀"局面。这一阶段主要流行禅宗和净土宗，其他各宗逐渐衰落。

（三）佛教的基本要义

释迦牟尼成佛后，"初转法轮"奠定了原始佛教的基本教义，即四圣谛、八正道、十二因缘、业报轮回等。"四圣谛"所依据的根本原理是缘起论，即一切事物和现象都处于因果联系之中，都是由一定的条件、因缘和合而成。佛教以此来解释自然、社会、人生以及各种精神现象产生的根源，认为一切事物都是由偶然条件凑合而成的，世界上不存在什么永恒的东西，一切都是变化无常的，没有什么是可以确定的，当然也就一切皆空。"八正道"是指八种使人由凡入圣、由迷而悟获得解脱的正确途径。"十二因缘"主要是分析苦因和论述三世（过去、现在、未来）轮回之理。"业报轮回"即所谓善有善报，恶有恶报，是解释人生差别和社会不平等起源的学说。

综上所述，佛教的基本精神就是空、苦两论，即世界一切皆空。佛教的基本教义是要人们认清苦因、看破红尘、熄灭一切欲望，通过出家修行，到彼岸的极乐世界去寻找人生的最后归属。

二、著名佛教文化旅游地

佛教文化旅游地历来是中外游人朝拜、观光、考察和疗养的主要去处。佛教主张超凡脱俗，因此，寺院多建在环境优雅的深山密林之中，形成"天下名山僧占多"的局面。我国五台山、峨眉山、普陀山和九华山被称为是四大佛教名山，代表着我国不同地域旅游佛教文化。此外，还有诸多佛教名山及其附属的古刹遗存的佛教建筑等，不仅成为了重要的旅游景点，也被看作是了解佛教文化的重要窗口。

(一)金色世界——五台山

五台山位于山西省五台县,位居中国佛教四大名山之首,是世界五大佛教圣地之一。自东汉明帝以来,即成为佛教圣地,经历代修建,塔幢林立,佛刹棋布。五台内外佛寺最多时达360所,僧尼达万人之众,堪称我国最大的寺庙建筑群。五台山融会了印度佛教、藏传佛教、汉传佛教、民间宗教、儒教、道教和三晋文化的精髓,形成了显密并行、诸宗竞秀,青庙和黄庙、子孙庙和十方庙共存的模式,是"中国佛教的缩影",并被誉为"中国古建筑艺术的宝库"、"中国佛教造像艺术的展览馆"、"中国佛教音乐奇葩"和"国际佛教文化交流中心"。五台山以其佛教文化悠久,自然风光秀丽,革命遗址众多,集佛教圣地、避暑胜地、革命圣地于一体,融佛教文化、生态文化、皇家文化为一炉。

(二)银色世界——峨眉山

峨眉山为普贤菩萨的道场,位于四川西南部,距成都市130千米,以雄秀壮丽的自然风光和充满神秘传说的佛教、道教文化闻名于世,是中国四大佛教名山之一,享有"峨眉天下秀"、"动植物王国"、"地质博物馆"之美誉。主峰金顶海拔3 077米,有云海、日出、佛光、圣灯"四大奇观"。山中寺庙建筑众多,其中的佛教造像,有泥塑、木雕、玉刻、铜铁铸、瓷制、脱纱等,造型生动,工艺精湛。如万年寺的铜铸"普贤骑象",堪称山中一绝,为国家一级保护文物。阿弥陀佛铜像、三身佛铜像,报国寺内的脱纱七佛等,均为珍贵的佛教造像。1996年峨眉山——乐山大佛作为文化与自然双重遗产被联合国教科文组织列入世界遗产名录,成为全人类共同拥有的宝贵财富。

(三)琉璃世界——普陀山

普陀山是舟山群岛中的一个岛屿,雄峙于杭州湾以东近海的莲花洋中。全岛面积12.5平方公里,形似苍龙卧海。普陀山是观音菩萨的道场,其宗教活动可溯至秦。自唐建立观音道场以来,经历代兴革,普陀山寺院林立。鼎盛时期,全山共有4大寺、106庵、4 000余僧侣,史称"震旦第一佛国"。至今还留有普济、法雨和慧济等三大禅寺,寺塔崖刻,梵音涛声,连同"不肯去观音"的传说,皆充满神秘色彩。普陀山四面环海,风光旖旎。岛上树木丰茂,古樟遍野。岛四周金沙绵亘、白浪环绕。银涛金沙环绕着大批古刹精舍,构成了一幅幅"海天佛国"的绚丽画卷。

(四)莲花世界——九华山

九华山位于安徽省池州市境内,因唐朝诗人李白"妙有分二气,灵山开九华"之诗句而得名。九华山天开神奇,清丽脱俗,是大自然造化的精品,有"莲花佛国"之称。因渡海来唐修行的新罗国(位于朝鲜半岛南端)王族金乔觉驻锡九华,生前逝后各种瑞相酷似佛经中记载的地藏菩萨,僧众尊他为地藏菩萨应世,九华山遂辟为地藏菩萨道场。受地藏菩萨"众生度尽,方证菩提,地狱未空,誓不成佛"的宏愿感召,自唐以来,寺院日增,僧众云集。至今自然形成的十多尊肉身菩萨,成为九华山佛教的一大特色,同时也为这座佛教名山披上了一层神秘的面纱。九华山现存寺庙99座,僧尼近千人,可供观瞻的肉身菩萨5尊,佛像万余尊。

（五）洛阳白马寺

白马寺位于河南省洛阳市,初创于东汉永平十一年（68）,距今已有1900多年的历史,是我国最早的一座佛教寺院,被尊誉为中国佛教的"祖庭"和"释源",有"中国第一古刹"之称。白马寺坐北面南,总面积二百余亩,主体建筑有：天王殿、大佛殿、大雄殿、接引殿、毗卢阁等五层殿堂及中国第一释迦舍利塔。白马寺是一处保存完整、古色古香的古建筑群,为全国第一批重点文物保护单位和首批4A级景区。

（六）杭州灵隐寺

灵隐寺创建于东晋,是杭州现存历史最久、规模最大的佛教寺院,为我国江南著名古刹之一,有"东南佛国"之誉。它位于飞来峰与北高峰之间灵隐山麓中。两峰挟峙,林木耸秀,深山古寺,是一处古朴幽静、景色宜人的游览胜地。灵隐寺作为杭州西湖景区的组成部分,寺院占地108亩,有天王殿、大雄宝殿、药师殿、法堂藏经阁、华严殿等五大进殿,还有国内规模最大、占地3100平方米的五百罗汉堂,这些都吸引了大批游客前来观瞻。

【任务拓展】

在寺庙中常供奉有"佛"、"菩萨"和"罗汉",这三者有什么区别和联系？《般若波罗蜜多心经》是在中国流行最广泛的佛经,佛学界对其有很高的评价。"色即是空,空即是色"就出自心经,这句佛语对发展佛教旅游有何启发？

【任务反馈】

丝绸之路沿线留存下来大量的佛教石窟,著名的如龟兹克孜尔、吐鲁番柏孜克里克、敦煌莫高窟、安西榆林窟、武威天梯山、永靖炳灵寺、天水麦积山、固原须弥山、大同云冈、洛阳龙门等,这些石窟大多融会了东西方的艺术风格,是佛教东渐、中西文化交流的见证,也是佛教文化的重要遗产。

丝绸之路上众多的佛教石窟已经成为重要的旅游资源,吸引着无数游客。这些石窟是如何体现佛教东渐和不断中国化的？

释疑：从空间上讲,石窟寺的开凿由塔里木盆地北缘而向河西走廊,由西北而向中原,由北方而向南方;从时间上讲,3世纪时,中国西域地区开始开凿石窟。4世纪至5世纪,石窟遍布河西,形成气势宏大、光彩夺目的石窟艺术,促进了石窟艺术中"凉州模式"（武威天梯山石窟）的形成,这种具有浓郁河西特色的艺术风格在后来逐渐波及中原。5世纪至9世纪,中国石窟雕凿达到极盛时期,完成了中国石窟艺术由龟兹模式（新疆克孜尔石窟）向凉州模式（天梯山石窟）

再向平城模式(山西云冈石窟)的发展,并最终在洛阳龙门完成了中国化的全过程,使佛教成为中华文明的一部分。

活动三 旅游基督教文化

【案例聚焦】

神圣的威斯敏斯特大教堂

坐落在英国伦敦议会广场西南侧的威斯敏斯特大教堂,始建于公元960年,既是英国国教的礼拜堂,又是历代国王举行加冕典礼、王室成员举行婚礼的大礼堂,还是国葬陵墓区。这里埋葬着撒克逊王爱德华以及从亨利三世到乔治二世等20多位国王。教堂内的"诗人之角"因埋葬14世纪诗人乔叟和文艺复兴时期诗人斯宾塞而得名。后来,英国著名的文学家、艺术家,如莎士比亚、狄更斯、哈代等,都在这里建有墓室或墓碑。此外还有著名的政治家、军事家、科学家如达尔文、牛顿、克伦威尔、丘吉尔等人的墓室或墓碑。每天,世界各地的信徒和游客络绎不绝地来到这里,观赏宏伟的皇家教堂,瞻仰先人的遗像,感受英国灿烂的历史与文化。

俯瞰威斯敏斯特大教堂

问题:教堂是基督教进行宗教活动的场所,源于希腊,原意为上帝的居所。在西方国家,较大的城市都有教堂,其中一些著名的教堂已成为重要的旅游景观,如圣彼得大教堂、圣索菲亚大教堂、巴黎圣母院等。这些教堂因何成为重要的旅游地?

【任务执行】

一、基督教文化的概述

(一)基督教的起源

基督教与佛教、伊斯兰教并称为世界三大宗教。它是指所有相信耶稣基督为救世主的教会。基督教是世界上信仰人口最多的宗教,有20亿以上的人信仰基督教。

公元1世纪,基督教起源于巴勒斯坦,相传为犹太教的拿撒勒派人耶稣所创立,在罗马帝国后期在帝国全境流传。基督教继承犹太教的《圣经》,信仰上帝(天主)创造并主宰世界,认为人类从始祖起就犯了罪,并在罪中受苦,同时又提出只有信仰上帝及其独生子耶稣基督才能获救。基督教的经典为《旧约全书》和《新约全书》。

(二)基督教的发展

基督教创立的初期,即在罗马帝国境内形成东部希腊语地区的东派和西部拉丁语地区的西派。西派教会以罗马为中心形成教皇制的天主教传统。东派教会以君士坦丁堡为中心形成牧首制的正教传统。1054年东西两派教会正式分裂,东派自称正教(在中国称东正教),西派自称公教(在中国称天主教)。在14

世纪以来兴起的欧洲文艺复兴运动,以及16世纪教会内部爆发反对罗马教皇封建统治的宗教改革运动之后,天主教又一分为二,产生了代表新兴资产阶级利益的基督新教(在中国现被称为基督教),形成旧教、新教的对立局面。从此近代基督教开始发展,天主教、正教、新教三大派系基本定型,并在世界各地广泛传播,形成全球性影响。

（三）基督教在中国的传播

历史上有基督教四传中国之说。唐贞观年间,基督教聂斯脱利派传入中国,被称为"景教",后因朝廷禁绝佛教而被波及,中断传播。元代时再传入,但流传不广,随着元朝灭亡,又告中断。明万历年间天主教三度传入中国,直至清康熙年间,因"中国礼仪之争"而被清廷禁止。鸦片战争后基督教各派再次传入中国,中国教徒自20世纪初开始要求中国教会自立。五四运动后,天主教在中国推行"中国化",起用中国籍神职人员。新教各派亦提出"本色教会"的主张和"自养、自治、自传"的原则。1949年新中国成立后,中国教会逐渐割断与外国传教会的联系,进入其自立发展的时期。

（四）基督教的节日文化

基督教是世界上拥有信徒最多、影响最为广泛的世界性宗教,其对西方文化产生了广泛而深远的影响。在中国历史上,基督教文化的影响并不如佛教和道教。但是,在现代社会中,越来越多中国人受西方影响,开始接受和认可基督教的节日文化。

圣诞节是基督教世界最大的节日,基督教徒把这一天当作耶稣的诞辰来庆祝,因而又名耶诞节。大部分天主教教堂都会在12月24日的耶诞夜(平安夜),亦即12月25日凌晨举行子夜弥撒或报佳音活动,然后在12月25日庆祝圣诞节。而基督教的另一大分支东正教的圣诞节庆祝则在每年的1月7日。随着基督教的广泛传播,圣诞节已成为各教派基督徒,甚至广大非基督徒群众的一个重要节日。在欧美许多国家,人们非常重视这个节日。圣诞节来临时,家家户户都要用圣诞色来装饰,庆祝活动之热闹与隆重大大超过了新年。人们或团聚欢宴、燃烧大块柴木、品尝大木形糕饼,或张挂树枝、陈放枞树、访亲问友、交换礼物、寄圣诞卡。圣诞节更是儿童们的节日,他们期待圣诞老人和圣诞礼物,期待烤火鸡或烤乳猪,还期待圣诞树上亮起星星。

三亚某酒店迎来圣诞节

每年三、四月间,春分月圆后第一个星期日被确定为复活节。复活节是纪念耶稣被钉死在十字架后第三日复活而产生的节日,也称为"主日",是基督教举行宗教礼仪的日子。在复活节这一天,人们会互赠绘制精美的彩蛋,以象征生命复活。教堂也会举行圣烛游行,象征基督的降临。

二、著名基督教文化旅游地

基督教各教派举行宗教活动的场所称为教堂,亦称为礼拜堂。自公元1世纪基督教产生以来,各国教堂建筑千千万万,从最初几个世纪的宫殿式(长方形)、11世纪的罗马式、12世纪的哥特式、15世纪的文艺复兴式到近现代风格的教堂,都为世人留下了许多经典的基督教旅游文化遗存。

(一)圣彼得大教堂

圣彼得教堂位于梵蒂冈,是罗马基督教的中心教堂、欧洲天主教徒的朝圣地和梵蒂冈罗马教皇的教廷。大教堂由康斯坦丁建于4世纪。15世纪中期,尼古拉斯五世试图重建大教堂,重建工程于1506年动工。在长达120年的重建过程中,意大利最优秀的建筑师布拉曼特、米开朗琪罗、德拉·波尔塔和卡洛·马泰尔相继主持过设计和施工。直到1626年11月18日该教堂才正式宣告落成,称新圣彼得大教堂。

大教堂是现在世界上最大的教堂,总面积2.3万平方米,主体建筑高45.4米,长约211米,最多可容纳近6万人。教堂屋顶和四壁都饰有以《圣经》为题材的绘画,不少是名家作品。最惹人注意的雕刻艺术杰作主要有三件:一是米开朗琪罗24岁时雕塑作品《圣殇》;二是贝尔尼尼雕制的青铜华盖;三是贝尔尼尼设计的一件镀金青铜圣伯铎宝座。

(二)科隆主教座堂

德国科隆主教座堂是科隆市毫无争议的标志性建筑物。157米高的钟楼使得它成为德国第二(仅次于乌尔姆市的乌尔姆主教座堂)、世界第三高的教堂,另外,它也是世界上第三大的哥特式教堂(前两位是塞维利亚主教座堂和米兰主教座堂)。它从13世纪中始建,至1880年才由德皇威廉一世宣告完工,耗时超过600年,直到今日仍然修缮不断。艺术史专家认为它完美地综合了所有中世纪哥特式建筑风格和装饰元素,因此联合国教科文组织于1996年将其列为世界文化遗产。

主教座堂的唱诗台是德国最大的唱诗台,它的特别之处在于预留给教皇和皇帝各一个座位。祭坛里镀金的三王圣龛装饰精美,由于内部存放了被认为是属于东方三博士的遗骨而被认为是西方最重要的祭坛。教堂内的彩绘玻璃也远近闻名。教堂顶上的12口钟更引人注目,最早的是3.4吨重的三王钟,铸造于1418年,安装于1437年。后来三次重新铸造,最近一次安装于1880年。最重的圣彼得钟,重达24吨,直径3.22米,安装于1924年。

(三)圣索菲亚大教堂

圣索菲亚大教堂位于土耳其的伊斯坦布尔,它是拜占庭式建筑的代表。它的突出成就在于创造了以帆拱上的穹顶为中心的复杂拱券结构平衡体系。这是世界上唯一由神庙改建为教堂，并由教堂改为清真寺的著名建筑。

教堂最初是由君士坦丁（Constantine）大帝建造，6世纪中由查士丁尼（Justinian）一世再建。1453年被奥斯曼帝国占领后，圣索菲亚教堂改建为清真寺，周围矗起四座高塔。教堂主体呈长方形，东西长77.0米，南北长71.0米，占地面积近8 000平方米，前厅有600多平方米，中央大厅则达5 000多平方米。中央大穹隆直径32.6米，穹顶离地54.8米，通过帆拱支承在四个大柱墩上。内部空间丰富多变，穹隆之下，与柱之间，大小空间前后上下相互渗透，穹隆底部密排着一圈40个窗洞，光线射入时形成的幻影，使大穹隆显得轻巧凌空。教堂内部空间曲折多变，饰有金底的彩色玻璃镶嵌画。装饰富丽堂皇，地板、墙壁、廊柱是五颜六色的大理石，柱头、拱门、飞檐等处以雕花装饰，圆顶的边缘有40具吊灯，教坛上镶有象牙、银和玉石，大主教的宝座以纯银制成，祭坛上悬挂着丝与金银混织的窗帘，上有皇帝和皇后接受基督和玛利亚祝福的画像。

恢宏无比的圣索菲亚大教堂，充分体现了建筑艺术的卓越。如今，它成为基督徒和穆罕默德信徒共有的一个宗教博物馆。

（四）巴黎圣母院

巴黎圣母院是一座哥特式风格基督教教堂，是古老巴黎的象征。它矗立在塞纳河畔，位于整个巴黎城的中心。它的地位崇高，历史价值无与伦比，它是历史上最为辉煌的建筑之一。

现在的巴黎圣母院始建于1163年，经由法国几代石匠师、木匠师、铁匠师、雕刻师、玻璃雕切师们的前赴后继，于1345年完工，耗时近两个世纪。其建筑全部采用石材，高耸挺拔，庄严和谐，辉煌壮丽。雨果在小说《巴黎圣母院》中将它比喻为"石头的交响乐"。教堂以祭坛、回廊、门窗等处的雕刻和绘画艺术，以及所藏的13世纪至17世纪的艺术珍品而闻名于世。

塞纳河边的巴黎圣母院大教堂

巴黎圣母院是欧洲建筑史上一个划时代的标志。在它之前，教堂建筑大多数笨重粗俗，沉重的拱顶、粗矮的柱子、厚实的墙壁、阴暗的空间，使人感到压抑。巴黎圣母院冲破了旧的束缚，创造一种全新的轻巧的骨架券，这种结构使拱顶变轻，空间升高，光线充足。这种独特的建筑风格很快在欧洲传播开来。

（五）上海沐恩堂

"沐恩堂"，意为沐浴于主恩之中，位

于上海市中心的西藏中路。最初创建于1887年,那时名叫中区监理会堂。在创建时,得到了一名叫慕尔的美国信徒的巨额捐款,所以1890年改名为慕尔堂,以表示对他的纪念。1929年,该教堂向西迁移,于是就建造了现在的这座教堂。

教堂由匈牙利籍建筑师邬达克担任建筑设计师,属于新哥特式风格,于1931年建成。教堂坐东朝西,占地面积为1 347平方米,建筑面积为3 138平方米,砖木混合结构。邬将建筑平面和造型设计得如同自由组合一般,外墙以凹凸红砖相拼,建筑群正中为大堂,三跨空间,其中中部是教堂的主体部分,跨度极大,三面围有挑台,共设1 000个座位,其中正厅可容纳560人,楼座380人,唱诗班处60人。外立面为深褐色面砖,墙角和窗框镶嵌隅石,显得古朴而神秘。教堂建成后,当时被认为"建筑雄伟,居全国各堂之首"。1936年,一位美国教徒前来参观时,曾捐资在教堂的钟楼顶部安装了一座5米高的霓虹灯十字架,底座装了马达,可使闪亮的十字架四面转动,从而使该教堂成为当时上海乃至远东地区的著名教堂。

1958年,上海基督教各派在这里举行联合礼拜,并正式把它的名字定为"沐恩堂"。1979年起恢复宗教活动,每逢复活节、圣诞节都举行宗教仪式。1989年,沐恩堂作为优秀近代建筑,成为上海市文物保护单位。

【任务拓展】

《圣经》可能是有史以来发行量最大、被人们阅读得最多的一本书,它历经两千年,至今不衰。《圣经》是我们学习西方文化、了解西方历史和社会的必读书之一,其中有许多经典故事及其引发出的微言大义已经被开发成旅游景点,如《最后的晚餐》、《五块饼和两条鱼》等。请阅读并讲述一篇与旅游有关的圣经故事。

【任务反馈】

1896年,沙俄攫取在我国修筑铁路的权利后,哈尔滨成为东清铁路的中心而发展起来。20世纪初,俄、英、日和捷克等国在这里设总领事馆,德、法、意等10个国家设领事馆,使哈尔滨在50年间迅速发展成为独具特色的国际化大都市。

多国移民的聚集带来了文化的多样性,基督教的传播就是其文化多样性的一个重要体现。圣·尼古拉大教堂、圣母安息教堂、圣·索菲亚教堂、圣母守护教堂、尼埃拉依教堂、圣母教堂(天主教堂)等教堂成为哈尔滨建筑艺术的独特景观,也是哈尔滨旅游文化的一道亮丽的风景线。教堂建筑中西合璧,格调鲜明,文艺复兴式、巴洛克式、拜占庭式等经典之作比比皆是,使人仿佛置身于中世纪的欧洲,充满浓郁的异国风情和宗教氛围。

哈尔滨之夏音乐会和哈尔滨国际冰雪节吸引了海内外众多旅游者。如何挖掘哈尔滨基督教旅游文化元素,使其成为旅游业新的增长点?

释疑:①加强宣传,一方面可以拍摄教堂建筑、哈尔滨基督教历史与文化的旅游纪录片,另一方面可以设计开发教堂旅游专线或与其他旅游项目相结合,吸引更广泛的客源。②大力开发基督教旅游商品,如哈尔滨政府已发行一套十二枚的《哈尔滨教堂建筑艺术》明信片,其不仅有艺术欣赏价值,更具有收藏价值。③保护与开发要共同进行。对教堂及其周边环境进行综合整治,使教堂不再仅仅是信教者做礼拜的场所,也要成为诸多游客观光旅游的必选之地。

活动四 旅游伊斯兰教文化

【案例聚焦】

中国穆斯林麦加朝圣

中国有2 000多万穆斯林,主要分布在新疆、青海、甘肃、云南、宁夏等省区。朝觐是伊斯兰教五项基本功课之一,也是中国伊斯兰教一项大型涉外宗教活动。近年来,中国赴麦加朝觐的穆斯林人数逐年增加。2007年,朝觐人员首次突破1万人,近几年朝觐人数持续增加。据介绍,甘肃穆斯林参加2010年朝觐团每人需要一次性交纳2.98万元,用于包机等旅费,如果再加上一些其他费用,总共花费在6万元左右。

问题:中国穆斯林朝圣麦加历时1

麦加朝圣的盛况

个月,耗资6万元左右,千里迢迢,为何仍心向往之?这体现了宗教旅游怎样的特点?

一、伊斯兰教文化的概述

(一)伊斯兰教概况

伊斯兰为阿拉伯语的音译,本意为"顺服、归顺、服从",即顺从和信仰宇宙独一的最高主宰安拉及其意志,以求得两世的和平与安宁。其教徒称穆斯林,即顺服安拉意志的人。7世纪初兴起于阿拉伯半岛,由麦加的古莱什部族人穆罕默德(约570~632)创立。起初,伊斯兰作为一个民族的宗教,接着作为一个封建帝国的精神源泉,然后又作为一种宗教、文化和政治的力量,一种人们生活的方式,在世界范围内不断地发展着,乃至成为21世纪世界的三大宗教之一。

信奉伊斯兰教的国家遍布亚、非两个大洲,以西亚、北非、中亚、南亚次大陆和东南亚最为盛行。到2009年底,全世界约68亿人口中,穆斯林总人数是15.7亿,分布在204个国家和地区。尽管穆斯林分布于世界各地,国籍、民族、肤色和语言各不相同,却共同恪守宇宙间只有一个主宰——"安拉"的古训,并依照各自的理解,遵循着《古兰经》的教义。

(二)伊斯兰教在中国的传播

伊斯兰教创立不久,即于唐永徽二年(651)传入中国。当时,阿拉伯穆斯林沿着海陆交通线到达中国,进行贸易或旅行,传播伊斯兰教。陆路沿着丝绸之路,从大食(今阿拉伯半岛),经波斯(今伊朗),过天山南北,穿过河西走廊,传入中原。海路沿着香料之路,从大食,经印度洋,到天竺(今印度),经马六甲海峡,传入我国东南沿海的广州和泉州等地。伊斯兰教旧称大食教、天方教、清真教、回回教、回教等。如今,我国穆斯林主要聚居在西北的甘肃、宁夏、新疆等省/自治区。

宁夏永宁中华回族文化园一角

(三)伊斯兰教文化述要

穆斯林信安拉、信天使、信经典、信先知、信后世、信前定(简称"六大信仰");信仰安拉是宇宙万物的创造者、恩养者和唯一的主宰,是全能的,全知的,无始无终,永生自存的;信穆罕默德是安拉的使者,不仅要服从安拉,而且要服从它的使者穆罕默德。伊斯兰教规定每个成年的穆斯林还必须履行表现在行为方面的五大功修,而且在行动上完全履行"念、礼、斋、课、朝"五大功修(即念"清真言"、礼拜、斋戒、天课、朝觐),才是完美的穆斯林。

伊斯兰教有两个基本经典——《古兰经》和《圣训》。《古兰经》是伊斯兰教最根本的经典,被认为是穆斯林世俗生活和宗教生活的行为准则;《圣训》是穆斯林对穆罕默德言行录的尊称,在伊斯兰教中地位仅次于《古兰经》。两本经典相辅相成,互相补充,对穆斯林的思想、感情、言行及生活方式起着重大的指向作用。

伊斯兰教文化也深深影响着其建筑风格,尤其是世界各地的清真寺。清真寺外观是巍峨的穹顶和高耸的尖塔,内饰是精美朴素的雕塑和花卉鸟兽,礼拜殿的朝向必须面向圣地麦加,入口多建有高大的穹顶拱门及邦克楼。其建筑华丽醒目,往往成为广场上的主景建筑。

二、著名伊斯兰教文化旅游地

(一)麦加

麦加,位于沙特阿拉伯北部汉志省内,面积约26平方千米,坐落在峡谷中,群山环绕。这里是伊斯兰教创始人穆罕默德的诞生地。公元610年,当他在麦加郊外的一处山洞中静修时,天使显形并告诉他:"你是安拉的使者。"天使还向他传授了《古兰经》。同年,穆罕默德在麦加宣布全世界只有一位真神安拉,并且创立了伊斯兰教。据统计,现在全世界每年都有数百万人到伊斯兰教的发祥地麦加朝觐。朝圣期间,聚集在"圣城"麦加的上百万名穆斯林信徒,一起祈祷,一起吃饭,一同学习伊斯兰教的历史大事,共同庆祝真主安拉的光荣业绩。

城中心的麦加大清真寺是伊斯兰教第一圣寺,是世界各国穆斯林去麦加朝觐礼拜的主要圣地。寺内"克尔白"(天房)为世界穆斯林礼拜的对象。寺周围被划为禁地,禁止非穆斯林入内和狩猎、杀生、斗殴等行为,因此这里也称禁寺。附近有与朝觐仪礼有关的阿拉法特山、米那山谷及与穆罕默德事迹有关的希拉山洞等遗迹。世界最有影响的伊斯兰教组织——伊斯兰世界联盟也在麦加,这使麦加成为当代世界伊斯兰教的中心。

(二)麦地那

麦地那位于圣城麦加以北447公里,是伊斯兰教的第二大圣城。先知穆罕默德与他的追随者们面临着麦加商人的敌意和迫害,于公元622年出发,向麦地那迁徙。当时麦地那的公民请先知在他们中间生活,并为他们的事作仲裁,麦地那从此以后成为先知穆圣的城市。麦地那是第一个伊斯兰国家的所在地,同时还是先知穆罕默德安息的地方。

麦地那城内有很多伊斯兰教的历史古迹,最重要的是先知清真寺,又称麦地那清真寺,穆罕默德本人参加过这座寺院的建造。这座寺院早年较简陋,后经扩建和修缮,现在寺院面积约16 326平方米,有5道门和5座宣礼塔,其中两座尖塔高达70米。在寺的东南隅有一块以黄铜栏杆隔开的地方,是穆罕默德等人的陵墓。每年世界各地穆斯林到麦加朝觐者,有的也来此祈祷和礼拜,瞻仰先知寺和圣墓。

(三)耶路撒冷

耶路撒冷位于地中海东岸的巴勒斯坦中部,是世界闻名的历史古城。"耶路撒冷"的中文意思是"和平之城"。耶路撒冷为世界各地的犹太教徒、基督教徒和伊斯兰教徒所敬仰,他们都把耶路撒冷奉为"圣城"。三大宗教的圣地定在同一城市,这在世界上可谓一奇。

由于先知穆罕默德曾经从麦加来到耶路撒冷,在这里踩在一块圣石上,飞上九重天,在受到上天启示后,当夜又返回麦加城。这就是伊斯兰教中有名的"夜行和登霄"的神话故事。这个神话使耶路撒冷成了伊斯兰教仅次于麦加、麦地那的第三圣地。耶路撒冷城内清真寺林立,其中在伊斯兰世界最有影响的清真寺有两座,一座是阿克萨清真寺,另一座是萨赫莱清真寺。阿克萨清真寺是伊斯兰教第三圣寺,仅次于麦加圣寺和麦地那先知寺,被西方历史学家称为"地球上最豪华最优美的建筑物和历史遗产"。

(四)艾提尕尔民俗文化旅游区

艾提尕尔民俗文化旅游风景区位于新疆维吾尔自治区喀什地区喀什市境内,是历史文化类人文风景旅游区,集古代建筑、文物、集市、手工艺品展示和民俗文化为一体,是国家4A级旅游景区。

该景区主要依托艾提尕尔清真寺及其周围的老城区所拥有的潜在的旅游资源。艾提尕尔清真寺最初修建于公元1442年，是全新疆乃至全国最大的一座伊斯兰教礼拜寺。"艾提尕尔"的维吾尔语意是"最高等级的清真寺"。礼拜寺糅合了当地独有的地方和民族色彩，是一座典型的中、西亚建筑艺术与维吾尔族传统方法以及中原建筑风格相融合的伊斯兰教古建筑群。

（五）宁夏同心清真大寺

宁夏同心清真大寺位于宁夏回族自治区同心县旧城西北角。与艾提尕尔清真寺不同的是，同心清真大寺是吸收汉族传统建筑技艺而发展形成的，是最具东方情调的伊斯兰教建筑。首先，它采用了汉族建筑的院落式布局方式，有明确的轴线对称关系。其次，大量应用了中国特色小品建筑，如牌楼、影壁。再有，清真寺大殿的屋顶多为组合式坡屋顶。此外，还将传统的汉族砖雕、木刻等装修装饰手法与伊斯兰文化相结合，开创出具有清新情调的民族新艺术，充分体现了回汉两族的文化艺术交流。

同心清真大寺已经带有汉地的建筑风格

而位于我国东部的清真寺，其风格多像汉人的寺庙建筑，与西部有很大不同，比如中国沿海四大名寺：广州的怀圣寺、泉州的清净寺、杭州的凤凰寺和扬州的仙鹤寺。

【任务拓展】

清真寺的阿拉伯语是"麦斯吉德"（敬拜安拉的地方），在我国也叫礼拜寺。它是穆斯林举行宗教仪式、传授宗教知识的寺院的通称。参观清真寺是旅游者感受伊斯兰文化最直接的一种方式。怀圣寺是伊斯兰教传入我国后建的第一座清真寺，距今已有近一千四百年的历史。它为何又称光塔寺？为什么说它是见证中国和阿拉伯国家友好往来的重要史迹？

【任务反馈】

继阿联酋、以色列之后，2011年8月15日伊朗成为又一个向中国公民开放旅游的出境目的地国家。伊朗旅游开放后，中国公民可在国家旅游局批准的特许经营中国公民组团出境旅游业务的旅行社报名，经申请签证后，凭有效护照，以团队形式前往伊朗旅游。

到伊朗这样的穆斯林国家旅游，从文化方面来看应该注意哪些问题？

释疑：信仰伊斯兰教的穆斯林国家有其独特的习俗和礼仪，到这些国家旅游要了解下列常识：勿主动与女性握手或随意拍摄女性；进清真寺参观必须脱鞋，而且要先迈右脚进入；女性参观者应戴头巾或领取一件长袍套在身上，否则不能进寺；在礼拜时间参观清真寺时切勿喧哗；穆斯林以右为尊，比如进门先迈右脚，吃饭须用右手，接送名片、收送礼品也都要用右手；伊斯兰教禁止任何形式的碰杯或祝酒；在穆斯林国家的餐馆吃饭时，要先落座，打开餐巾后再去取食物；勿拿餐巾纸擦拭杯子和碗碟，此举疑似怀疑人家的器皿不洁，这会令人不快。

◆模块评价

【知识技能评价】

①谈谈你对旅游宗教文化的理解。
②简述旅游宗教文化的分类。
③旅游宗教文化的特征有哪些？
④简述道教和佛教的起源与发展。
⑤列举世界四大宗教著名的旅游地。
⑥伊斯兰教在中国传播的路径有哪些？
⑦在旅游过程中应如何更好地接待具有宗教信仰的游客？

【能力应变】

以小组为单位，对学校所在地（市）已开发的宗教文化旅游资源做一次调查。了解当地旅游宗教文化的类型、数量和品质，并对本地如何进一步开发旅游宗教文化提出建议。

【模块链接】

天主教与基督新教的区别主要表现在：天主教对敬奉的神称"天主"，新教则称"上帝"；天主教崇奉的十字架上有耶稣受难像，新教则没有耶稣受难像；天主教经常进行的崇拜活动是"弥撒"，而新教则是形式简便、灵活的礼拜；天主教最高首领称为"教皇"、最高级主教称为"枢机主教"（俗称红衣主教）、教堂负责人为"神父"，而新教教区负责人为"主教"、教堂负责人为"牧师"。

拓展路径

[1]吕大吉.宗教学通论新编[M].北京：中国社会科学出版社,1998.

[2]郑嬗婷,陆林,杨钊.宗教旅游可持续发展研究[J].安徽师范大学学报,2004,32(5).

[3]丁新艳.浅析宗教文化的旅游价值[J].沧桑,2007(3).

[4]张桥贵,孙浩然.宗教旅游的类型、特点和开发[J].世界宗教研究,2008,(4).

[5]保继刚,陈云梅.宗教旅游开发研究——以广东南华寺为例[J].热带地理,1996,16(1).

[6]张建伟,浅析宗教文化与旅游业的关系[J].北方经济,2010(12).

[7]张启主编.旅游文化学[M].杭州：浙江大学出版社,2010.

[8]导游基础知识[M].北京：中国旅游出版社,2011.

[9]吉良新主编.旅游文化[M].青岛：中国海洋大学出版社,2010.

[10]沈祖祥主编.中国宗教旅游[M].福州：福建人民出版社,2005.

[11]韦燕生主编.中国旅游文化[M].北京：旅游教育出版社,2006.

[12]彭无情.宗教文化及其特征[J].丝绸之路,2009,147(1).

模块七　旅游民俗文化

◆模块目标

【行业要求】

民俗旅游作为一种高层次的文化旅游,已经成为旅游行为和旅游开发的重要内容之一。旅游从业人员一直工作在民俗旅游的前沿,竭力为旅游者提供高质量的生活服务和文化服务,在民俗旅游的发展中起着重要作用。因此,旅游从业人员应具备基本的民俗文化知识,以促进民俗旅游的良性发展,不断提高民俗旅游的文化品位。

【学习目标】

学生要掌握民俗的基本知识,能够正确认识旅游民俗文化的概念,知晓不同客源地、不同民族的旅游民俗特点,能够将案例中的旅游民俗文化知识应用到旅游资源开发和相关的旅游服务中。

◆模块任务

20 世纪 80 年代以来,人们对于旅游的文化需求与日俱增,民俗旅游也逐渐繁荣起来。1995 年"中国民俗旅游节"的成功举办,标志着中国民俗旅游的兴起。民俗旅游的灵魂是民俗文化,了解民俗文化是做好旅游接待工作的前提。

通过学习本模块学生能够了解旅游民俗文化的相关概念、特征以及分类,知晓中外不同民族的旅游民俗文化的特点。

任务一　旅游民俗文化概述

【任务目标】

了解旅游民俗文化的基本概念和特征,知晓旅游民俗文化的分类。

活动一　旅游民俗文化的概念

【案例聚焦】

《印象·丽江》打动八方游客

由张艺谋、王潮歌、樊跃组合而成的"印象铁三角"推出的《印象·丽江》是一场艺术、文化、旅游相结合的大型实景表演,它极大地提高了当地旅游的知名度和美誉度。《印象·丽江》全篇分《古道马帮》《对酒雪山》《天上人间》《打跳组歌》《鼓舞祭天》和《祈福仪式》六个部分，展现了以纳西族为主的少数民族丰富的民俗与情感世界，并以写实的方式在艺术与文化的交融中体现出人类原始而又强大的生命力。

来自10个少数民族的非专业演员，与天地共舞，与自然同声，带给游客心灵绝对的震撼。在最大限度地追求原生态效果的同时，借现代信息传媒技术，将特定民族世代相传的、留存于民间的、反映该民族人群的历史渊源、生活习俗、心理特征及所赖以生存的自然环境、群体特征、宗教信仰等进行艺术呈现。来自田间地头的非职业化演员，沉浸在流淌着民族记忆和文化记忆的原生态舞蹈动作中。未经加工、修饰的民族服装等，给当下怀旧、回归乡野、追求内心圆满的不同地域、不同阶层、不同文化背景游客以心灵的震撼和审美的满足。

《印象·丽江》演出现场

问题：什么是民俗旅游？《印象·丽江》涉及哪类民俗？

【任务执行】

一、民俗

民俗即民间风俗，民间风俗不是一成不变的，它集变异与传承于一体。因此，民俗的概念也是不断发展和完善的。民俗一词最早见于英国，1846年，英国的威廉·约翰·汤姆斯首次提出"民俗"（folklore）这个概念，它的原本含意是"民众的知识"或"民间的智慧"。尽管中外民俗学界给民俗下过许多定义，但这些定义在根本上是一致的。在我们看来，民俗指一个国家或民族在历史和社会发展进程中，为了满足群体生活的需要而创造和传承的生活文化。民俗是民族文化的基本形式，民俗传承体现了一个国家或民族的物质生活和精神风貌。这种约定俗成的习惯与风俗，不仅是人们生活的提升与满足，更是民族生存不可或缺的精神支柱，民俗就是这样一种来自于人民，传承于人民，又深藏在人民的行为、语言和心理之中的基本力量。

二、旅游民俗文化

民俗旅游是借助民俗文化而开展的旅游活动，如寻根祭祖、朝山进香、民间艺术表演、民俗展览、节庆活动、品尝风味食品、体验旧式交通工具、住民房等，即到民间去旅游，到民俗氛围里切身体会。传统民俗文化是民俗旅游的核心，然而，不是所有民俗文化都能发展成为民俗旅游资源，民俗既有精华也有糟粕，只有那些积极向上、具有吸引力的民俗才能被用来作为旅游资源进行开发，进而形成独特的旅游民俗文化。

旅游民俗文化是指某个国家或地区独特的民俗文化的沉积和由此引发的旅

游事项的总和。它充分体现了一个国家或一个民族地区的文化特色,能满足旅游者求新、求异、求乐、求变的心理特征,是一种能带给旅游者新奇体验的民俗文化形式。

三、民俗文化的旅游价值

(一)民俗文化是重要的旅游资源

我国是一个多民族国家,56个民族共同创造了祖国悠久的历史和灿烂的文化。汉族和各少数民族的服饰饮食、婚丧嫁娶、待客礼仪、节庆游乐、民族工艺、建筑形式等等,各有特色,形成了我国丰富多彩的民俗文化景观。这些民俗文化景观,以其丰富的内容、浓厚的地方色彩、鲜明的民族特点,吸引着大量的国内外游客,构成了我国民俗旅游开发的丰厚资源,具有极高的旅游价值。

(二)民俗文化能够满足旅游者的审美需求

我国各种民间建筑、民间服饰、民间工艺品,都自然流露出纯真质朴之美,具有较高的审美价值。民俗旅游的开展,为旅游者提供了体验民俗审美文化的良好机会,常使旅游者获得终生难忘的审美感受。

(三)民俗文化能够满足旅游者的娱乐需求

我国各地的民俗活动,如蒙古族的那达慕大会、壮族的三月三歌会、苗族的花山节和芦笙舞等等,都带有浓厚的娱乐性质。在旅游活动中,开展这些各具特色的传统民俗活动,可以很好地满足旅游者在旅游活动中求娱、求乐的心理需求。

(四)民俗文化能够满足旅游者的精神需求

民俗作为一种传承文化代代相传,保持着社会的连续性和稳定性,维系着该民族成员的民族情感。通过参与、体验民俗旅游活动,游客可以深入了解不同的民族、地区所呈现出来的特色各异的民俗风情,感受源远流长的中华文化。

【任务拓展】

①有人说,我国只有少数民族地区才适合发展旅游民俗文化活动,对此你有何看法?

②你所生活的城市举办过什么样的旅游民俗文化活动?这类民俗文化活动给你留下了什么样的印象?请举例说明。

【任务反馈】

云南省丽江宁蒗永宁地区纳西族的摩梭人,他们存有母系、母系父系和父系3种不同的家庭组织。其中,保存完好的"男不娶,女不嫁"的古老母系制和独特的"走访婚",深受世界各国学者关注。这里也因此被誉为"女儿国"——一个女性的王国。与摩梭人相伴的泸沽湖在人们眼里成了一个神秘而美丽的地方。

近年来,在泸沽湖旅游热中,研究者们发现,由于影视、文学等作品以及一些导游的夸张和不实介绍,不少游客带着猎奇的心理前往泸沽湖旅游,甚至有些游客到泸沽湖旅游是为走婚而来。这一现象让一些学者和摩梭人深感不安。由于对摩梭文化的误解,人们已经相信传闻中或想象中的摩梭人,反而对现实生活中活生生的摩梭人不理解。

摩梭人奇特的走婚习俗为何会造成一些民俗旅游者的误解?

释疑:由于旅游业是一种经济产业,其获利性可能会驱使民俗旅游开发者、经营者只求经济效益而不顾社会效益。比如,他们可能会曲解民俗信仰,或利用那些落后的、迷信成分较多的因素来吸引热衷猎奇的游客,这些因素无论渗透到民俗旅游产品开发、服务、设施建设、宣传、导游讲解中的哪一个方面,都会导致民俗文化庸俗化等不良影响。民俗文化与旅游密切联系,相辅相成,互相促进,只有保护好原生态的民俗文化,发展民俗旅游,才能形成良好的民俗旅游文化。

活动二 旅游民俗文化的分类

【案例聚焦】

十里溱湖再度上演民俗大戏

溱潼会船节由南宋相沿至今,历经千年而不衰,被誉为"民俗文化之大观,水乡风情之博览"。4月2日,第七届中国湿地生态旅游节暨2012中国姜堰·溱潼会船节在风光秀丽的5A级旅游景区——溱湖旅游景区拉开大幕。启动仪式上,省级姜堰清明习俗文化生态保护实验区正式授牌,以"溱潼会船"为重点的非物质文化遗产将得到规范性保护和传承。

2013年,姜堰"两节"的主题是"锦绣姜堰、千帆竞发",呈献精美文化大餐,让游客体验民俗魅力。《龙舞吉祥》《水乡春韵》《狮跃年丰》等现代与古典交融的民俗文艺表演彰显了锦绣姜堰的生态风光、民俗风情、文化风采和精神风貌。滚莲湘、俞垛花鼓、踩高跷、荡花船、担花篮等水乡风情浓郁的节目,让来自四面八方的游客一饱眼福。同时,还将举办中国湿地论坛、茶文化节、群众文化艺术节、万朵古山茶观赏节、河横菜花节等10多项系列活动,让游客充分享受地地道道的姜堰民俗文化盛宴。

溱潼会船盛会

问题:溱潼会船节民俗活动中包含了哪些类型的旅游民俗文化现象?

【任务执行】

俗语说"十里不同风,百里不同俗",丰富多彩的民俗文化,如精致的民间建筑和居住习俗、独具特色的宗教仪式、隆重热闹的节庆习俗、优雅多姿的游艺习俗、独具风味的饮食习俗等,蕴含着许多令游客感兴趣的东西。具有丰富人文内涵的民俗文化是民俗旅游无限的开发潜力所在,也是民俗旅游文化资源赖以生存的根本。

一、民俗文化分类

按照民俗文化的存在形式,民俗文化可分为物质民俗文化、社会民俗文化、精神民俗文化、口承语言民俗文化四大类。

(一) 物质民俗文化

物质民俗文化是指社会物质生产活动过程中所形成的直观可见的、有形的实体性文化传承,是民俗多层结构中的基础层面。主要包括:居住、服饰、饮食、生产、交通、贸易。

(二) 社会民俗文化

社会由人组成,人们之间通过生产、交流形成了不同的群体,群体间的结合和交往产生了社会民俗文化。主要包括:社会组织民俗(家族、村落、社团等)、人生礼俗(诞生、生日、成年、婚姻、丧葬等)、岁时节日民俗。

(三) 精神民俗文化

与物质民俗文化、社会民俗文化不同,精神民俗文化诸事项是一种无形的心理文化现象,它是社会物质生产方式和生活方式的独特表现形式之一。主要包括:宗教、信仰、巫术、伦理观念、民间游艺。

(四) 口承语言民俗文化

口承语言民俗是一个民族的生活方式、行为准则、思维方式、心理情感等在民俗中的反映。民俗的口头创作不仅是一个民族民俗文化的传说,也是人类有文字记载前,先民文化生活的总汇。主要包括:民俗语言(俗语、谚语、谜语、歇后语等)、民间文艺(神话、史诗、传说、歌谣等)。

花儿会:青海等地的一种民俗

二、旅游民俗文化分类

按旅游者的行为动机进行分类,将旅游民俗文化分为消遣观光型旅游民俗文化、参与型旅游民俗文化、考察型旅游民俗文化、娱乐型旅游民俗文化、商品型旅游民俗文化。

(一) 观光型旅游民俗文化

观光型旅游民俗文化是指具有外在的视觉特征的民俗事项,如民居、服饰、节庆等。民俗的外显特征越突出,民俗的文化氛围就越浓,游客就更容易有身临其境的感觉。它可以吸引观光型旅游者,满足他们观光游览的需要。

(二) 参与型旅游民俗文化

旅游民俗文化资源的群体性意味着其中有许多集体性的民俗活动,如赛龙舟、拔河、斗鸡、泼水节、火把节等，既富观赏性，又具有参与性。旅游者可以通过参与这类民俗活动，在视觉、触觉、肤觉、嗅觉等感官方面感召、体验旅游民俗文化的意蕴，从而进一步提高民俗旅游的情趣。

（三）考察型旅游民俗文化

考察型旅游民俗文化属深层的旅游民俗文化资源。这种旅游资源比一般性的旅游民俗文化资源更具民族性、地域性、神秘性和原始性，更能反映区域或某一民族群体的文化内涵和特质。考察型旅游民俗文化资源种类众多，包括民间信仰、传统聚落、方言土语、神话传记、社团、宗教等等，其中不乏已被开发开放的民俗文化资源，但更多的还处在待开发状态中。

（四）娱乐型旅游民俗文化

中国民俗活动的主流为娱乐，即使是一些比较凝重的和严肃的民间宗教习俗和丧葬礼俗，也充斥着娱乐内容。娱乐型民俗旅游文化资源十分丰富，广泛存在于物质、社会、意识民俗之中。在各类旅游民俗文化资源中，这种类型是开发、利用得较多的一种。

（五）商品型旅游民俗文化

旅游购物既是旅游的一种动机，又为现代旅游的伴生物。所谓商品型旅游民俗文化资源，是指具有旅游吸引力，并富有实用性、纪念性、工业性的民俗商品。我国这类资源很多，主要是民间工艺品，如：陕西延安的剪纸、西南少数民族的蜡染、四川的蜀锦、蜀绣等民俗商品。

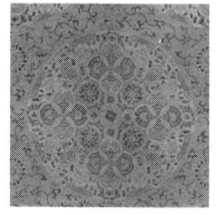
苏州宋锦

四川蜀锦

南京云锦

广西壮锦

【任务拓展】

①陶思炎教授曾把民俗旅游分成物态民俗游、动态民俗游、语态民俗游、心态民俗游，阅读《略论民俗旅游》，了解分类依据及相关概念。

②经济演进的过程随着消费形态的改变，已从过去的农业经济、工业经济、服务经济转变至"体验式经济"，请查询相关资料，了解何谓"体验式经济时代"、"体验式营销"，并论述如何更好地将体验式营销与参与型旅游民俗文化资源结合，以促进旅游民俗文化的发展。

【任务反馈】

2012年5月12日，大学生昆曲节暨昆曲名家名角名戏汇演在"中国第一水乡"周庄古戏台拉开帷幕，柯军、孔爱萍等中国戏剧"梅花奖"得主带来了《水浣记》《玉簪记》《牡丹亭》《琵琶记》、《西厢记》等众多经典曲目,并与南京大学、东南大学等院校昆曲社的大学生们进行了切磋,吸引了无数中外游人驻足观赏。

昆曲发源于以水乡周庄、千灯为代表的昆山地区。基于旅游品牌的影响力以及深厚的文化基础,周庄率先建起古戏台,把昆曲"娶"回家。早在2001年,昆曲就被联合国教科文组织列入首批"人类口述和非物质文化遗产"。此次大学生昆曲节期间,除了戏曲表演吸人眼球外,"全景式"展示演员化妆、排练、扎头盔、穿行头等昆剧舞台演出之外的传统技艺更引人注目,旧时艺人的梨园生活"零距离"走近观众和游客。

昆曲属于哪类民俗文化?为什么要重视以昆曲为代表的非物质文化遗产的保护与传承?

释疑:昆曲属于口承语言民俗的范畴。与自然遗产、物质遗产不同,作为一种非物质文化遗产,昆曲艺术以"口传身授"的方式传承,这种通过人的语言及肢体传递意念的传承方式,决定了它在承续中国民俗文化传统方面有着独特的文化价值。多数非物质文化遗产之所以珍贵,并不在于它在今天还有多少用处,或者还有多少优点,而在于它是人类文化历史的一部分,通过它能了解我们的历史和文化。所以,其保护与传承就显得尤为重要。

活动三 旅游民俗文化的特征

【案例聚焦】

品味南靖土楼

在闽西南一带,建土楼的传统已有千年历史。土楼堪称"天、地、人"三方结合的缩影。数十户、几百人同住一楼,反映客家人聚族而居、和睦相处的家族传统。由于这种相对的封闭性,土楼客家人的后代们无须借助族谱便能道出家族的源流。土楼建筑中,一层为厨房,二层为仓库,而三四层为起居室。大多数土楼的楼高为三四层,也有的可达到五层。客家人习惯居住土楼,除了因为它具有防卫的作用,还因为它有防盗、防震、防兽、防火、防潮、冬暖夏凉等优异性能。只要事先储备充足,即使足不出户,在土楼这样一个相对封闭的空间内,生活的多种功能也皆能被满足。

2008年7月7日,福建土楼正式列入世界遗产名录。随着福建土楼旅游开发的逐步推进,土楼所在县的旅游业发展日趋红火,以南靖为例,申遗成功后的第一个国庆黄金周,日均游客量达到了1万多人次,是以前的十几倍,展示了福建土楼旅游开发的美好前景。

福建土楼建筑群

问题:福建土楼建筑体现了当地客家人哪些民俗文化？这些民俗文化有何特征？

【任务执行】

旅游民俗文化丰富多样,不同地域、不同民族、不同国家的旅游民俗文化,既有共性又有个性。要全面指出一般旅游民俗文化的所有特征是十分困难的,我们这里所说的旅游民俗文化的特征,是指各类旅游民俗文化共有的特征。

一、民族性与地域性

从世界范围来看,不同民族的民俗风情有很大的差异,民俗旅游的发展程度也不尽相同。民俗文化往往被看作是民族的标志。从衣食住行等日常习俗到信仰、道德等精神意识,每一个民族都有自己独特的民俗文化系统,它吸引着游客,形成了独特的旅游民俗文化。旅游者在少数民族地区,看一个人的服饰,就可能知其属于哪个民族,就会联想到那个民族独特的文化特征。我国是由56个民族组成的多民族国家,这些民族在长期的历史发展过程中,创造出了各具魅力的历史文化和民俗文化。由于我国面积辽阔,幅员广大,各民族文化又带有很强的地域性,即使是同一个民族,居住在不同的地域,也会形成风格迥异的民俗文化。正是旅游民俗文化的民族性和地域性,使得我国的旅游民俗文化绚丽多彩,丰富无比,为民俗旅游提供了一个得天独厚的资源宝库。

纳西族女子的服饰:披星戴月

二、文化性与艺术性

文化是旅游的灵魂。旅游本质上是一种文化活动,它的每一个环节都充满了浓郁的文化气息。旅游民俗文化以民俗文化为基础,离不开各种民俗文化因素的参与,文化性更加明显。它涉及的文化范围非常广泛,从建筑、服饰、饮食到节日、仪礼、宗教信仰、艺术,几乎涉及文化的各个方面。旅游民俗文化是广大人民生活智慧和生活艺术的结晶,一件普通的民俗商品常常是令旅游者爱不释手的艺术品。旅游民俗文化的艺术性充分体现在民族歌舞、民族工艺、民族建筑、民族服饰等方面。

三、大众性与参与性

旅游民俗文化主要是利用民俗文化资源开发而成的一种旅游文化形式。由于其资源来源于广大民众,所以它必然离不开广大人民的支持和参与。民俗旅游的服务者、经营者和表演者大多是旅游民俗文化开发区的当地居民,同时,人民大众是旅游民俗文化的创造者、表现者,他们本身就是活的旅游民俗文化风景。旅游民俗文化具有大众消费性,对于民俗旅游的开发也是为了满足广大游客的需要。到民俗景区与当地居民进行交流，深入他们的生活，体验他们的各种习俗，也是众多游客参加民俗旅游的动机之一。民俗旅游文化的参与性，一方面体现在民俗旅游开发离不开民众的参与，开发民族村寨，就需要村民普遍的参与，获得他们的支持和配合。另一方面，对旅游者来说，大量民俗旅游文化活动都需要亲自体验和参与，仅仅观看民俗表演难以给游客留下深刻的印象，对民俗文化的了解也比较肤浅。和自然风光旅游、历史古迹旅游相比，旅游民俗文化是最具参与性的旅游文化形式。许多民俗活动的动态特征决定了旅游民俗文化的参与性，这也是旅游民俗文化最富有魅力的原因之一。

四、多样性与神秘性

民俗文化从物质民俗文化、精神民俗文化到社会民俗文化均涉及生活的方方面面。民俗文化的多样性决定了民俗旅游文化内容和形式的多样性。民俗文化是地方性文化，某地的旅游民俗文化对外地游客来说，常常是陌生的，在他们心目中就具有一定的神秘性。神秘性可以激发人们的好奇心、求知欲和探索欲，使游客在民俗旅游活动中不仅对观赏、了解、参与异地的奇异民俗有强烈的兴趣，而且对了解一些地方文化知识，获得更深入的体验和认识，满足求奇、求新的心理很有帮助。多样性与神秘性使旅游民俗文化拥有丰富的内容和巨大的吸引力。

【任务拓展】

①曾经给你留下深刻印象的民俗旅游文化活动是什么？请说明理由。

②近些年，民俗旅游渐渐成为政府部门发展经济、吸引外资的重要文化资源。同时，民俗文化旅游由于权力政治与资本的原因而注入了意识形态与商业经济的因素，作为一种具有独特文化意蕴与价值的符号体系，越来越成为空留下承载原有意义的形式外壳，被抛置于戏剧化、仪式化的场景之中，成为观赏和被观赏的对象，而不是一种自然的、原生态的生活状态。对此，你有什么看法？

【任务反馈】

千年帝都洛阳力推风情线路游

线路1　古都历史探秘游

王湾文化遗址、孙旗屯文化遗址、矬李文化遗址、西周铸铜作坊遗址、隋唐含嘉仓遗址、夏都二里头遗址、商都西亳城遗址、东周王城遗址、汉魏故城遗址、隋唐东都城遗址

线路2　河洛民俗风情游

明清老洛阳十字街、丽京门、豫西窑洞、奇石山庄、马寺钟声迎新年、洛阳牡丹花会、河洛文化旅游节暨关林国际朝圣大典、汝阳杜鹃花节、伏牛山红叶节

线路3　古都寻根问祖游

河图洛书碑、洛书出处、龙马负图寺、周公庙、伊尹墓、关林、杜康仙庄、二程墓、始祖山、西泰山炎黄二帝祭祖大典

为什么要把原有的旅游景点重新整合起来，形成新的线路？

释疑：河南省民俗旅游资源丰富，

但开发深度不够,产品规模小且协作程度不高。只有将同属于一个层次的旅游资源整合起来,扩大规模,提升档次,集中力量在一个更广阔的空间里开发产品,才能开拓市场。而且,利用旅游资源在区位、交通和功能上的联系,将分散的旅游资源组织起来,组成旅游线路整体推出,这样才能共享客源市场,丰富旅游内容,提高对游客的吸引力和旅行社运作的可行性。

任务二 中外旅游民俗文化举隅

【任务目标】

学生应了解国内外主要民族的不同旅游民俗文化及其引发的旅游活动,更好地体验旅游文化的多样性和地区性。

活动一 中国主要旅游民俗文化

【案例聚焦】

浸染着民俗斑斓文化的法定假日

2007年12月16日,修改后的《全国年节及纪念日放假办法》将除夕、清明、端午、中秋四大传统节日设为国家法定假日。2008年4月5日,清明节第一次顶着国家法定假日的"头衔"向我们走来,传统节日被设为法定假日的话题也成为公众议题。赛龙舟、品粽香成为端午出游最富有民俗特色的项目。各地都推出了精彩纷呈的端午民俗游项目,如浙江嘉兴的"6月南湖粽叶香"、湖北秭归的"屈原故里祭屈原"、湖南岳阳的"汨罗江赛龙舟"、厦门的"海峡两岸龙舟竞渡"以及杭州西溪湿地的"龙舟盛会"、广东湛江的"海上龙舟"、东莞的"龙舟第一景万江龙舟赛"、秦皇岛的"逛码头望海祈福"、天津的"海河边观龙舟竞渡"乃至香港大澳的"龙舟游涌"……一系列以端午为主题的民俗活动,搅热了端午的旅游市场,各地针对端午纷纷挖掘当地民俗活动,并以此为主题吸引游客。

问题:清明、端午、中秋等传统节日成为法定假日对民俗传承和民俗旅游的发展有何作用?

【任务执行】

民俗旅游在我国已得到了很大发展,并越来越受重视。各地尤其是民族地区,都竞相发展民俗旅游。在民俗旅游浪潮的推动下,我国出现了一批文化内涵深邃,园林环境优美,服务和管理优质的民俗村、风情园、文化村、民俗博物馆、古街、古城等景区,也形成了一批具有中国特色的品牌民俗旅游节庆活动(表7-1)。

中国共有56个民族。据以2010年11月1日为界点的第六次全国人口普查,全国总人口共13.70亿,其中大陆31省、直辖市人口约13.39亿。其中以汉族人口为最多,有12.25亿,占大陆总人口的91.51%;少数民族,共1.13亿,占总人口的8.49%。本活动简要介绍汉族和建有民族自治区的5个少数民族的风俗习惯以及民俗旅游文化活动。

表 7-1 2012 年中国品牌民俗旅游节庆活动一览

民俗旅游节庆活动	举办时间	持续届数	所属省区
拉萨雪顿节	8.17	19	西藏
喀纳斯冰雪风情旅游节	12.30	6	新疆
青海纳顿节	7.12	11	青海
中国·呼和浩特昭君文化节	7.13	13	内蒙古
鄂尔多斯蒙古族民族民俗风情节	7.31	6	内蒙古
天堂草原锡林郭勒·那达慕	8.6	2	内蒙古
中国·元上都文化旅游节	7.23	4	内蒙古
中国·吉林查干湖蒙古族民俗旅游节	7.21	10	吉林
中国·雷山苗年节	11.10	12	贵州
中国吴桥国际杂技艺术节	10.22	14	河北
中国洛阳牡丹文化节	4.5	30	河南
潍坊国际风筝会	4.20	29	山东
中国（曲阜）国际孔子文化节	9.27	29	山东
泰山国际旅游文化登山节	9	26	山东
中国（象山）开渔节	9.9	15	浙江
杭州龙门古镇民俗风情节	9.28	7	浙江
中国龙泉青瓷·龙泉宝剑节	11	7	浙江
中国云南怒江傈僳族阔时节	12.20	5	云南
广东清远连南瑶族耍歌堂	12.19	5	广东
南宁国际民歌艺术节	9.21	14	广西
中国（柳州·三江）侗族多耶节	10.1	9	广西
中国·徐州汉文化旅游节	9.26	6	江苏
中国·姜堰溱潼会船节	4.6	7	江苏

一、汉族的主要旅游民俗文化

汉族是中国的主体民族，在中华民族的大家庭中人口最多，分布最广。汉族对各种宗教信仰和文化兼收并蓄。汉族由于分布地区广大，其传统住房因地区不同而有不同的样式。汉族饮食也因地而异，汉族人特别讲究并且善于烹饪，百菜百味，一菜一格，粤、闽、皖、鲁、川、湘、浙、苏八大菜系，早已闻名于海内外。汉服是汉民族传承了四千多年的传统民族服装，是最能体现汉族特色及信仰的服装，汉服的每一个特点都可以在我国传统经典古籍里找到依据。

汉族的传统节日很多，主要有春节、

清明节、端午节、中秋节、重阳节等。现在,大部分节日都发展了民俗节庆旅游,比如春节,亦称为过年,是汉族千百年来的传统节日,也是一年中最隆重的节日,如今已成为全国各民族共有的节日。"好客山东贺年会"就利用了春节假日旅游的优势,进一步传承创新春节文化,整合民俗文化、旅游等资源,创新推出系列民俗文化旅游活动和特色旅游产品,打造春节假日旅游的新亮点。登高是重阳节的重要风俗。每年重阳节期间,山东泰山举办的"泰山国际登山节"在继承重阳登高这一民间习俗的同时也发展了相关节庆旅游项目。登山节除了举办登山比赛外还有丰富多彩的民俗活动,主要有黄帝社火游、婚礼民俗游、泰山山会游、玉皇顶蟠桃大会等,每年都能吸引成千上万名海内外游客来此游览。汨罗江位于湖南省东北部,它的出名主要由于战国时期著名政治家、诗人屈原在此投江殉难。当时人们担心江中的鱼虾啃噬屈原的身体,在划船前往营救的同时,纷纷把自己船上的粽子投向江中喂鱼虾,由此形成了端午节赛龙舟、吃粽子的习俗。而今,在汨罗江畔每年都会举行"中国汨罗江国际龙舟节",龙舟节着力展示端午习俗和民俗文化内涵,为中外游客献上了一道丰富多彩的民俗文化大餐。与此同时,当地传统龙舟表演以及集传统民间杂技和民间行为艺术为一体的汨罗故事会,每年都吸引着大批国内外游客来感受中华端午文化。

除了汉族传统节日发展成的民俗旅游,一些地方性的民俗事项也逐渐开发成为民俗旅游活动,承载着民俗文化传播的重任。比如"中国(象山)开渔节"、"周庄国际旅游节"、"溱潼会船节"、"潍坊国际风筝节"等,都是通过整合地方性的民俗旅游资源,而开展的一系列民俗旅游活动。这些活动从民俗的角度,多层次、全方位地展现当地悠久的文明史,向游客宣传了当地的民俗文化。

二、蒙古族的主要旅游民俗文化

蒙古族是中国北方古老的游牧民族,在其漫长的发展进程中,创造了丰富多彩的文化。

游牧生活所创造的独特居住、饮食习俗是内蒙古民俗旅游中最具表现力的民俗资源。品尝蒙古族独特的手抓肉、奶食品,欣赏古老精美的器皿,亲自体验民族食品的制作过程,等等,这些都极具民族特色,是内蒙古独特的民俗旅游资源。蒙古包是蒙古族的一大创造,内部使用面积大,而且易于装拆搬运,很适合草原生活。

内蒙古具有十分丰富的民俗旅游资源,囊括了吃、住、行、游、娱、购等各个方面。总体来看,蒙古族民俗文化旅游资源特色鲜明、形式多样。依托自然背景开发的多样化的民俗旅游项目,极大地提高了旅游的吸引力。蒙古族以"马背民族"而著称。马在其日常生产生活中是十分重要的畜力,在此基础上也产生了一系列的马背活动,如赛马、套马、马车等。旅游者骑马驰骋于茫茫草原是一种难忘的旅游体验。蒙古族在其不断发展的过程中,创造了许多本民族所特有的生产生活习俗,也提升了草原民俗旅游的魅力。比如,庆祝丰收的传统性群众聚会——那达慕大会、最常见的祭祀活动——敖包祭祀、盛大的祖先祭祀——成吉思汗陵祭祀。游艺活动亦十分丰富,如敬献下马酒、篝火晚会、胜地迎宾等。

查干湖是吉林省旅游的一张名片,"中国·吉林查干湖蒙古族民俗旅游节"更是以浓郁的蒙古族风情闻名于世。查干湖蒙古族民俗旅游节活动的内容涉及民俗、文化、体育等诸多方面,游客可以乘坐竹筏深入到芦苇丛中静静游览,也可以乘坐快艇感受激情与刺激。此外,查干湖景区还开放了垂钓园、水上乐园等娱乐设施,方便游客游览。除游湖之外,在查干湖景区,游客还可以近距离感受蒙古族传统文化。游客不仅可以欣赏到精彩的蒙古族歌舞,还有机会在草原上策马奔腾。晚上,游客可以入住蒙古包,品尝原汁原味的蒙古族奶茶和美酒,感受蒙古族人民的热情好客。

三、回族的主要旅游民俗文化

回族是中国分布最广的少数民族,信仰伊斯兰教。与宗教信仰有关的风俗活动对回民社会生活产生了巨大影响,也是回族民俗风情的主要内容。回族的节日基本上都与伊斯兰教有关,或本身就是伊斯兰教仪式的一部分,其衍生的民俗事项体现了回族的民俗特色和地域特色。其中以开斋节、古尔邦节、圣纪节三大节日最为神圣和重要,现已成为回族的全民性节日。开斋节和古尔邦节是伊斯兰教多项宗教仪式的时空交汇点,与伊斯兰教五项基本功课中的礼拜、斋戒、朝觐有直接的关系。这两个节日是全体回族群众最盛大的民族节日,也是向游客展示回族民俗文化的重要窗口。

在纳家户清真寺巧遇三位回族少年

近年来,以展示回族民俗文化为主线的回族民俗风情园也逐渐在各地蓬勃发展。宁夏回族自治区银川市永宁纳家户回族风情旅游区不仅以其快速发展的经济和浓郁的民族风情吸引了大批参观考察者和旅游者,更重要的是因为这里有纳家户清真寺。该清真寺为明嘉靖三年(1524)所建,距今已有400多年的历史,且建筑风格独特,有目前全区最大的礼拜大殿。纳家户清真寺是永宁回族群众宗教活动的重要场所,也是宁夏全区回族群众宗教活动的重要场所。中华回乡文化园位于纳家户清真寺北侧,是国内唯一一处集中展示回族风情和伊斯兰文化的综合场所。园区以深厚的回族文化为底蕴,融合了阿拉伯国家典型的伊斯兰教建筑特点,把中国回族的历史文化、建筑艺术、工艺美术、民俗风情融合浓缩于一体。截至2010年8月园区已接待中外游客150万人次,并成功举办了多次规模宏大的群众性文化庆典活动。

四、藏族的主要旅游民俗文化

藏族现有人口541.60万,约有一半居住在西藏,其余聚居在青海、四川、甘肃、云南等地。藏族有自己的语言文字——藏语和藏文,主要信仰藏传佛教。藏族牧民使用方形或椭圆形帐篷,农区城镇则多垒石建房,房屋平顶多窗,造型及色泽质朴,具有浓郁的民族特色。饮食主要是糌粑、酥油茶、肉食、奶及其制品。藏族人民能歌善舞,有以歌为主、歌舞结合的群体歌舞"谐",有民间舞蹈"弦子"、"热巴"、"锅庄"等,也有宗教舞蹈"羌姆"。

青海藏民放牧归来

藏族历史悠久,传统节日多姿多彩,各具特色。藏族的民族节日文化与旅游有着非常密切的联系。藏历新年、雪顿节、珠峰文化节和阿里象熊文化节等贯穿全年的旅游节日,吸引了大批游客慕名前来。以雪顿节为例,随着青藏铁路的通车和旅游业的发展,雪顿节作为藏族独有的民族传统节日,在历史的变迁和积累中,不断注入了新的时代内容,增加了很多新的元素,在保留传统风俗的同时赋予了时代的内涵。雪顿节以民俗旅游文化为重点,实现文化发展与旅游经济发展的完美融合。同时它已发展成为集文艺汇演、体育竞技、商务洽谈和旅游休闲为一体的传统与现代相融合的节日盛会。节日期间除了传统的藏戏表演外,还有其他各专业文艺团体和业余文艺演出队表演的时尚歌舞节目。

作为民俗文化的重要组成部分,藏族的风情习俗是在长期的社会历史发展过程中形成和沿袭下来的历史文化传统之一。这种产生于西藏高原地区的民俗事项和民俗活动成为最重要的旅游资源,也成为了民俗旅游的主题。在西藏林芝举办的"松措工布民俗旅游文化节"由商品展销、文艺汇演、体育竞技、篝火晚会等多项极具民族民俗风格特色的活动组成。旅游文化节期间,工布江达县借助独特的工布民俗风情和丰富的旅游资源特色,推出了物资交流会、文艺汇演、服饰表演、抱石头比赛、篝火晚会等多项极具民族风格的活动项目,展现了该县得天独厚的旅游资源、美好的自然生态环境和质朴的风土人情。

一对藏民夫妇身着盛装参加节庆活动

五、维吾尔族的主要旅游民俗文化

维吾尔族历史悠久,目前主要分布

在新疆,多数族人信仰伊斯兰教。维吾尔族人喜欢穿一种叫"袷袢"的长袍,圆领长身,无纽扣,右衽窄袖,腰系长巾,妇女穿连衣裙,外套对襟背心。另外,维吾尔人还喜欢戴一种叫"多帕"的小花帽,花色图案各不相同。男子出门还有带小刀的习惯。维吾尔族人的民居一般为平顶,房顶留有天窗,屋外有不带护栏的廊子,屋内设壁炉和壁龛,分别用于取暖和放置日用品。

新疆地大物博,民俗旅游资源丰富,较具代表性的民俗旅游区有:乌鲁木齐民俗旅游区、吐鲁番历史民俗旅游区、哈密民俗旅游区、喀什地区民俗旅游区、阿克苏民族风情旅游区、和田民俗旅游区等。这些地区的民俗旅游活动既具有国际性,又具有民族性、潮流性等特点,各地区都力争通过民俗文化旅游资源的发掘,进一步推动当地民俗旅游业的发展。

以喀什地区民俗旅游为例,这里可以听到最典型的维吾尔语,看到绚丽多彩的民族服饰,欣赏节日狂欢中独具特色的维吾尔舞蹈——"喀什赛乃姆",观看融歌舞技艺于一炉的"麦西来甫"。这个民俗旅游区内有全疆最大的艾提尕尔清真寺,这是古伊斯兰文化在喀什的缩影;有气势宏大而具神秘色彩的阿帕霍加墓(香妃墓),集中体现了维吾尔建筑艺术的特色;有著名的佛教遗址三仙洞和莫尔佛塔、喀什老城、叶尔羌汗国王陵、塔什库尔干的石头城及丝路驿站;有喀什大巴扎、喀什高台民居、恰萨古巷等许多民俗风情景点。

六、壮族的主要旅游民俗文化

壮族由历史非常悠久的岭南百越民族的一支发展而来,现有人口约1 617.88万,是中国人口最多的少数民族。壮族信仰多神、崇拜祖先,佛教、道教对壮族有较大的影响。壮族传统服装是用土布做成的款式多样的民族服装,女子为一身蓝黑,裤脚稍宽,头上包提花毛巾,腰间系精致的围裙;小伙子多穿对襟上衣,腰系一条腰带。壮族人喜欢依山傍水而居,建造干栏式木楼,上面住人,下面圈养牲畜,但无论什么样的房子都要把神龛放在整个房子的中轴线上。壮锦是其传统工艺品,与湘绣、蜀绣齐名。壮族特有的铜鼓更是中国青铜文化的一株奇葩。

壮乡素有"歌海"美誉,刘三姐就是壮族民间歌手的典型代表。每逢农闲、节假日或婚丧嫁娶庆典活动,壮族各地区都要组织对歌等活动,称为歌圩。壮族三月三对歌节,赶歌圩,搭歌棚,举办歌会。这一天,家家户户制作五色糯饭,染红彩蛋,欢度节日。参加者以未婚男女青年为主体,老人小孩亦来游乐助兴。歌圩场四周,摊贩云集,民间贸易活跃。较大的歌圩,方圆几十里成千上万的男女老少都前来参加,人山人海,歌声此起彼伏,热闹非凡。人们到歌圩场上赛歌、赏歌,男女青年对歌交情,情投意合者便互赠信物,以为定情。此外,还有抛绣球、碰彩蛋、演壮戏等娱乐活动。

壮族十分注重自己民族民俗文化的保护和开发,各种民俗风情园成为传播壮族民俗旅游文化的有效载体。在广西那坡县境内，有一支壮族的特殊支系——黑衣壮。他们隐居深山老林，过着几乎与世隔绝的生活，至今仍保留着壮族最原汁原味的习俗，因而被称为壮族"活化石"。这里奇特的民俗风情以及与越南相连的边关风貌足以引人入胜。走进那坡的黑衣壮风情园，除了领略让人耳目一新的民族歌舞，还可以尽情感受黑衣壮纯朴的民风民俗。这里的干栏式建筑、民俗服饰、山腔民调、婚丧嫁娶等传统文化都令人叹为观止。这里的染织、酿酒、捶布等互动活动更能使游客切身体会黑衣壮人神秘的习俗。

黑衣壮的小姑娘

【任务拓展】

①"大巴扎"在维语中是什么意思？围绕大巴扎发展了哪些与旅游相关的产业？

②节日的本质是精神的，看似民俗形式，实则是人们在高扬心中的生活情感与理想。这里有民族和民间的精神传统、道德规范、审美标准和地域气质。查阅相关文献，了解我国纳西族的节日民俗旅游事项。

【任务反馈】

龙年春节期间，传统民俗活动在桂林各景区得到了充分的体现，使得桂林街头巷尾洋溢着浓浓的年味。虞山公园举办了敲钟祈福仪式；象山景区举办了"龙腾虎跃"主题旅游活动；芦笛景区推出了"画龙点睛"主题旅游活动；七星景区举办了"双龙戏珠"主题旅游活动；伏波山景区推出了"龙飞凤舞"主题旅游活动；叠彩山、明月峰举办"藏龙卧虎"主题旅游活动；独秀峰·王城景区推出王府新年"迎龙"主题活动；漓江冠岩景区推出"世界最美回乡——草坪冠岩民俗春节"系列活动；兴安乐满地举办了以"乐赏茶花季"为主题的茶花季活动。

此外，各县区都结合本地民族和民俗文化特色，组织了大量丰富多彩、参与性和体验性强的节庆旅游活动，极大地丰富了节日旅游市场。阳朔县连续4年举办了"邀请中外游客到阳朔过大年"的活动。今年除夕之夜，阳朔西街又一次成为"地球村"，各种肤色、各种语言的外国游客欢聚一堂，感受中国悠久的传统年文化。

在实际民俗旅游开发过程中，应遵循哪些原则？

释疑：我国民俗旅游资源的逐渐开发，也带动了各地经济的发展。民俗旅游是开发利用本地区、本民族所特有的优势，如民族建筑、民俗风俗、民间歌舞、风味食品等以吸引游客的一种旅游类型。民俗旅游的开发原则主要包括：①因地制宜；②保持个性；③走近百姓；④集中展示；⑤活动引导；⑥形成品牌。

活动二　国外主要旅游民俗文化

【案例聚焦】

玩转彩蛋　体验英伦别样复活节

与其他西方国家不同，英国的复活节周从"棕枝主日"（Palms Sunday）正式开始，标志着耶稣到达耶路撒冷。复活节假期包含两个公共假日：复活节之前的星期五"耶稣受难日"（Good Friday）和复活节过后的星期一（Easter Monday）。英国每年的复活节假期一般在3月21日到4月25日之间。

彩蛋是春天的象征，寓意新生命的开始和耶稣复活。在英国，传统的复活节彩蛋由真蛋制成，多为鸡蛋。人们将鸡蛋煮熟后，用水彩在上面描画出五颜六色的图案，鲜艳的颜色代表春天和光明。但如今，这种传统的复活节彩蛋已经被空心的巧克力蛋所代替。在英国，不只是孩子，就连大人们也会在复活节的时候吃掉大量的巧克力来庆祝耶稣的复活和新生命的开始。

英国复活节有一个古老而传统的"滚蛋"游戏。参加游戏的人将自己的彩蛋由山头滚下，到达山底时如果还没有摔裂就算获胜。一位当地的这项活动的爱好者说，这项比赛就是将煮熟的鸡蛋顺着一个斜面往下滚，其中滚的最快，没有偏离方向并且能够从两个木柱之间穿过的就是优胜者。直到今天，英格兰北部的许多地方还延续着这个传统，其中最有名的是在兰开斯特郡普雷斯顿艾文哈姆公园举行的滚鸡蛋比赛。

美轮美奂的复活节蛋雕

问题：复活节属于精神民俗类节日，西方社会是否还有类似的节日习俗？

【任务执行】

挖掘古老民俗，兴建民俗文化村、风情园和餐馆旅店招徕旅游消费者，这已经不仅仅是旅游界同仁们的共识，而且已成为旅游业行家们的行动。旅游市场竞争日趋激烈，不少国家的旅游经营者因地制宜，各显神通，利用本国现成的民族服饰、民族节日庆典、民族饮食和民族歌舞吸引游客，对世界民俗风情旅游市场产生了重大的影响。这些节庆活动大大丰富了民俗风情旅游的活动内容，成为旅游者十分喜爱的项目，也是各国旅游部门重点开发的旅游资源之一。以下介绍的是中国游客出境游热门目的地的民俗习惯及其民俗旅游发展情况。

一、日本的主要旅游民俗文化

日本位于东北亚，主体民族为大和族，主要信奉大乘佛教和神道教。日本料理种类很多,除有名的生鱼片、天麸罗、寿司之外,还有各具特色的地方风味。日式的住宅多为木结构,利于抗震、防风和防潮。和服是日本民族的传统服装,和服的种类繁多,男女差别特别明显,男式和服比较单调,而女式和服缤纷艳丽、款式多样。歌舞伎、能剧、木偶净琉璃并称日本三大国剧,书道、花道、茶道和浮世绘非常有日本民族特色。

日本日光市江户民俗文化村

在日本西伊豆酒店研修的学生身着日本服饰

在日本,全国各地每年都有固定的日期开展各项民俗活动,如东京浅草神社的三社节、京都八坂神社的祇园祭、北本州秋田市的竿灯节、京都大文字山畔的祝火节、京都的葵节、北海道札幌的雪节、奈良春日神社节、箱根的"诸侯行列"、四国德岛市的传统舞蹈活动阿波踊、佐贺县唐津市的彩车行列等,不胜枚举。

二、韩国的主要旅游民俗文化

韩国位于东北亚的朝鲜半岛南部,首都首尔。韩国人喜食泡菜、烤肉、生鱼片等。韩式传统住房是火坑式平房。韩国传统的男装上下同一色系,用白色衣料缝制,女装裙袄配穿,袄子短小,紧贴上身,裙子肥长,丰满流畅。韩国传统节日与中国基本相同。

韩国民俗村坐落在京畿道水源市附近的乡村。村内约240座传统建筑再现出具有500多年历史的朝鲜李氏王朝的社会风貌。这些传统建筑全都是韩国境内各个地区乡村住宅的复制品。民俗村的建筑大都有人居住,村民多为经营店铺的小业主,他们身着古装,足登鞋尖上翘的鞋。民俗村里有田野和庄稼,村民们在那里播种、收割、打场、翻盖茅屋、欢度节日,充满了生活气息。丰富多彩的农家舞蹈更是精彩至极,露天集市还出售当地制作的工艺品和纪念品。

三、东盟国家的主要旅游民俗文化

东南亚国家联盟(简称东盟,Association of Southeast Asian Nations)的前身是由马来西亚、菲律宾和泰国于1961年7月31日在曼谷成立的东南亚联盟。到目前为止,东盟有泰国、马来西亚、文莱、新加坡、越南、柬埔寨、印度尼西亚、老挝、缅甸、菲律宾等10个正式成员国。20世纪80年代起,东盟国家的旅游业就以高于世界平均增长率的速度发展,成为世界旅游业发展的一个"亮点"。从自然旅游资源来看,复杂多变的地貌和气候造就了东盟绚丽多姿的自然景观;在人文旅游资源方面,东盟国家拥有众多的历史文物古迹。而且,东盟国家总体上处于热带地区,一年四季均可开展旅游活动。

(一)泰国

泰国,原名暹罗国,位于亚洲中南半岛中南部,是一个多民族国家,首都曼谷,国教为佛教。泰国历史悠久,拥有着璀璨多姿的民俗文化。泰国在发展民俗旅游活动的过程中始终以保持民族特色为主线,开发了一系列极富国家民俗特色的旅游活动,每年吸引着大量的国外游客。

东芭文化村,位于曼谷市东南方100多公里处。近年来人们利用自然条件融合传统民俗文化,兴办了一些娱乐项目,使其成了环境优美、富有民族特色的旅游胜地。在文化村内演出的节目有神话传说故事中的古典歌舞,泰国民间庆贺青年男女成婚的仪式,各种民乐、鼓乐演奏,泰国式摔跤、斗鸡以及备受游人欢迎的大象杂技表演等。位于曼谷市的

大象骑车

大象作画

湄南河水上市场,原先只是蔬菜、稻米和水果的交易点,现在增加了许多适合游客需要的商品。旅游者不仅可游览湄南河的风光,还可以品尝湄南河水上市场的风味小吃,购买富有地方特色的纪念品。

每年的 4 月中旬有整个泰国最令人欢腾的节日——宋干节,即泰国泼水节,同时也是泰国的泰历新年。这一天,举国上下都为之沸腾,全国每一个城市都会举行盛大的浴佛仪式、敬老仪式、堆沙塔仪式,当然,还有疯狂的泼水活动。每年的宋干节前后也是外国游客最喜欢到泰国旅游的时节。不论是从北部的清迈到中部的曼谷、芭提雅,还是到南部的普吉、甲米,每一个城市都沉浸在宋干节的狂欢之中。

（二）新加坡

新加坡位于马来半岛南端,地理位置优越,素有"东方十字路口"之称。"新加坡"在马来语中意为"狮子城"。新加坡是一个移民国家,荟萃东西方民族的文化,每种文化自成一格,文化的多元性让这个风光绮丽的热带岛国充满了独特的魅力。新加坡又是一个传统与开放并存、热情而又迷人的万变大都会。旅游业是新加坡的支柱性产业之一。

要真实体验新加坡当地的民俗文化,只需参观这个岛国不同的民族聚居区便可。这里有华人聚居的牛车水、马来人聚居的甘榜格南或芽笼士乃、印度人聚居的小印度以及土生华人聚居的如切或加东。这些民族聚居区是艺术爱好者、美食家和购物狂的必到之地。他们在每个民族聚居区接受该地区民俗文化的洗礼、选购特色物品并遍尝其独有的美食。以甘榜格南为例,由于马来族皇室在新加坡的历史地位,甘榜格南拥有众多美轮美奂的建筑、异国情调的装饰品和精致可口的美食,是一个非常值得一游的民族聚居区。其最好的参观时间是在斋月期间,每年的这个时候,甘榜格南周边地区到处都是小吃摊位和文化表演,能够让游客沉浸在欢乐的节日气氛中。聚居区内的马来传统文化馆曾经是苏丹王宫,博物馆通过文物和立体模型展来展示和保护新加坡马来人的文化和遗产。

（三）马来西亚

马来西亚位于马来半岛南部,由马来亚、沙捞越和沙巴三个部分组成。多种不同文化的汇集使马来西亚拥有得天独厚的民俗文化资源。在这里,游客可以探索到亚洲最古老的三大文明——华、巫、印熔于一炉的精髓,也可分享沙巴和沙捞越少数民族的传统文化。多元种族的人民、令人垂涎的美食、精彩的旅游胜地,马来西亚都应有尽有。

作为马来西亚民俗风情园代表的沙捞越文化村,坐落在古晋著名的山都望山脚下、方圆 16 公顷的天然热带雨林区内,这里有"活博物馆"之称。文化村内建有 7 座民俗屋,即比达友族的长屋、伊班族的长屋、比南人的小屋、乌鲁族的长屋、米南劳族的高脚屋、马来族群的房屋及华族的农村,每座建筑物都由各自原本的族群人士掌管或主持,他们穿着传统服装向观光客展示。此外,村内每天都有两场传统文化舞蹈表演。这些文艺表演可以让各国游客更进一步深入了解沙捞越原住民的社会与文化生活背景。位于马六甲鸡场街附近的巴巴娘惹古迹博物馆是首座私人文化馆。馆内详尽地介绍了19世纪末巴巴娘惹的生活方式,包括服饰、结婚的新房、房屋的装饰和物品摆设、风俗用品、艺术珍藏品、照片、箱形照相机与电视机、雕花艺术品、金叉、珠宝首饰等。巴巴娘惹遗产博物馆也成为多部影视剧的取景地,如李安导演的《色戒》以及新加坡电视剧《小娘惹》。

四、欧盟国家的主要旅游民俗文化

欧洲联盟(简称欧盟,European Union)是一个政治和经济共同体,由欧洲地区的27个会员国组成。欧洲各民族由许多族源不同的古代民族在漫长的历史过程中,互相分化或合并而成的。欧洲国家的民俗千姿百态,各有特点,是其民族文化的重要组成部分。欧洲地区古迹众多,风景秀丽,气候宜人,交通运输发达,服务水平较高,是旅游、度假和生活的好地方,其旅游业十分发达。申根签证(Schengen Visa)是欧盟国家对外签证政策的一大特色,也是欧盟一体化进程的重要产物。游客只要获得任何一个申根会员国签发的入境签证,就可以多次出入该国以及其他会员国。这样就降低了游客赴欧洲旅游的费用,缩短了作业时间,增加了行程计划的弹性,从而促进了欧洲旅游业的蓬勃发展。到目前为止,欧洲申根成员国已达26个。

(一)意大利

意大利位于欧洲南部,首都罗马,大多数居民信奉天主教。意大利是欧洲文艺复兴运动的发祥地,创造了许多灿烂的文化艺术瑰宝,拥有600多家博物馆,珍藏着3 600多万件艺术珍品和历史文物。意大利还是古罗马帝国的发祥地,有许多充满宗教色彩的建筑和历史古迹,如古罗马露天竞技场、比萨斜塔等。意大利气候湿润,风景旖旎,有良好的海滩和山区,公路四通八达。所有这些都使意大利成为文化旅游的理想之地。

意大利非常珍视自己的历史,对各种古迹进行了精心保护,有41处世界遗产。所以,在意大利开展民俗旅游活动,游览历史悠久的名胜古迹,是近距离感受其灿烂文化最好的方式。两周的旅程可以对意大利的风情有个不错的体验,从罗马经佛罗伦萨、威尼斯至米兰,全程激动人心。旅程从罗马开始,游览圣彼得大教堂、罗马斗兽场、特莱维喷泉和许愿池等,感受这座经历过血雨腥风又混合着纸醉金迷的令人不解更令人迷醉的都市。从那里到达佛罗伦萨,参观乌菲兹美术馆以及附近城镇展出的文艺复兴时期的艺术宝藏,会让游客觉得整个城市就是一座巨大的博物馆。中世纪城市锡耶纳和拥有著名斜塔的比萨都是适合进行短途旅行的魅力城市。在托斯卡纳消磨时光后,可以去博洛尼亚作短暂的停留,那里有造型优美的纪念碑、熙来攘往的林荫道和令人垂涎三尺的美食。之后来到威尼斯,在这里可以领略这个城市独特的水路风光,乘坐贡多拉享受游荡在水城小巷里的惬意。然后西行,来到意大利最美城市之一的维罗纳,游客也许会相信罗密欧与朱丽叶的凄美爱情是真的。最后到达意大利的金融中心米兰,这里拥有达·芬奇的《最后的晚餐》

以及时尚的蒙提拿破仑街，是欧洲最奢华的购物区之一。除了历史古迹的游览，意大利的节日从国际上著名的锡耶纳赛马和维阿雷焦的嘉年华，到阿雷佐的萨拉森锦标赛和佛罗伦萨复活节，每年都吸引着成千上万的游客来此观光。

（二）英国

英国位于欧洲大陆西北面，历史悠久，文化内涵深厚，西装和领带就是英国人发明的，英国人创造的炸鱼土豆也为近代快餐业做出了不可磨灭的贡献。英国的交通很发达，为旅游业的良好发展提供了有利条件。英国还是近代旅游业的创始国，目前仍是国际旅游业最发达的国家之一。

感受英伦风情的第一站应是伦敦——多元化且充满活力的不夜城。然后朝中世纪古城坎特伯雷方向前进，沿着海岸来到时髦热闹的海滨度假胜地布莱顿，取道以大教堂为中心的历史古城温切斯特和索尔兹伯里。再继续前往英国著名的史前遗址巨石阵及以罗马遗迹和乔治王朝建筑闻名的巴斯。下一站是威尔士的首府加的夫，欣赏那里雄壮的城堡和丰富的航海文化，再沿着田园风光的乡村之路前行，直至迷人的牛津和莎士比亚的出生地埃文河畔斯特拉特福。再往北就到了利物浦和曼彻斯特，体验那里的音乐和足球文化。紧接着来到湖区，这里有英格兰最美丽的风景，波光粼粼的湖泊和令人激动的徒步路径。跨越边界进入苏格兰，穿过宁静的南部乡村，可以在格拉斯哥感受时尚与艺术的气息。继续北行到达威廉堡，攀登本尼维斯山后可以前往因弗内斯一探充满神秘色彩的尼斯湖。之后南下来到爱丁堡，这里有历史悠久的城堡、新建的议会大厦、到处可见的苏格兰方格花呢裙。再往南走到世界文化遗产地达勒姆和拥有富丽堂皇的大教堂以及一流的火车博物馆的约克。最后一站是古老的大学城剑桥，在这里游客可以四处观光，也可以泛舟河上。

苏格兰的方格裙是男人的服饰

皇家苏格兰卫兵身着传统服装

英国人对传统节日的继承与发展非常重视，除了庆祝圣诞节、复活节等宗教性节日外，在传统的五朔节、圣帕特里克节期间均有盛大的庆祝活动。此外还有各种艺术节,比如爱丁堡国际艺术节、诺丁山嘉年华。

"爱丁堡国际艺术节"已成为全世界重大的文化盛事之一。每一年的夏天都会有来自世界各地的艺术家聚集在爱丁堡,同时艺术节也向游客展示了苏格兰独特的民俗风情。艺术节由"爱丁堡国际艺术节"、"爱丁堡军操表演"、"爱丁堡国际书展嘉年华"等多个项目组成。无论是戏剧、音乐还是脱口秀,都遍布全城的大街小巷。游客即使随便在城里四处闲逛,不经意间也有可能闯入一个演出现场。

西方街头的一种游戏

"诺丁山嘉年华"每年8月在伦敦的诺丁山举行,为期三天。嘉年华由诺丁山加勒比裔的居民主导,他们当中的大部分人从20世纪50年代起就定居在那里。"诺丁山嘉年华"每年吸引多达150万的参与者,是欧洲最大型的街头节日。嘉年华主要以巡游为主,整个派对尽显加勒比海民俗风情,场面热闹盛大。震耳欲聋的乐声,五颜六色的花车,还有奇装异服的演员和观众,给整个嘉年华增添了不少色彩。

(三)法国

法国,全称法兰西共和国,位于欧洲西部,是欧洲浪漫的中心。它的悠久历史、具有丰富文化内涵的名胜古迹及乡野风光吸引着世界各地的旅游者。风情万种的花都巴黎、美丽迷人的蓝色海岸、盛开着薰衣草的普罗旺斯、美酒飘香的波尔多、阿尔卑斯山的滑雪场等,都是令人神往的旅游胜地。法国有20多处风景名胜被列为世界文化和自然遗产。

阿尔卑斯的山地滑雪

没有比巴黎更适合作为展示法国经典民俗风情之旅的首站了,沿着凯旋门——香榭丽舍大街——协和广场这条完美的中轴线开始,在艺术瑰宝的殿堂卢浮宫尽情参观,再登上浪漫的顶峰埃菲尔铁塔,或漫步于塞纳河两岸和凡尔赛宫的花园。从巴黎一路向北,便来到香槟之路的首站兰斯,这里是历代法国国王加冕之地,宏伟华丽的兰斯大教堂是这座城市的象征。接着南下到达勃艮第的首府第戎,沿着著名的猫头鹰之路探访这个有着悠久历史的芥末之乡。里昂被列为世界文化遗产的老城匙,下一站就去里昂游览,参观建在弗尔布爱尔山顶上高281米的白色圣母教堂。接着前往薰衣草的故乡阿维尼翁,参观世界最大的哥特式宫殿——阿维尼翁教皇宫和著名的断桥。夏季薰衣草的海洋会让人们陶醉于此。阿尔勒是一处影像感十分丰富的古城,除了参观由梵·高曾经居住过的精神病院所改建成的梵·高纪念馆外,还可以到根据名画"夜间咖啡馆"场景所建造的梵·高咖啡馆喝杯咖啡,品味画家孤独的一生。傍晚时分散步于罗讷河边,体味1890年画家在这里完成《星夜天空》这幅画作时的心境。蔚蓝海岸是旅程的最后一站。可以去仅次于巴黎的法国最古老、面积最大的粗犷城市马赛游览一番。这里有湛蓝的海水、金色的沙滩和热闹的鱼市。不妨在尼斯晒晒日光浴、吹吹海风,感受一下法国人所崇尚的优雅情调。

【任务拓展】

①利用谷歌地图,把活动中提及的意大利、英国、法国的民俗风情游中所涉及的城市标识出来,形成一个完整的空间概念,加深对这三国民俗风情的理解。

②阅读《民俗风情旅游》(邓永进,云南大学出版社,2007),了解国外民俗旅游的发展模式。

【任务反馈】

德国慕尼黑啤酒节(即十月节)起源于1810年10月12日巴伐利亚王室的一场盛大婚礼,王室为百姓免费提供啤酒和食物,邀请全城人民一起饮酒狂欢。它在二百年的发展过程中,逐渐成为了慕尼黑乃至整个德国的象征。如今,啤酒节已经走出德国,成为世界家喻户晓的民间节日之一。每年9月末隆重启幕,10月初接近尾声,数以百万的游客从世界各地来到慕尼黑参加久负盛名的啤酒节。人们在品尝美食的同时,还可以亲身感受到当地的风土人情。

我国青岛啤酒节可借鉴慕尼黑啤酒节的哪些成功经验?

释疑:①旅游开发与民俗文化挖掘并行;②群众参与活动代替舞台表演;③固定节庆举办时间;④实现门票"零门槛";⑤取消分会场,累积"一票难求"的人气。

◆模块评价

【知识/技能评价】

①简述民俗文化的分类与特征。

②简述民俗的社会功能。

③简述民俗文化与旅游的关系。

④举例说明自己出生地的主要民俗类型和民俗旅游活动。

⑤如何实现民俗旅游开发与保护的结合?

【能力应变】

以小组为单位,对学校所在地的民俗旅游资源做一次调查,如服饰、饮食、居住、节日、宗教、歌舞和人生礼仪民俗等。讨论如何开发当地的民俗文化旅游资源,做成幻灯片进行交流和分享。

【模块链接】

民俗旅游开发的核心是文化

民俗作为民间文化的重要组成部

分,是各族人民社会生活的反映,是比较接近生活中自然形态的东西。如果人们到自己居住地以外的异地旅游,便会感受到一种与自己居住地不同的风土人情,那风味迥异的饮食、陌生的生活礼仪和祭祀仪典、五颜六色的服饰、风韵独特的音乐舞蹈等等,给人一种完全不同的文化生态环境。没有一种旅游行为能脱离所到地区或该地民族的民俗文化。因此,民俗与旅游有着不可分割的密切关系。民俗旅游就是借助民俗来开展旅游的项目,它以一个国家或地区的民俗事象和民俗活动为旅游资源,在内容和形式上具有鲜明、突出的民族性和独特性,给人一种与众不同的新鲜感,它的魅力就在于其深厚的文化内涵。

拓展路径

[1] 浏览中国民俗网(http://www.chinesefolklore.com/),了解民俗学研究动态和自己感兴趣的民俗现象。

[2] 浏览走遍欧洲(http://www.eueueu.com/),了解欧洲的相关民俗风情。

[3] 吴忠军主编.中外民俗与礼仪[M].大连:东北财经大学出版社,2007.

[4] 舒燕编著.中国民俗[M].北京:北京语言文化大学出版社,2002.

[5] 张启主编.旅游文化学[M].杭州:浙江大学出版社,2010.

[6] 尹华光主编.旅游文化(第二版)[M].北京:高等教育出版社,2002.

[7] 陶思炎.略论民俗旅游[J].旅游学刊,1997(2).

[8] 钟贤巍.论我国民俗旅游的开发和保护[J].经济纵横,2009(12).

模块八　旅游饮食文化

◆模块目标

【行业要求】

饮食文化作为旅游产业的基本要素之一，不仅是人们旅游活动中的基本需求，也是旅游活动的一项重要内容。饮食文化的质量和水平在很大程度上影响着旅游产业的发展。因此，旅游从业人员需要了解和熟悉饮食文化的相关内容，这对于旅游产业的发展具有极为重要的意义与作用。弘扬中华饮食文化，发展特色旅游项目，推动餐饮业和旅游业的发展是旅游从业人员的重要使命。

【学习目标】

通过学习本模块，学生要了解饮食文化的基本知识，熟悉中西方饮食文化的差异及饮食文化与旅游的关系；掌握中国菜系的内容和特点，了解中国茶文化及酒文化；熟悉西餐文化及西方酒文化、咖啡文化。

◆模块任务

饮食是人生舞台上不可缺少的重要剧目。充分利用饮食活动所占有的空间和时间，深化游客的旅游体验，无疑是一种别有情趣的风景，可实现饮食业与旅游业的双赢。近年来，美食旅游逐渐成为一种新兴旅游活动。了解饮食文化是旅游从业人员做好旅游接待工作的前提。

任务一　旅游饮食文化概述

【任务目标】

掌握饮食文化的基本概念和特征，熟悉中西方饮食文化的差异，了解饮食文化与旅游的基本关系。

活动一　饮食文化的概念与特征

【案例聚焦】

《论语》中的饮食文化

《论语·乡党篇》集中记载了孔子膳食观，"食不厌精，脍不厌细"就出自该篇，这句话向来被奉为中国饮食文化之精髓。朱熹《论语集注》云："食精则能养人，脍粗则能害人。"孔子生活的年代，战乱频繁,膳食种类比较少,即使是上流社会一般也只有粮食和肉食两类食物,而且加工、制作都比较粗糙,不利于人体消化吸收。孔子进膳,不要求数量而要求质量,吃饭不求饱而求精,吃肉不求多而求细,在当时只能被视为一种养生追求。

问题:《论语》中蕴含丰富的礼食思想,"君子远庖厨"符合孔子的礼食思想吗?

【任务执行】

一、饮食文化的概念

从物质文化的角度讲,饮食文化是指食物原料的生产、加工和进食的方式。从精神文化的角度讲,饮食文化是指人们在食物原料的生产、加工和进食过程中的社会分工及其组织形式、价值观念、分配制度、道德风貌、风俗习惯、艺术形式等。总的来说,饮食文化就是人们在长期的饮食实践活动中创造出来的物质财富和精神财富的总和。饮食文化从一开始就是民族文化中的瑰宝,它随着人类社会的出现而产生,又随着人类物质文化和精神文化的发展而不断形成自己丰富的内涵。宏观上可分为物态文化、行为文化和精神文化;微观上可分为食文化、酒文化和茶文化。

二、饮食文化的特征

在一个特定的社会群体中,人们的饮食行为在特定的自然、社会环境因素的影响下形成了种种属于本群体的特色,反过来这些特色也成了特定群体的文化标识。当以一个特定的社会群体作为人类文化研究的对象时,其饮食行为自然也就成为了文化研究的基本内容之一。正是在这个意义上,人们常常将与人类饮食活动相关的诸事项称之为"饮食文化"。饮食文化有以下诸多特征:

(一)区域性

由于地理、民族、信仰等原因,具有相同饮食文化属性的人群所共同生息依存的自然和文化生态地理单元便形成了。这种独特的饮食文化属性有着明显的区域性特征。

在内蒙古左旗品全羊席

(二)层次性

人类社会进入阶级社会以后,便开始了等级结构层次的对抗。各个阶层政治、经济地位的不同决定了他们在精神文化生活上地位的不同。反映在饮食生活上,不同阶层在饮食用料、技艺、排场、风格及基本的消费水平和总体的文化特征等方面都存在着明显的差异。

(三)娱乐性

尽管人类已发明了种种情感交流手段来满足自身的需要,但毫无疑问的是,在这种种手段之中,利用饮食进行情感交流和沟通仍然具有无可替代的重要作用和地位,因为美酒佳肴总能营造出一种良好的增进交流和感情的氛围。这就是世界上所有民族无一不把饮食作为节庆娱乐、婚丧嫁娶仪式上主角的原因。世界各民族无不把"共食"看作是友好的表示。

（四）审美性

饮食审美对象是特定人群在特定区域及其地理条件下,经过不同历史阶段的演变,基于长期的共同生活、共同的宗教信仰,使用共同的语言,具有共同的生活习惯和爱好,渗透进自然、社会、历史因素而升华形成的饮食审美倾向,其特色往往通过特异的食料、食具、食技、食品、食规、食趣和食典展示出来。

（五）传承性

文化与环境的差异,导致在封闭性极强的历史条件下区域文化的长久迟滞和内循环机制下的代代相传以及区域内食文化传承的牢固保持。这种传承性在区域文化发展过程中几乎是凝滞的或周而复始、一成不变的。当然,并非丝毫不变,只是变化得非常微小和缓慢。

（六）交流性

饮食生活是动态的,饮食文化是流动的。饮食文化的交流性特征主要表现为各文化区相互间的互通有无、补益发展,各民族之间食生产、食生活领域的交流互助,不同社会层次间食生活、食习尚、食思想的交互影响等。

【任务拓展】

①结合饮食文化的特征,试说明中国饮食文化的基本特征体现在哪些方面？

②查阅资料并参照表8-1,简述中国饮食文化的发展过程？

表8-1 饮食文化历史分期表

分期名称		分期背景	社会阶段	文化特征
生食文化期		人类懂得用火之前	史前社会前期	无精神、无行为文化
火食文化期		直接用火熟食时期	史前社会后期	无精神文化
烹饪文化期	原始饮食文化	陶器烹饪为主	原始社会	精神文化萌芽
	传统饮食文化	青铜、铁器烹饪为主	封建社会	发展、成熟、鼎盛
	现代饮食文化	新科技、新技术	近现代社会	变革、批判、继承

【任务反馈】

"滨田家"是家日本高级餐厅,于1912年开业。这家历史悠久的老店迄今仍不失传统和礼仪,建筑物本身是历久不变的茶室风格。总共11间包房,餐厅内摆放的全是日式榻榻米,每间包房连带花园,各具风情,房里的画轴和花卉随着季节的变化而变换。滨田家大量采用季节食材和东京流派的传统厨艺。菜有每周更换一次,可按照客人希望的口味调整制作方法。作为米其林三星的顶级餐厅,其价格也很可观,但食客仍趋之若鹜。

滨田家在食客中如此盛行,源于其传统的日式料理。日本料理有哪些特征?

释疑:谈到日本料理,许多人会联想到寿司、生鱼片。然而,对日本人来说,料理的"硬件"加上正确的用餐礼仪这一"软件"才是一个完美的整体。日本料理的特征是:①对食物器具和饮食环境的执著追求;②对食物形与色的高度讲究;③对食物原初滋味和其季节性意味的纤细感受。

活动二 中西方饮食文化差异

【案例聚焦】

中国美食很有名

一次在中餐馆举行的宴会上,饭店的菜上得很慢,不知不觉中过去了近两个小时,但菜似乎才上了一半。一位第一次参加中餐宴会的法国女士,忍不住问翻译:"你们中国人请客都上这么多菜吗?"翻译说:"在中国还要多,通常是十道以上。"她很惊讶,连说中国的宴会实在太丰富了,难怪中国的美食很有名。但过了一会儿,她又问:"中国人吃饭每次都上那么多菜,可为什么都长得那么瘦。而法国人每次吃菜很少,但为什么都比中国人胖呢?"翻译一时语塞,但又觉得她问得多少有点道理,因为那天同桌的几个中国人都显得比较瘦弱,而几个法国人个个人高马大。

学生参加烹饪技能大赛的作品:满园春色

在境外研修时中方学员的西式午餐十分简洁

日式欢送晚宴

问题:为何中国美食很有名?

【任务执行】

饮食文化常常是一个国家或地区文

模块八 旅游饮食文化

化的浓缩。中国与西方国家对饮食的观点和态度大相径庭，在饮食观念、饮食倾向、饮食内容、饮食方式及用餐礼仪等方面都存在着显著的文化差异。

一、饮食观念上的差异

饮食是人类最基本的活动之一。古语说，"饮食男女，人之大欲存焉"，又有言"民以食为天"。饮食在中国，不单是民生问题，更具有丰富的文化内涵。"吃"，从表面上看是一种生理满足，但背后蕴涵着丰富的文化意义和深刻的社会意义。吃不仅仅具有交际功能，也是对社会心理的一种调节。有许多学者将中国的饮食文化称为"泛食主义"。

而在西方国家，饮食仅仅是生存的必要手段和交际方式，可以称其为"实用主义"。西方人的饮食观念不同于中国，西方人认为"吃"只是向一个生物的机器注入燃料，保证其正常的运行，吃只要能保持身体健康、结实，足以抵御病菌、疾病的攻击，其他皆不足道。"吃"虽然重要，但是从文化的意义上看，在西方国家只是停留在简单的交流、交际的层面上，并不像在中国被赋予更多、更为重要的意义。

二、饮食倾向上的差异

与西方的饮食观念不同，中国饮食倾向于感性、艺术。在中国，人们把烹调看作是一种富有创造性的艺术，每一道菜都可以在原有的基础上加以发展变化，以适应地区、季节、对象、作用、等级的不同，比如，同一道菜，冬天的色宜深些，口味宜重些，夏天则色味清淡些。对于不同地区的人来说，口味不同做菜的调味也会不同，所以中国饮食随意性大。

西方饮食倾向于科学、理性，他们的烹饪相应的变化较少。同一道菜在不同的地区不同的季节面对不同的食客，趋向于同一种味道。西方饮食习俗只是原始饮食实用性的延伸，虽然也强调饮食的营养价值，但很少或几乎不把饮食与精神享受联系起来。西方人在饮食上反映出一种强烈的实用目的，所以西方饮食比较规范，强调标准化。

三、饮食内容上的差异

饮食内容就是吃什么的问题。中国人的饮食结构，主食为五谷，辅之以蔬菜和少量肉食，植物类食品占主导地位。这一饮食习惯与中国农业生活相联系，又深受佛家文化的影响。佛教认为，动物是"生灵"，不可杀生，更不能食用。佛家提倡的"戒杀放生"等思想，与儒家的"仁心仁闻"观点相契合。而西方人多食用奶制品和肉类，在饮食结构上，以动物类食品居多，主要是牛肉、鸡肉、猪肉、鱼肉等，这与西方的游牧、航海民族文化相关联。

另外，中西方在饮食内容上的差异还表现在西方人喜食冷食、凉菜，如冷菜拼盘、色拉、冷饮等，餐桌上冷菜居多。而中国人喜热食，除了主菜前几样小碟冷菜外，主菜大都是热的。在中国人看来，热菜凉了，就少了许多味，趁热吃才能吃出菜的味来，因此，中国有"一热三鲜"之说。

四、餐具及饮食方式上的差异

在餐具方面，中国人主要使用的是筷子，吃饭用碗盛；西方人则是用盘子盛食物，用刀叉边切边吃，喝汤有专门的汤匙。筷子与刀叉作为中西方最具代表性的两种餐具，不仅带来了进食习惯的差异，进而影响了中西方不同的生活方式。刀叉带来分餐制，在宴会上，虽也围坐，但各人的食物是单盘独碟的。西方分餐制中最典型的一种形式就是自助餐。这种用餐方式不仅可以充分满足个人对食物的喜好，还便于社交，便于人与人之间感情与信息的交流。食物只是一种手段和陪衬，宴会的核心在于交谊。而筷子与家庭成员围坐桌边共同进餐相配。筷子带来的合餐制，突出了老老少少坐一起的家庭单元，从而让中国人拥有了比较牢固的家庭观念。席间，人们相互敬酒、劝菜，体现出人与人之间的相互尊敬、礼让的美德以及和睦的气氛。这是中国饮食文化的一个重要传统。中国人常通过这种用餐方式来表达各种"礼"，来反映长幼、尊卑、亲疏、贵贱等关系。

五、用餐礼仪的差异

中国人餐桌上的闹与西方餐桌上的静是中西餐桌礼仪最根本差异。中国人以食为人生之至乐，讲排场，气氛热闹。中国人一坐上餐桌，便滔滔不绝，相互让菜、劝酒，尽情地享受美味佳肴，这样才能体现主人的热情和诚恳，以及食客发自内心的欢快。这种"闹"从某种程度上折射出中国人家庭温馨，邻里和睦的特征，以及人们交往希望亲密无间，不分彼此。

西方人一坐到餐桌上便专心致志地切割自己的盘中餐。喝汤时不能发出响声，如汤菜过热，可待稍凉后再吃，不要用嘴吹。吃东西要闭嘴咀嚼，避免发出声响。进餐时可以与左右客人交谈，保持对方能听见的音量。咀嚼食物时不可说话，即使有人同你讲话，也要等咽下食物后再回答。西方人与人交往要保持适当的距离，喜欢独立。

【任务拓展】

①阅读《闲话中国人》（易中天，上海文艺出版社，2006），了解什么是"泛食主义"以及中国饮食文化对"泛食主义"的影响。

②查阅资料，比较中餐与西餐的服务流程以及礼仪规范。

【任务反馈】

自助餐发源于8至11世纪北欧的斯堪的纳维亚半岛。相传这是当时的海盗最先采用的一种进餐方式，至今世界各地仍有许多自助餐厅以"海盗"命名。海盗们性格豪放不羁，用餐时喜欢省去各种礼节，只要求餐馆将他们所需要的各种饭菜、酒水用盛器盛好，集中在餐桌上，然后由他们畅饮豪吃。海盗们这种特殊的就餐形式，起初被人们视为是不文明的现象，但久而久之，人们觉得这种用餐方式也有许多好处。随着社会的发展和进步，餐饮业者将其文明、规范化，并丰富了饮食品种,逐渐演化成现在的自助餐。

自助餐体现了西方饮食文化的哪些特点?

释疑:自助餐至少体现了西方饮食文化两方面的特点:①独立自主性,可以根据自己的喜好选择食物;②讲求方便快捷和简单高效,顾客可省略许多点菜的麻烦、配菜的心思以及时间的等待,还能在最短时间和有限空间内尝到各种美食。

活动三 饮食文化与旅游的关系

【案例聚焦】

舌尖上的旅行

随着纪录片《舌尖上的中国》的热播,一些旅行社、旅游网站随即推出一系列美食游线路,让不少观众和网民循着美食的香味,在行走中品味不一样的中国。据报载,某旅游网站不久前推出20余条旅游线路,主要由《舌尖上的中国》里的美食地点组成,囊括了海南、云南、北京、湖南等20多个省市让人垂涎的美食胜地。

由《舌尖上的中国》引发的"舌尖上的旅行",让一些业内人士感到兴奋。他们认为,美食将成为刺激出行的一大要素,或将成为今后旅游市场新的热点。在纪录片中,我们看到的不仅仅是琳琅满目的美食,还有各地普通老百姓那种质朴的生活态度。最让人感慨的是,隐藏在"吃"背后的是一段段鲜为人知的历史和一个个美妙的故事。人们惊喜地发现,原来一个地方的文化特征和文化特色,竟然可以通过这样一种"齿颊留香"的方式得以传承和保存。

问题:饮食文化对旅游有着怎样的影响?

【任务执行】

作为旅游文化的重要组成部分,饮食文化与旅游业的关系十分密切。从产业要素配置的角度看,饮食文化作为旅游六要素中的基本要素之一,是旅游产品的一个有机组成部分,直接影响到旅游业的深度发展。

一、饮食文化对旅游主体的影响

一个地方的饮食文化是一种融物质与精神于一体的独特人文旅游资源。人们在旅游过程中,品尝旅游地的风味小吃、特色菜肴、名特产品等,一方面可以增进对地方各类名产美食的了解,获得丰富的感官体验;另一方面也可以通过饮食深入了解旅游地的风俗习惯、风土人情和文化特征等,去想象和追求地方饮食所蕴涵的传统文化意味,获得丰富的审美体验。

二、饮食文化对旅游客体的影响

旅游日益影响着地方饮食文化特色。旅游者来自各地,带着各自的饮食习惯。为满足旅游者的需求,目的地的东道主不断开发出适合旅游者多种口味需求的食品或改良本地饮食,从而导致地方化饮食文化的创新或异化。另一方面由于外地菜肴大量涌入,替代或弱化了本地饮食,本地传统饮食式微,地方特色的饮食文化消退。从旅游者体验"异文化"的角度来看,引导旅游者体验当地的饮食文化有利于促进旅游目的地传统饮食文化的开发与保护,可以使旅游者体验到当地原汁原味的旅游饮食文化。

三、饮食文化对旅游介体的影响

饮食文化对旅游介体的影响主要表现在对旅游地餐饮企业的影响。旅游地餐饮企业要在充分展现旅游地饮食文化和满足顾客需要之间找到最佳的契合点。植根于旅游地饮食文化的土壤,才能使餐饮企业有鲜明的特色,才能使旅游者体验到不同的饮食乐趣。而游客在对异文化的接受中,往往由于各种原因,拒绝体验饮食文化。餐饮企业要针对各种情况,做出相应的反应。餐饮产品要随顾客的需要在保持地域特色的基础上,根据客源市场的变化而与时俱进。例如,杭州百年老店知味观以虾爆鳝面闻名,但该店并不是只供应该产品,而是提供以虾爆鳝面为龙头的几十种类似产品,这样既保持了老字号的特色,又满足了旅游者的多种需要。

总之,饮食文化不仅顺应了我国旅游产业发展的趋势,也满足了人们的需求,成为我国旅游产业新的发展增长因素。因此,我们不但要对饮食文化进行研究开发,而且还要大力倡导与发展,并通过饮食文化来推动我国旅游产业的发展,不断丰富人们旅游的内容,逐步提高我国旅游产业的质量与效率。

【任务拓展】

调查所在地的饮食名店,分析当地饮食在促进旅游业发展方面所起的作用。

【任务反馈】

"江南佳丽地,金陵帝王州。"自公元229年三国东吴定都建业始,东晋、南朝的宋、齐、梁、陈、南唐、明、太平天国和中华民国十个朝代都相继定都南京,历时449年,经历了四十多位皇帝和总统。皇城国都,衣食住行尽善尽美,特别是饮食风尚,受人推崇,金陵菜成为苏菜的四大风味之一。南京的旅游业多以观光为主,"食在丁山"一去不复返,"秦淮小吃"一枝独秀。当前迫切需要开发诸如"品尝美食,体验文化"这样的休闲旅游产品,提升"十朝都会、美食名城"的城市形象和影响力。

南京的饮食文化资源丰富,应如何创新开发?

释疑:南京作为"六朝古都、十朝都会、美食名城",传统美食众多,饮食旅游资源丰富,若想进行合理且有效的开发,应做到:①挖掘传统菜肴,重振京苏大菜,叫响京苏品牌;②大力发展主题特色餐厅和金陵饮食文化特色街区;③加强饮食文化宣传,完善营销体系。

任务二 旅游饮食文化举隅

【任务目标】

了解中西方食文化、酒文化、茶文化和咖啡文化的差异及其旅游文化意义,为发展本地旅游饮食文化或为国际游客提供针对性的饮食服务奠定基础。也可拓展个人休闲领域,体验饮食文化的多样性。

活动一 食文化

【案例聚焦】

中国淮扬菜文化博物馆

中国淮扬菜文化博物馆,是中国地方性文化博物馆,位于江苏省淮安市清河区,2009年10月9日开馆,是中国最大的以地方菜为主题的文化博物馆,占地面积6 500平方米。博物馆通过现代高科技手段布展,集知识性、趣味性、参与性于一体,充分展示淮扬菜文化发展、创新、鼎盛的过程,让参与者全面了解淮扬菜悠久的历史文化内涵。馆区还陈列有介绍淮扬菜的书籍和国家领导人关心淮扬菜发展的珍贵资料。另外,淮安软兜、清蒸鲥鱼、清炒虾仁、扬州炒饭、蟹粉狮子头、千层油糕等淮扬名菜名点的菜模,民国年间担挑食盒等珍贵实物也在这里得到展示。

中国淮扬菜文化博物馆的内部设计独具特色

问题:中国淮扬菜博物馆的建成对弘扬中国食文化有何作用?

【任务执行】

一、中国食文化

中国是一个饮食文化大国。长期以来,某些地区由于受地理环境、气候物产、文化传统以及民族习俗等因素的影响,形成了有一定亲缘承袭关系、菜点风味相近、知名度较高并为群众喜爱的地方风味流派,这些流派被称作菜系。从20世纪50年代开始,中国就有"四大菜系"和"八大菜系"之说。"四大菜系"指鲁菜、苏菜、川菜、粤菜。"八大菜系"则在四大菜系的基础上增加了浙菜、徽菜、湘菜、闽菜。表8-2列出了四大菜系的风味比较。

表8-2 中国四大菜系比较

菜系	鲁菜	苏菜	川菜	粤菜
调味本味	调浓汤,主料只是表层入味	原汁原味	百菜百味、一菜一格、浓调味	原汁原味、主料只是表层入味
加工程度	适中	熟烂	熟制	生猛
取料	广泛,固守原有原料	广泛	广泛、固守原有原料	极广泛、接受新料
山珍海味	过去常用为高档菜	曾经常用为高档菜	曾经以野味为主	长期引用为高档菜

续表

菜系	鲁菜	苏菜	川菜	粤菜
药膳	少用	可用	很少用	多用
技艺	多用爆、熘、扒、靠、拔丝	多重炒、爆、烧、炖、焖	多重小炒、干煸、干烧、白煮	多重软炒、软炸、烧、烤
刀工	讲究、质朴	刀工精细、善雕刻	讲究	讲究、善雕刻
代表名菜	葱爆海参、糖醋鲤鱼、九转大肠、锅塌豆腐	清蒸鲥鱼、大煮干丝、松鼠鳜鱼、炒软兜、清炖蟹粉狮子头	鱼香肉丝、怪味鸡块、麻婆豆腐、宫爆鸡丁、干煸牛肉丝	脆皮乳猪、蛇羹、龙虎斗、蚝油牛肉、冬瓜燕窝

除了这些具体的菜系之外,中国饮食中还有一系列独具特色的菜式,如宫廷菜、谭家菜、红楼菜、孔府菜、佛教素食等。这些菜式历史悠久,各成体系,都依托一定的文化背景。

总之,中国菜系的烹调技艺各具风韵,菜肴特色也各有千秋。各大菜系不仅给人以生理上的满足,还能给人以心理、精神上的享受。人们通常从色、香、味、意、形、质、器等方面来鉴赏中国食文化。

二、西方食文化

我们通常所说的西餐主要包括西欧国家的饮食菜肴,当然还包括东欧各国、地中海沿岸和一些拉丁美洲国家,如墨西哥的菜肴。东南亚各国的菜肴一般统称为东南亚菜,但也有独为一种菜系的,如印度菜。西餐一般以刀叉为餐具,以面包为主食,多以长形为桌台的台形。西餐的主要特点是主料突出,形色美观,口味鲜美,营养丰富,供应方便等。

瑞士外交部发展与合作司东亚部宴请菜单

Sino-Swiss Delegation
LUNCH

Green garden salad
*****
Braised beef old fashion style
Noodles in butter
Vichy carotts
*****
Fresh fruit salad

Berne, 4th novembr 2011

瑞士外交部发展与合作司东亚部宴请中方宾客菜单

西餐大致可分为法式、英式、意式、俄式、美式等多种不同风格的菜肴。不同国家的人有着不同的饮食习惯,有种说法非常形象,说"法国人夸奖着厨师的厨艺吃,英国人注意着礼节吃,德国人考虑着营养吃,意大利人痛痛快快地吃"。

法国是个盛产美食的国家,法式大餐至今仍名列世界西餐之首。法式菜肴的特点是:选料广泛,加工精细,烹调考究,滋味有浓有淡,花色品种多。每个地区都有它各自的特色风味,最具有特色的菜肴是鹅肝和海鲜。当然,极负盛名的法国奶酪也是游客们很想体验的美味。在巴黎，游客可以品尝到法国各地不同风味的菜肴。巴黎市中心有很多出售糕点或者诱人菜肴的餐厅，游客可以尽情享受法棍面包的香味，品尝最具法国特色的火腿加黄油（Jambon—Beurre）三明治。坐落在布鲁克广场的Taillevent餐厅是米其林二星，它曾是19世纪时某公爵的住宅。这里拥有精致的美食及种类丰富的酒品，是法国经典美食的典范，也是巴黎最好的餐厅之一，每年吸引着大量国内外游客在此享受法国美食，体味浪漫之都的饮食文化。

英国饮食有"家庭美肴"之称，至今仍有许多地方保留有完美利用当地原料的地方餐饮，它们反映了英国悠久的烹饪历史。英国菜烹调讲究鲜嫩，口味清淡，选料注重海鲜及各式蔬菜，菜量要求少而精。炸鱼薯条是英国的国菜。所谓英国国菜并不是真正被官方和民众认可定义的国家菜，而是英国民众通常吃的和最受欢迎的美食。苏格兰风味的菜肴是英国传统的特色菜肴。位于爱丁堡皇家麦尔大道（Royal Mile）的Off The Wall餐厅在游客中拥有良好的口碑，是一家专门提供以苏格兰美味为主的餐厅，它远离城市的喧嚣，游客可以在尽享饕餮盛宴的同时感受英伦菜肴独特的风情。

就西餐烹饪而言，意大利是始祖。意式菜汤、烩小牛骨、火腿小牛肉和冰淇淋及甜品风行世界五大洲。意大利人喜爱面食，做法和吃法甚多。其面条制作有独到之处，各种形状、颜色、味道都有；比萨饼更是不可缺少的主食。意式菜肴原汁原味，以味浓著称。烹饪以炒、煎、炸、烩等方法见长。若要在罗马进行一场美食之旅，游客可以在威尼斯广场、西班牙广场和纳沃纳广场附近享受星级餐厅的美食。Le Pergola就是一家米其林三星的餐厅，也是众多食客极力推荐的意大利传统风味餐厅。如果想尝试些简单而传统的菜肴，Trastevere餐厅则是不错的选择。

德国饮食更加注重体现膳食成分本身的特点。德国人喜吃水果、奶酪、香肠、酸菜、土豆等，以其拥有世界上种类最繁多的香肠而闻名。德国菜式的特点是甜食、酸食和奶制品较多，生菜品种多样。酸猪蹄、啤酒烩牛肉是德式菜的代表。在德国旅游，想品尝到正宗的德国风味还是要选择一些品质较高的餐厅，但近些年一些小型特色餐馆凭借其充满浓郁地方特色的菜品吸引着大量国内外游客驻足品尝。

三、我国饮食文化旅游的开发

我国饮食文化旅游开发一般可分为以下几类：

（一）佳肴品尝游

居民随着收入和消费水平的提高，外出旅游的机会增多。旅游者不再仅仅满足于吃饱，而是希望能够尽情地享受各地的佳肴美食，满足求新、猎奇和审美等多方面的需求。为适应人们新的消费需求，中国各地的传统风味菜肴纷纷上市，除北京的仿膳菜外，西安、杭州、开封、济南、扬州等地还挖掘研制了仿唐菜、仿宋菜、孔府菜和红楼菜等形式的菜肴。基于佳肴品尝的食文化旅游呈现出欣欣向荣的景象。如西安的德发长饺子宴、浙江湖州的全鱼宴等都已成为名闻海内外的特色产品，为旅游者所钟情。

宁夏枸杞甲天下

（二）饮食医疗保健游

用食物防病治病、保健强身、美容养颜在我国有着悠久的历史。其最大的特点就是具有有病治病、无病强身、延年益寿等功能。我国饮食医疗保健资源丰富，对发展饮食医疗保健旅游有着良好的资源基础，如东北的人参、西藏的雪莲、宁夏的枸杞等都是保健的上等佳品。海南三亚、江苏南京是我国较早开发饮食医疗保健旅游产品的城市。南京推出的"时珍苑"药膳品尝游是中国目前为数不多的药膳保健旅游产品，菜、粥、点、饮无一不是由中医药专家精心搭配，名厨精心烹制的。

（三）饮食文化旅游

开发饮食文化旅游资源，关键在于"文化"，而不在于"游"。以吃为载体、以精神享受为目标，发展饮食文化旅游就是提升生活品质，就是弘扬生活艺术。北京大董坚持"以味道为核心"，研发"皿中有景"的意境菜，秉承将中国绘画艺术与古诗词之意境浓缩于咫尺盘盏之中的烹饪理念，给食客们带来了物质和精神上的双重享受。

【任务拓展】

①红楼菜又称红楼宴，扬州红楼宴包括哪些菜品？与《红楼梦》有何联系？

②根据下图所示，翻译常见的西餐餐具名称，了解不同餐具的功用。

常见西餐餐具英文注释

【任务反馈】

近日,某饭店隆重推出满汉全席美食节。此次美食节不仅推出了近百道满汉全席的经典菜肴,还有按照清廷皇室仪轨编排的宣膳、传膳等礼仪,使美食节熠熠生辉。满汉全席兴于清代,是集满族和汉族菜点之精华而形成的中华大宴,既有宫廷菜肴之特色,又有地方风味之精华,取材广泛,用料精细,菜式精美,礼仪讲究,山珍海味尽列其中,集中华菜系文化和烹饪精粹之大成。

满汉全席兴于何时?共有几种宴席形式?

> **释疑:**乾隆甲申年间李斗所著《扬州画舫录》中记有一份满汉全席食单,这份食单是关于满汉全席的最早记载。满汉全席是我国一种具有浓郁民族特色的巨型宴席。满汉全席原是清朝官场中举办宴会时满人和汉人合坐的一种宴席,至少上菜一百零八种,分三天吃完。满汉全席包括六种宴席:蒙古亲潘宴、廷臣宴、万寿宴、千叟宴、九白宴、节令宴。

活动二 茶文化

【案例聚焦】

大理以茶艺促旅游

在中国云南首届春茶交易会上,由大理苍山某公司组织的三道茶茶艺表演赢得现场观众和专家的一致好评。该公司针对观光旅游向休闲度假旅游过渡这一趋势,把大理的茶叶、水和旅游结合起来,做足文章,以延长游客在大理的停留时间,吸引他们住下来,品茶、品水、品景。

问题:开发茶文化旅游对当地茶业生产有何影响?如何开发茶文化旅游?

【任务执行】

茶文化旅游是指以体察了解历史悠久的茶文化和茶道艺术为中心的文化旅游活动,更是独具特色的文化旅游活动。在中华民族丰富璀璨的传统文化中,中国茶文化是一朵奇葩。这不仅具有悠久的历史、完美的形式,而且渗透着中华民族传统文化的精华。尤其是中国茶文化中所体现的儒、道、佛各家的深刻哲理和思想精髓,至今仍对我们的社会生活有着深刻的影响。

一、中国茶文化

中国是茶的故乡,唐代陆羽在《茶经》中指出:"茶之所饮,发乎神农氏,闻于周鲁公。"在中国丰富浩瀚的古籍中,可见到不少关于中国茶文化的宝贵资料。关于饮茶的正式记载始见于汉代。《华阳国志》载:"自西汉至晋,二百年间,涪陵、什邡、南安、武阳皆出名茶。"茶以文化现象出现,是在两晋南北朝。在中国的历史上,茶不仅因文人爱好、诗人吟咏而与文化结缘,"以茶养廉"对抗奢侈之风,在历史上亦传为佳话。《茶经》和《晋书》还记有"以茶代酒"的故事。

到唐代饮茶之风日盛,被后人誉为"茶圣"、"茶仙"的文人陆羽在这个社会中脱颖而出。陆羽的《茶经》构筑了中国茶文化的基本轮廓。陆羽在《茶经》里总结了自西周到唐代中期1 800多年间,中国的先民们发现、栽培和饮用茶的历史,记述了包括帝王将相、文人雅士、老妪稚子在内的与茶事有关的历史典故和逸闻趣事,其中包含了丰富的思想内涵。茶艺、茶道、茶的礼仪以及与茶相关的众多文化现象,构成了中国茶文化的丰富内涵。《茶经》对中国的茶叶学、茶文化学以至中国的饮食文化都产生了深远的影响,并流传海外,深受日本重视。

中国是茶叶大国,茶叶种类众多。按采茶和制作季节,可分为春茶、夏茶和秋茶。春茶中又有所谓的"明前茶"或"雨前茶",它们是由清明和谷雨前采摘的嫩芽幼叶制成的,最为名贵。根据加工方法的不同,还可将茶叶分为绿茶、红茶、乌龙茶(青茶)、白茶和砖茶等。中国名茶有杭州龙井、苏州碧螺春、黄山毛峰、六安瓜片、安溪铁观音、庐山云雾茶、武夷岩茶、云南普洱茶、祁门红茶等。

二、国外茶文化

(一) 日本茶道文化

日本的茶文化来源于中国,京都、宇治、奈良、滋贺等地既是传统茶区,也是日本茶文化的发祥地。在不断吸收中国茶文化精髓的基础上,不断将其本土化,形成了极具民族特色的日本茶道文化。"和、敬、清、寂"被推崇为日本茶道的"四谛"或"四规"精神,而"一期一会"与"独坐观念"则被看作是茶道思想的组成部分。"一期一会"出自《茶汤一会集》,指人的一生变化无常,所以应该把每次茶会当作唯一的一次人生体验认真对待。"独坐观念"是叫人在饮茶后独自静坐,回味此次茶事,体验充实与茫然的感觉。

日本茶道有繁琐而严谨的程序,一次茶道仪式通常要进行三四个小时。茶室的布局简朴、自然、优雅,通常以与茶事有关的禅语、字画和鲜花装饰。茶器的选择也十分讲究,既要与时令搭配,又要与茶室的陈设相协调。茶室的中间是烧水的陶制炭炉和茶釜,炉前摆放着饮茶用具。当茶道开始时,茶师用竹制的小勺挑取粉末状绿茶到茶碗,然后冲入沸水,用特制的竹刷搅拌后依次递给宾客品饮。茶道的点茶、冲茶、递茶、加水、品饮等步骤都有严格规定,一场正式的茶道包括食品和两道茶,即"浓茶"和"淡茶"。整个茶道的过程中茶师全神贯注地为游客营造一个身心舒畅的环境,让游客获得精神的愉悦。

(二) 英国红茶文化

英国是世界茶叶消费大国,每年消费世界茶叶总产量的四分之一,平均每天要喝掉 1.35 亿杯茶。自 17 世纪初英国人接触到茶叶开始至今,饮茶已慢慢发展成为人们的一种生活方式。在三百多年的饮茶史中,英国人吸收了中国、荷兰、俄罗斯等国的饮茶习俗,并将其与本国的风俗、文化、礼仪传统相结合,创造出闻名世界的红茶文化。

同日本一样,英国的茶叶最早也来自中国。茶叶的进口最初是经由荷兰、葡萄牙等国转口。自 1644 年起,英国人在中国厦门设立了采购茶叶的专门机构,直接进口武夷茶。18 世纪以后,随着茶叶进口量的增加,茶叶价格随之降低，茶叶开始进入英国平民百姓的日常生活，并且饮茶也逐渐发展成为一种民间时尚。时至今日，饮茶已经成为英国各阶层的嗜好。英国人早上起床要饮早茶，上午十一点的办公休息时间要饮茶，下午三点半到四点左右是下午茶，正式的晚餐自然也少不了茶。红茶的品饮已经发展成为英国独特的文化现象。世界著名的红茶品种有印度大吉岭、印度阿萨姆、中国祁门、锡兰高地乌沃茶等。在英国，周末的下午茶是款待朋友的最好方式。英国独特的下午茶文化，体现着一种艺术、一种韵味，表现出了英国人独特的绅士与淑女风度。来到英国旅游的游客，品尝正统的英式维多利亚下午茶，是旅行中不可或缺的一次经历。

三、茶文化旅游的开发

中国是最早发现和利用茶叶的国家，但茶与茶文化却是全人类的共同资源与财富。目前世界上有160多个国家有饮茶的习惯。我国拥有极其丰富的茶文化资源，发展茶文化旅游独具优势，茶文化旅游越来越受到青睐。

（一）茶文化博物馆、博物院的兴建

茶文化博物馆、博物院是展示中华民族茶文化历史、普及茶学知识的文化旅游基地，也是进行学术交流与茶文化交流的重要场所。目前我国规模较大的茶叶博物馆有杭州的中国茶叶博物馆和福建漳浦的天福茶博物院。杭州的中国茶叶博物馆内还会举行茶会、茶文化艺术展、茶道展示、茶艺、茶文化知识竞赛以及国际茶文化交流活动等活动。这所没有围墙的博物馆，以其独具特色的江南园林艺术与茶文化人文主题吸引着广大茶文化爱好者和中外游客。

（二）以茶园为背景的观光旅游项目的开发

我国的茶类资源丰富，各地的茶园为游客提供了清新的自然旅游环境。目前，很多茶叶产区将旅游业融入其中，开辟出专门的茶园观光旅游线路。有"闽南茶都"之称的安溪是中国最大的乌龙茶主产区和茶叶出口基地，建有茶叶大观园、茶叶公园、茶博馆和铁观音茶发源地探源、生态茶园等茶文化旅游茶区，形成有浓郁茶乡特色的茶文化旅游景区。这些旅游项目的开发，不仅可以使游客体验自然的茶园生态环境，同时也为游客提供了有关茶叶生产、制作、加工知识的现场课堂与茶文化交流的场所，迎合了人们在现代生活中追求自然、体验文化的需要。

（三）以茶文化为背景的茶艺展示

我国丰富的茶文化资源为茶艺的发展和丰富提供了源泉。茶艺活动作为一种展示饮茶文化的艺术形式，为游客提供的是一个鉴赏茶叶品质与冲泡技艺的身临其境的过程。通过参与和观赏茶艺活动，游客不仅可以"学艺"，还可以经历茶道精神与茶文化内涵的体验过程。当前各类茶艺活动的开展已经成为茶文化旅游中吸引游客的一个亮点。

（四）茶俗旅游的兴起

我国茶文化的形成有着深厚的历史

文化背景。时至今日,茶文化已经与各族人民的生活紧紧相连,众多特色鲜明、文化底蕴深厚的茶俗礼仪吸引了四方游客,如云南大理白族的"三道茶"、土家族的"擂茶"、傈僳族的"雷响茶"等都极富民族特色。此外,各民族古老的茶传说、茶趣闻轶事和茶歌舞等丰富了茶文化的内容,为游客提供了一种不同的茶文化体验。

(五)茶类旅游产品的增多

以茶叶为原料和以茶文化为素材的产品开发日渐增多。茶叶产品的开发包含了茶休闲食品(茶饮料、茶菜肴、茶点、茶干果等)、茶化妆品、茶保健品等。有的企业借用节庆等主题,将茶产品与其他商品搭配销售,创造出新的特色。如中秋赏月、品茗、吃月饼就是一种休闲的意境。以茶文化为主题的产品,如茶具、茶字画、茶书刊等不断丰富,满足了人们对茶文化的追求与享受。

【任务拓展】

①中国茶叶是怎样分类的?各有什么著名品种?

②了解"三道茶"、"擂茶"和"雷响茶"所寓意的饮茶文化。

【任务反馈】

作为不列颠哥伦比亚省的首府,维多利亚具备了国际化城市的一切特征,品尝维多利亚下午茶是当地旅游的特色。费尔蒙帝后饭店以下午茶闻名于世,每年有 115 000 名贵宾与当地居民享用这一自 1908 年沿袭下来的传统。

贵宾们在豪华的茶廊、堂皇的临港房间、或是在图书馆酒吧间的手绘天花板下喝茶,同时还能欣赏到百年历史、艺术和文字。在欣赏无与伦比的维多利亚内港美景时,还可看到在茶廊的两个壁炉上方相对而视的英王乔治五世和玛丽女王画像。在 55 英亩引人入胜的布查特花园中,鲜花环绕的餐厅里提供标准英式下午茶,金万利松露巧克力和柠檬罂粟籽吐司加上玻璃窗外五彩缤纷的鲜花,是每位客人都梦寐以求的下午茶时光。

英国人钟爱饮茶,茶文化对英国社会有哪些影响?

释疑: 茶饮料进入英国后,对英国的家庭生活、饮食消费、社会结构和政治经济等方面产生了巨大的影响,主要表现于四个方面:①对英国生活方式的影响;②对英国殖民政策的影响;③对英国绅士风度的影响;④对英国民族精神的影响。

活动三 酒文化

【案例聚焦】

月下独酌

李 白

花间一壶酒,独酌无相亲。举杯邀明月,对影成三人。月既不解饮,影徒随我身。暂伴月将影,行乐须及春。我歌月徘徊,我舞影凌乱。醒时同交欢,醉后各分散。永结无情游,相期邈云汉。

天若不爱酒,酒星不在天。地若不爱酒,地应无酒泉。天地既爱酒,爱酒不愧天。已闻清比圣,复道浊如贤。圣贤既已饮,何必求神仙?三杯通大道,一斗合自然。但得醉中趣,勿为醒者传。

问题:"诗仙"李白为何对酒情有独钟?中国有哪些传统酒文化?

【任务执行】

酒作为用粮食、水果等含淀粉或糖的物质经发酵制成的饮料,转化到社会和社会关系的各种意识形态中来,被人们用一种约定俗成的文化模式确定下来,这就是酒文化,是饮食文化的重要组成部分。

一、中国酒文化

中国的酒文化可谓源远流长,甲骨文里就有"酒"字,显然在甲骨文出现以前酒就出现了。据载,公元前21世纪建立的夏王朝各代统治者大都喜欢饮酒,商纣王酗酒亡国。周武王灭商建周后,以酗酒亡国之事为戒,开始实行酒禁政策。此后历代,酒禁政策时紧时松。及至宋代,酒禁松弛,除官僚士大夫外,市民饮酒之风日盛,酒文化也愈加丰富。

酒文化的魅力主要表现在酒人、酒事、酒礼、酒俗等方面。关于酒人,人们认为仪狄、杜康是酿酒的始祖。饮酒为文,才思奔涌者有之:"李白斗酒诗百篇",晏殊"一曲新词酒一杯";身无羁绊,放浪形骸者有之:晋朝名士刘伶嗜酒如命,置生死不顾;浅斟细酌,交谊叙旧者有之:"草草杯盘供语笑,昏昏灯火话平生";寂寥落寞,有酒无朋者亦有之:"无人竭浮蚁,有得至昏鸦"。关于酒事,著名的有项羽饮酒悲歌,卓文君当垆卖酒,赵匡胤杯酒释兵权,曹操煮酒论英雄,武松三碗不过岗等。凡此种种,蔚为大观。

我国的酒礼、酒俗更是丰富多彩。最重要的礼俗有二:一是未饮先酹酒,二是饮中应干杯。时至今日,人们仍然遵守着这些饮酒的礼节,只是更加宽泛、灵活。中国人喝酒注重人,讲究气氛。倒酒时要"以满为敬",喝酒时要"以干为敬";碰杯时,晚辈或下级的酒杯要低于长辈或上级的酒杯;敬酒时,晚辈和下级要主动,还要说敬酒词;有些地方还存在严重的劝酒现象,喝到不醉不归等等。总之,中国五十六个民族在酒礼上都有各自的特色。

饮酒行令,是中国人在饮酒时助兴的一种特有方式,是中国人的独创。它既是一种烘托、融洽饮酒气氛的娱乐活动,又是一种斗智斗巧、提高宴饮品位的文化艺术。酒令的内容涉及诗歌、谜语、对联、投壶、舞蹈、下棋、游戏、猜拳、成语、典故、人名、书名、花名、药名等方面的文化知识,大致可以分为雅令、通令、筹令三类。

外国友人在学中国酒令

中国是世界上最早酿酒的国家之一,距今已有5 000多年的酿造历史。酒的分类方法很多,其中以酿造方法分类,可分为蒸馏酒、发酵酒和配制酒;以酒精含量分类,可分为高度酒(>40°)、中度酒(20°~40°)和低度酒(<20°);以商业习惯或酿酒原料分类,可分为白酒、黄酒、葡萄酒、啤酒、果酒和药酒。中国名酒品种繁多,主要有茅台酒、五粮液、汾酒、泸州老窖、古井贡酒、西凤酒、董酒、剑南春、郎酒、洋河大曲等。

二、国外酒文化

严格说来,酒文化已是一种世界性文化。酒是人类文明的产物。随着社会经济的发展,世界各地都形成了独特的酒文化。西方按饮酒顺序分为餐前酒(开胃酒)、佐餐酒、餐后酒和特饮酒;按酒精含量可分为低度酒、中度酒和高度酒;按制酒工艺分为发酵酒、蒸馏酒、精炼和综合再制酒。发酵酒有葡萄酒、啤酒、米酒和果酒等。蒸馏酒有金酒(Gin)、白兰地(Brandy)、威士忌(Whisky)、伏特加(Vodka)、朗姆酒(Rum)、特吉拉酒(Tequila,又称龙舌兰酒)。精炼和综合再制酒有英国金酒、利口酒、味美思酒(苦艾酒)、苦味酒(Bitter)、药酒等。

世界各国名酒种类繁多,酿造历史悠久,除信仰伊斯兰教和佛教的民族外,其他民族或国家都具有饮酒的习俗。在西欧的一些国家中,酒比餐食更为重要。在宴会上,他们吃一道菜换一种酒。一般吃沙拉和冷拼小吃时喝干白葡萄酒;吃头道菜时喝干白、干红或玫瑰葡萄酒;吃海鲜类正菜时喝高度干白葡萄酒;吃肉禽类正菜时喝高度干红葡萄酒;吃甜食时喝甜食酒或香槟酒。此外饭前要喝开胃酒,餐后还要喝鸡尾酒或威士忌、白兰地一类的蒸馏酒。如此,一顿饭吃下来至少要喝五六种酒,而鸡尾酒则需要用两种以上的酒加苏打水、糖浆、鲜牛奶等来调制。

喝啤酒则更是世界各国人们的家常便饭,如同喝白水和饮料一样随便。据统计,现在全世界每年生产1亿吨啤酒。美国年产啤酒2 000万吨,居世界第一。德国则是世界上饮用啤酒最多的国家,平均每人每年饮啤酒150多公升。英国伦敦啤酒节、美国丹佛啤酒节和德国慕尼黑啤酒节,是世界最具盛名的三大啤酒节,每年都吸引着成千上万的旅游者去体验当地的啤酒文化,参与到啤酒爱好者的狂欢中。

在饮酒礼俗方面,欧洲等西方国家在基督文化影响下,饮酒具有日常化的特点。人们可以不分场合随时随地饮酒。把酒看作是一种软饮料,既可加汽水,又可加纯水、加果汁,也可加其他的酒。饮酒时各取所需,互不劝酒,少了东方人喝酒时的种种乐趣。

三、酒文化的旅游开发

酒文化有多维多重的组构特点。游客不论是求知、求新、求美,还是求舒适、求消遣、求健康,都可以在这多重多维的酒文化中获得日常家居生活所没有或不可能有的新鲜感和愉悦感。我国酒文化旅游主要集中在以下几方面:

（一）酒风酒俗旅游

贵州酒风酒俗绚烂多彩，具有酒文化与民俗民风的双重属性。苗族的牛角酒、打印酒，布依族的包谷酒、鸡头酒，彝族、侗族、水族等少数民族中盛行的咂酒、交杯酒、转转酒、拦路酒、送客酒等均负盛名。好酒配佳节，黔东南的台江姊妹节、从江碰柑节等，黔西南的三月三、六月六、查白歌节等，都展现了特有的民族风情及其文化底蕴，满足了游客猎奇寻胜的心理需求，也展示了各民族独特的酒文化习俗。此外，藏族的青稞酒、蒙古族的马奶酒都具有浓郁的民族风情，颇受游客青睐。

（二）酒乡旅游

产美酒的地方多有名山美水。我国西南地区，气候温和，物产丰饶，山奇水异，毓秀钟灵。在四川、贵州相接的地带，形成一条沿岷江、赤水河伸展的川黔名酒带。去川、黔一带旅游，不仅可以饱览山川之秀丽，还可以领略酒乡之风情。可深入酒厂、酒家参观制酒工艺或亲自品尝正宗、地道的名酒，融游乐、休闲、购物、酒文化体验于一体。

（三）药酒类旅游与产品的增多

酒与医药相结合是中华酒文化的一大特征，也使中华酒文化闪烁出科技的光芒。当我们浏览中华医学宝库的时候，便会发现几乎无药不可以入酒，凡有疾皆能以药酒疗之。可见，利用酒的药用功能以及酒医药的丰富资料，可以迎合老年游客、海外游客的心理，在科学饮酒的前提下，宣传酒的保健作用，满足中外游客的旅游需求。因此，保健酒、滋补性药酒等常常得到国内中老年游客和海外游客的青睐。

【任务拓展】

①搜集当前流行的酒令，按雅令、通令和筹令分类，分析它们各有何特点？

②金酒是调配鸡尾酒中唯一不可缺少的酒种。了解金酒起源，比较荷式金酒与英式金酒的异同？

【任务反馈】

"法国波尔多"在中国早已成为"进口红酒"的代名词。波尔多"五大酒庄"、"八大酒庄"巨星般的光芒，是全世界葡萄酒爱好者顶礼膜拜的对象。目前，国内多家旅行机构都纷纷推出了法国波尔多葡萄酒明星之旅，除了游览酒庄、品尝红酒、了解葡萄酒文化外，还设置了葡萄采收以及葡萄酒酿造等参与性较强的活动，让游客真真切切体验到法兰西馥郁芬芳的红酒文化。

红酒是一种带有鉴赏性的产品，如何去鉴赏一支红酒？

释疑： ①看，优质的红酒应该充满光泽而且通透，如果色泽偏向暗和混浊，这支红酒的品质不会高；②闻，选用优质葡萄酿制的红酒，品尝红酒时可嗅到葡萄的果香味；③摇，品红酒应该用高脚杯，这样可以确保你缓缓将杯中的酒"摇醒"以展露它的特性；④品，色和香都是感官感觉，直至真正入口时，才可以感受到红酒的质感、味道和层次。优质的红

酒停留在你口腔内时应有幼滑的感觉,慢慢感受到其香醇,然后味道会丰富起来;酒香会令你有回味的感觉,而且在口腔内久久未能散去。

活动四 咖啡文化

【案例聚焦】

蓝色的夏威夷:美国仅存的咖啡地

Kauai岛咖啡园位于美国夏威夷岛的南部。这是美国最大的咖啡园,拥有四百万棵咖啡树。炙热的阳光,肥沃的火山土壤,充足的雨水,使这里能种植5种不同的咖啡。种植园的游客中心提供了近30壶不同口味的咖啡任由旅游者免费品尝。不同类型的咖啡豆,不同的生长阶段,在这里,任何咖啡爱好者都能找到自己的最爱。

每年9月至12月,高约6米的采摘机在一排排咖啡树旁驶过,巨大的转臂拍过咖啡树的枝叶,将成熟的咖啡豆扫下。由于采摘工作昼夜不停,夜晚灯火通明,很引人注意。如果凑巧在这时候来Kauai岛,可以亲眼目睹咖啡豆采摘。其他时候来,可以在游客中心后面看看,这里展示着咖啡种植、采摘、筛选等全套操作工艺,当然也包括那些巨大的采摘机。如今,旅游业也已经成为这里经济的支柱产业。

问题:咖啡树有哪些种类?为何人们休闲时喜欢品尝咖啡?

【任务执行】

咖啡是世界三大饮料作物之一,世界咖啡的消费量比茶叶大四倍,比可可大三倍。埃塞俄比亚被公认为咖啡的原产地,至今那一带森林中仍生长着大片罕见的野生咖啡林。人类栽培咖啡的历史已达两千多年。公元525年,阿拉伯人就开始种植咖啡,最初咖啡只用于嘴嚼。公元890年,阿拉伯商人把咖啡带入也门,第一次制成饮料。到了13世纪,炒食咖啡已在阿拉伯人中盛行。大规模的咖啡栽培是在15世纪以后。

一、世界咖啡的分布与分类

咖啡树是茜草科常绿小乔木,耐阴耐寒,但不耐光、不耐旱、不耐病。目前最主要栽种的树种有埃塞俄比亚阿拉比卡种、刚果罗布斯塔种及利比里亚利比里卡种。

气候是咖啡种植的决定性因素,咖啡树只适合生长在热带或亚热带。但是,并非所有位于此区内的土地,都能培育出优良的咖啡树。咖啡树最理想的种植条件为:①半山,凉爽,有树影之森林中;②全年雨量为1 500毫米至2 000毫米;③排水良好的火山土壤;④全年温暖维持在21℃左右。由此可知,栽培高品质咖啡的条件相当严格,阳光、雨量、土壤、气温,以及咖啡豆采收的方式和制作过程,都会影响到咖啡本身的品质。

生长在我国海南三亚兴隆
热带作物园内的咖啡

全球咖啡生产国 60 多个,广布于南美、中美、西印度群岛、亚洲、非洲、阿拉伯、南太平洋及大洋洲等地区。以哥伦比亚为中心的中南美占了六成;其次,非洲、阿拉伯约占三成;其余的 10% 则分布于亚洲及岛屿。巴西是世界上最大的咖啡生产国,而品质最佳的咖啡则是生长在海拔 800 米至 1 200 米的牙买加蓝山咖啡。

人们日常饮用的咖啡是用咖啡豆(Coffee Beans)配合各种不同的烹煮器具制作出来的。咖啡品种有小粒、中粒和大粒种之分,前者含咖啡因成分低,香味浓,后两者咖啡因含量高,但香味差一些。目前世界销售的咖啡一般是由小粒种和中粒种按不同的比例配制而成的。作为饮料,咖啡不仅醇香可口,略苦回甜,而且有兴奋神经、驱除疲劳等作用,因而受到许多人的喜爱。

咖啡的分类很多,有单品咖啡和综合咖啡之分,意式浓缩咖啡和美式淡咖啡之分,还有黑咖啡和花式咖啡之分(表 8-3)。

表 8-3 常见的咖啡及其配料

名称	白咖啡	意式浓缩咖啡	卡布奇诺	拿铁咖啡	美式咖啡	玛奇朵	摩卡咖啡
图例	Flat White	Espresso	Cappuccino	Caffè Latte	Americano	Espresso Macchiato	Caffè Mocha
配料	1 份浓缩咖啡 1.5 份热牛奶	咖啡原液	1 份浓缩咖啡 0.5 份热牛奶 1.5 份奶泡	1 份浓缩咖啡 1.5 份热牛奶 0.5 份奶泡	1 份浓缩咖啡 2 份水	1 份浓缩咖啡 0.5 份奶泡	1 份浓缩咖啡 1 份热牛奶 0.5 份巧克力酱 0.5 份鲜奶油

1. 单品咖啡

单品咖啡就是用单一咖啡豆磨制而成,饮用时一般不加奶或糖的纯正咖啡。有强烈的特性,口感特别;或清新柔和,或香醇顺滑;成本较高,因此价格也比较贵。比如著名的蓝山咖啡、巴西咖啡、意大利咖啡、哥伦比亚咖啡等都是以咖啡豆的出产地命名的单品。摩卡咖啡和炭烧咖啡虽然也是单品,但是它们的命名就比较特别。摩卡是也门的一个港口,在这个港口出产的咖啡都叫摩卡,但这些咖啡可能来自不同的产地,因此每一批的摩卡豆的味道都不尽相同。

2. 综合咖啡

综合咖啡也称混合咖啡,一般是由两种或两种以上不同品种的咖啡,按其酸、苦、甘、香、醇调配成另一种具有独特风味的咖啡。好的综合咖啡调配完成后清香扑鼻、滑润爽口、色泽金黄,是咖啡中的上品。混合调配而成的咖啡饮品,随意性很强,追求个性色彩。根据咖啡种类的不同,因此调配出的综合咖啡在口味上也会有不同的特点,比如,卡布奇诺的口味就比拿铁咖啡来得重。

二、世界咖啡文化

咖啡种植和饮用受到地域、民族及其传统文化的影响,形成了各具特色的咖啡文化。

(一)阿拉伯咖啡文化

作为世界上最早生产和饮用咖啡的地区,阿拉伯的咖啡文化源远流长,至今还保留着古朴而悠久的传统。阿拉伯人喝咖啡时很庄重,也很讲究品饮咖啡的礼仪和程式。他们有一套传统的喝咖啡的形式,很像中国人和日本人的茶道。在喝咖啡之前要焚香,还要在品饮咖啡的地方撒放香料,然后宾主一同欣赏咖啡的品质,从颜色到香味,仔细地研究一番,再把精美贵重的咖啡器皿摆出来赏玩,然后才开始烹煮香浓的咖啡。

(二)欧洲的咖啡文化

从咖啡进入欧洲,到第一家咖啡馆的出现,咖啡文化开始风行欧洲,显示了极为旺盛的生命活力。在奥地利,咖啡与音乐、华尔兹舞并称"维也纳三宝"。意大利人对咖啡情有独钟,起床后做的第一件事就是马上煮上一杯咖啡,不论男女,几乎从早到晚咖啡杯不离手。法国人喝咖啡讲究的不是咖啡本身的品质和味道,而是饮用咖啡的环境和情调,并且他们表现出来的是优雅的情趣、浪漫的格调和诗情画意般的境界,就像卢浮宫中那些精美动人的艺术作品一般。从咖啡传入法国的那一天开始,法国的文化艺术中就时时可见咖啡的影子。文学家、艺术家和哲学家们在咖啡的振奋下,舒展着他们想象的翅膀,创造出无数的文艺精品,为世界留下了一批瑰丽的文化珍宝。

(三)美国的咖啡文化

美国是个年轻而充满活力的国家,这个国家的任何一种文化形式都像它自身一样,没有禁锢,不落窠臼,率性而为,美国的咖啡文化也不例外。美国人喝咖啡随意而为,无所顾忌,没有欧洲人的情调,没有阿拉伯人的讲究,喝得自由,喝得舒适。美国是世界上咖啡消耗量最大的国家,美国人几乎时时处处都在喝咖啡,不论在家里、学校、办公室、公共场合,还是其他任何地方,咖啡的香气随处可闻。

三、咖啡文化的旅游开发

咖啡文化旅游是把旅游与咖啡种植、生产结合在一起的一种旅游活动。它将咖啡种植园景观、咖啡种植及生产加工过程、咖啡文化等融为一体进行旅游开发，依托当地多样性的自然景观和特定的历史文化景观，吸引游客前来观赏、休闲、购物，使旅游者通过旅游获得丰富的体验和享受。它的产品涵盖咖啡历史文化、生态旅游、饮食文化、休闲度假等多个方面。

咖啡种植园是咖啡文化旅游的重要依托。可进行休闲、商务旅游的咖啡种植园一般由咖啡文化展示区、咖啡烘焙区、咖啡制作区、咖啡美食区、咖啡商品区等部分构成。结合其他旅游资源，设计一些可以让游客参与体验的项目，将咖啡文化与优美的自然风光、绮丽的民族风情相结合，能够满足游客的多样化需求。

城市街区独具特色的咖啡馆或咖啡吧也是休闲旅游的好去处。咖啡带给人们的，不仅仅是香浓的口味，更重要的是一种沉浸其中的感觉。也许那只是街角的一个不起眼的门脸，也许它的咖啡并不是那么好喝，但是，休闲客迷恋那儿的空气、光线、声音。男的，女的，开朗的，忧郁的，一群来的，孤自独坐的，抽烟的，喝浓咖啡的，或者根本不喝咖啡的，怀着各种目的或毫无目的地汇聚在这里，形成一种独特的咖啡馆文化。

【任务拓展】

①品质是产品质量的保证，咖啡有严格的分级体系。查阅相关资料，了解牙买加蓝山地区咖啡的分级体系。

②星巴克、COSTA 等国外咖啡品牌在中国非常流行，很多人都趋之若鹜，请分析其成功的原因。

【任务反馈】

世界上最贵的印尼"猫屎咖啡"竟然是大自然的杰作和恩赐。麝香猫觅食咖啡果，被消化掉的只是果实外表的果肉，坚硬无比的咖啡原豆随后被麝香猫的消化系统原封不动地排出体外。这样的消化过程，破坏了咖啡豆中的蛋白质，让咖啡豆产生了无与伦比的神奇变化，咖啡豆少了许多苦味，增加了香醇圆润的口感。农民的偶然发现成就了印尼知名的咖啡品牌。随着来印尼旅游游客的增多，这种产量极少又较为昂贵的猫屎咖啡供不应求。于是，当地的居民就开始人工饲养麝香猫，以增加猫屎咖啡的产量，适应日益增长的市场需求。

有"猫屎咖啡"，能否培育出"象屎咖啡"？

释疑：这是很好的创意，最近泰国推出世上最贵的"象屎咖啡"。通过人工给大象喂食咖啡豆，不同于自然界麝香猫自己有选择的觅食，咖啡豆的质量没有保证。即便如此，利用在大象肠胃中消化过的咖啡果制作的咖啡，想必口感也不会太苦。持保留态度，不值得跟风。好咖啡在每个人心中的理解是不一样的。

◆模块评价

【知识/技能评价】

①简述中国饮食文化的特征。

②简述中西方饮食文化的差异。

③简述中国茶的分类、代表性的茶品和产地。

④简述茶艺与茶道的区别。

⑤如何借助中国知名白酒品牌,发展酒乡文化旅游?

⑥查阅资料,若按产地划分,咖啡可分为哪些种类?

⑦结合牙买加的实际,谈谈如何开发蓝山咖啡文化旅游。

【能力应变】

这里提供的是来自法国、意大利餐厅的菜单,请翻译成汉语,并分析两者有何异同?

```
Sample Italian Menu

Appetizers
Calamari alia Griglia (Grilled Calamari)
Carpaccio di Manzo (Beef Carpaccio)
Carpaccio di Salmone (Salmon Carpaccio)
Cocktail di Gamberi (Shrimp Cocktail)
Cozze al Vapore (Steamed Mussels)
Prosciutto e Melone (Cured Ham and Melon)

Soups
Gazpaccio

Salads
Insalata Caprese (Mozzarella Tomato Salad)
Insalata Mista (Mixed Green Salad)

Italian Specialties
Risotto ai Frutti di Mare (Arborio Rice & Seafood Dish)
Risotto ai Funghi (Arborio Rice & Mushroom Dish)
Risotto ai Quattro Formaggi (Arborio Rice & Cheese Dish)
Risotto al Pollo (Arborio Rice & Chicken Dish)
```

```
Sample French Menu

Beef Entrees
Filet de Boeuf (Beef Filet)
Fondue Bourguignon (Beef Fondue)
Steak au Poivre (Peppered Steak)
Steak Frites (Steak and French Fried Potatoes)

Chicken Entrees
Poulet Provencal (Roasted Chicken with Herbs)

Seafood Entrees
Bouillabaise (Seafood Stew)
Moules Frites (Mussels and French Fried Potatoes)
Saumon en Papillote (Baked Salmon)

Side Dishes
Gratin Dauphinois (Creamed Potatoes)
Haricots Verts (French Green Beans)
Pommes Frites (French Fried Potatoes)
Ratatouille (Vegetable Stew)
```

【模块链接】

西餐改良,现代饮食文化的趋势

虽说"食在中国",但越来越多的年轻人喜欢西餐。西餐素以"三高"著称,高热量、高糖、高脂肪的食物的确让吃西餐的人长得壮实。但同时,也正是因为这"三高"让人得了冠心病、糖尿病等许多富贵病。近几年,营养学家对麦当劳、肯德基等西式快餐的批评不绝于耳,"垃圾食品"的概念常与之挂钩,甚至有些学者认为炸鸡腿、炸薯条、汉堡包等是导致西方人肥胖的元凶。越来越多的西方营养学家开始重新审视自己国家的饮食结构。经过长时间多方面的调查、研究、论证,他们认为,西方饮食结构确实存在营养过剩的问题。西餐的营养问题,主要是菜肴搭配不合理,动物性食品过多,植物性食品过少,比例不科学、不协调。调整的原则就是三低二高,即低脂肪、低盐、低糖、高纤维、高蛋白。此外,慢餐将是人们的饮食所需。慢餐文化是一种健康的生活方式,甚至是一种人生哲学。

它告诉人们如何在快节奏时代寻找休闲生活的乐趣。

拓展路径

浏览中国酒文化网（http://www.jiuwenhua.cn/），可以了解中国酒文化的相关资讯。浏览中国茶文化网（http://www.zgcwhw.com/），了解旅游业内动态。浏览茶叶知识网（http://www.i-tea.cn/）可以满足你对茶叶相关知识的追求。

[1] 钟贤魏主编.旅游文化学[M].北京:北京师范大学出版社,2004.

[2] 尹华光主编.旅游文化(第二版)[M].北京:高等教育出版社,2002.

[3] 袁澍主编.餐饮《论语》——孔子礼食箴言[M].济南:齐鲁书社,2010.

[4] 米其林公司.米其林红色指南——欧洲[M].朱健桦,王旸译.北京:化学工业出版社,2008.

[5] 案西昭雄.米其林红色指南——东京[M].北京:化学工业出版社,2008.

[6] 杨宏烈.饮食文化旅游杂谈[J].旅游资源,2009(19).

[7] 张荣春.论饮食文化在旅游产业中的开发[J].旅游经济,2012(4).

[8] 苏卫涛.品味中西饮食文化[J].中国商贸,2011(11).

[9] 杨丽.试析饮食文化旅游资源的开发[J].学术探索,2001(6).

[10] 季艳,王瑞琳.基于ASEB栅格分析法的南京饮食文化旅游开发研究[J].四川烹饪高等专科学校学报,2012(3).

[11] 姜瑞.咖啡文化之旅[J].出国与就业,2011(3).

[12] 何宏.饮食文化对旅游发展的影响[J].社会科学战线,2007(2).

[13] 贾雯.英国茶文化及其影响[D].南京师范大学硕士学位论文,2008.

[14] 季少军.茶文化旅游开发研究[D].山东大学硕士学位论文,2006.

模块九　旅游企业文化

◆ **模 块 目 标**

【行业要求】

从文化的角度出发研究旅游企业的经营与管理，是介体旅游文化的重要组成部分。随着我国旅游业的不断发展，旅游市场竞争日趋激烈，企业文化得到了现代旅游企业越来越多的重视。旅游从业人员只有了解一个企业的文化并融入其中，才能得到较好的职业生涯发展。

【学习目标】

学生应结合旅游企业发展的实际情况，掌握旅游企业文化的基础性知识和功能性作用，认识和了解构建旅游企业文化的重要手段，深化对旅游企业文化建设的理解。

◆ **模 块 任 务**

随着经济全球化的不断深入，旅游企业的发展呈现出上升的势头，在数量和规模上都取得了飞快的进步，同时，旅游企业之间的竞争也日益白热化。很多旅游企业都已经意识到如果想获取竞争优势，就必须在旅游企业文化上下足功夫。对于一家旅游企业来说，企业文化是其凝聚力与生命力的体现，是推动企业持续健康发展的不竭动力。旅游企业文化的建设成熟与否，逐步成为衡量一家旅游企业综合实力的重要标准。因此，旅游企业的竞争从本质上来说是旅游企业文化的竞争。正确认识旅游企业文化，把握旅游企业文化与企业发展之间的关系，对于旅游企业的长远发展具有重要的现实意义。

任务一　旅游企业文化概述

【任务目标】

企业文化是旅游企业能否取得成功的关键。本任务首先对企业文化进行了概述，其次在企业文化的基础上提出了旅游企业文化的概念、特征和内涵。通过学习和相关任务的拓展练习，学生能够从总体上把握旅游企业文化的概况。

活动一　旅游企业文化的概念

【案例聚焦】

迪士尼乐园与迪士尼文化

也许每个人想到"迪士尼"的时候，

无论是否亲临过迪士尼乐园,脑海里都会呈现出充满智慧而绅士般的米老鼠,或者是迷糊却可爱的唐老鸭,它们或嬉戏,或打闹,呈现出一片快乐盎然的景象。这便是迪士尼乐园所倡导的"快乐文化"。作为世界上连锁规模最大、经营最成功的主题公园,迪士尼在全球已经建成五座乐园,被游客称为"创造奇迹和梦幻的地方"。迪士尼创始人沃尔特·迪士尼先生的初衷就是为了让顾客能从现实中真切感受到卡通故事的魅力。迪士尼乐园以丰富的主题内容,将动画所运用的色彩、刺激、魔幻等表现手法与游乐园的功能相结合,给游客营造了一个充满梦幻、奇特、惊险和刺激的世界,使游客感受到无穷无尽的快乐。这个快乐系统在不断生产快乐、诠释快乐和维持快乐,也在不断满足游客不同层次上的需求,更在完美地诠释和发扬迪士尼的企业文化。沃尔特·迪士尼曾说过:"我们贩卖的不是商品,而是快乐,是梦想。"正是迪士尼乐园快乐的文化氛围,使游客得到梦想成真般的情感愉悦。

香港迪士尼乐园的巡演

问题:迪士尼乐园体现了怎样的企业文化?

【任务执行】

一、企业文化

企业文化理论是20世纪七八十年代在西方兴起的一种新的管理理论,并于20世纪90年代传入我国,之后受到了广泛的关注和研究。企业文化被认为是"企业生命的常青藤",能够为企业的发展注入活力,同时也被看作是"企业出类拔萃的关键",能够为企业带来有形和无形的经济社会效益。总体而言,企业文化是企业凝聚力与生命力的体现,是推动企业持续健康发展的不竭动力。

从广义上讲,企业文化作为社会文化的一个子系统,是指企业在建设和发展过程中所形成的物质文明和精神文明的总和,包括企业管理中的硬件与软件、外显文化与隐性文化两部分。从狭义上看,企业文化是指处于一定经济社会文化背景下的企业在长期生产经营过程中逐步形成和发育起来的、日趋稳定的、独特的企业价值观和企业精神,以及以此为核心而生成的行为规范、道德准则、生活信念、企业风俗习惯、传统,也包括在此基础上形成的企业经营意识、经营指导思想、经营战略等等,即一个企业或组织在自身发展过程中形成的以价值为核心的独特的文化管理模式。

二、旅游企业文化

随着旅游的产生和发展,与之密切

相关的旅游企业应运而生。旅游企业的界限模糊,与旅游相关的企业都可被纳入旅游企业的范畴,包括旅行社、旅游饭店、交通运输企业、景点景区以及旅游用品和旅游纪念品的销售企业等等。旅游企业如同其他企业一样,在其长期经营管理的过程中,形成了自己独特的企业文化。旅游企业文化是旅游企业在其生产经营和管理活动中所创造、形成的具有本企业特色的价值观念、行为准则及其规章制度、行为方式和物质设施的总和。

三、旅游企业文化的认识误区

无论是企业的管理者,还是企业的员工,对旅游企业文化的认识均存在偏差,导致许多旅游企业的文化建设走入误区。具体表现在五个方面:

（一）把企业文化等同于企业的文化娱乐活动

很多旅游企业的管理者对于企业文化的理解过于狭隘,只是笼统地将企业文化建设看作是举办一些日常的文化娱乐活动或者文艺演出,并未抓住旅游企业文化的内涵。

（二）把企业文化建设看作是提出几个口号

这是许多中国企业在企业文化建设中存在的通病,将企业文化建设停留在"口头"阶段,仅仅只是提出诸如"宾至如归"、"顾客是上帝"等口号,没有任何实际行动,认为提出几个具有号召力的口号就是企业文化建设。这样的表面工作缺乏实际意义,容易助长浮夸之风,与企业文化的精髓相悖。

（三）盲目模仿优秀企业文化,缺乏个性

虽然优秀企业文化确实值得借鉴和学习,但是每个企业都有自己的特殊性,决不能生搬硬套、盲目模仿。一味地模仿成功的主题公园或照搬相关演艺活动,粗制滥造,决不会形成自己独特的企业文化。从长远来看,这种东施效颦的做法,对企业自身的文化建设有百害而无一益。

（四）将企业文化等同于领袖文化

不可否认,许多企业创办者的一言一行都会深深影响到整个企业的文化,企业的建立和发展也确实需要这样的精神领袖。但如果一味地搞个人崇拜,将不利于企业文化的长久发展。国内一些知名的酒店因董事长或总经理变更导致企业发展停滞,就是盲目推崇领袖文化所引发的不良后果。

（五）企业文化和企业战略缺乏互动

许多旅游企业并没有认识到企业文化和企业战略之间的互动联系。企业文化和企业战略应该是相辅相成、相互联系的。一方面,企业战略是企业文化的反映,有什么样的企业文化,便会产生什么样的企业战略;另一方面,企业文化应该服务于企业战略,企业战略的实施必须依靠与之相匹配的企业文化。

四、旅游企业文化的内涵

任何一个旅游企业,其文化都可以

概略地划分为物质文化、行为文化、制度文化和精神文化四个层次。

（一）物质文化

旅游企业文化中的物质文化主要是指由企业职工创造的产品、服务和各种物质设施等构成的器物文化，包括企业生产经营的成果（企业生产的产品和提供的服务）以及企业创造的生产环境、企业建筑、企业标识、企业名称、企业广告、产品包装与设计、企业象征物等。旅游企业物质文化是旅游企业文化系统的表层部分，它反映的是旅游企业的经营思想、管理哲学、工作作风、审美意识等。消费者可以通过物质文化要素对旅游企业产生一个直观的认识和印象。

（二）行为文化

旅游企业的行为文化是旅游企业在运作过程中产生的活动文化和实践文化，是企业员工在生产经营过程中产生的以行为形态表现的企业文化，是企业文化作用于员工的最直接体现。它包括企业经营教育宣传、人际关系活动、文娱体育活动中产生的文化现象，它既是企业经营作风、精神风貌、人际关系的动态体现，也是企业精神、企业价值观的折射。旅游企业文化以动态形式作为存在形式：一方面不断向人的意识转化，影响着企业精神文化的生成；另一方面又不断地向人的物质文化活动转化，最终物化为企业的物质文化。

（三）制度文化

旅游企业的制度文化是指企业文化的制度层面，包括企业领导体制、企业组织制度、企业管理制度和企业民主制度等方面。它得到员工广泛的认同和遵守，是引导和约束员工行为的规范性文化，是旅游企业文化的中流砥柱，既是精神文化和行为文化的产物，又是物质文化得以实现的重要保障。它具有权威性、强制性、稳定性、变动性、群众性、有限性等特点，充分体现了旅游企业文化的要求。南京金陵饭店所提出的《金陵饭店员工文明行为规范》就是从制度上对员工的社会公德和职业道德做出了规范，为逐级严密的管理和优质的服务提供了可靠的制度保证。

（四）精神文化

旅游企业的精神文化，是指旅游企业在生产经营过程中，受一定的社会文化背景、意识形态影响而长期形成的一种精神成果和文化观念。它包括企业精神、企业哲学、企业道德、企业价值观等内容，是旅游企业意识形态的总和。相对于旅游企业物质文化和行为文化来说，旅游企业的精神文化是一种更深层次的文化现象，在整个旅游企业文化系统中处于核心地位。享誉全球的希尔顿酒店集团成功的最大秘诀就在于注重企业精神文化的建设，以"微笑服务、宾至如归"作为企业精神文化的内涵，不断推动企业前进。希尔顿酒店集团的成功表明一个旅游企业可以没有资产、没有背景,但只要拥有微笑、拥有精神、拥有文化,就会拥有成功的希望。

【任务拓展】

①举例说明旅游企业文化建设存在的误区。

②"洁净似月,温馨如家"是哪个酒店企业的文化形象?尝试从企业文化的四个方面分析这种文化丰富的内涵。

【任务反馈】

青岛CHINA公社文化艺术酒店是一座富有艺术设计感的文化主题酒店。CHINA公社建筑群落的设计灵感来自于对中国传统民居建筑神韵的感悟。它撷取了南方客家人的圆形土楼和北方四合院两种最具代表性的建筑的特征,以天井和庭院为核心,展现出中国传统的居住文化。整个建筑群落在周边现代楼宇的衬托中,显得大气恢弘。

何为设计酒店?它是如何体现酒店文化的?

释疑:设计酒店是指采用专业、系统、创新的设计理念和手法进行前卫设计的酒店,是设计文明与酒店文化高度融合的社会人文现象。在旅游企业物质文化的表现形式中,酒店的建筑和装饰风格是企业文化最直观的载体,直接影响了旅游消费者对酒店的第一印象。设计酒店抓住物质文化的特点,要求酒店的建筑和装饰风格能完美地展现酒店的企业文化。CHINA公社文化艺术酒店充分考虑到建筑和装饰与自身特色的和谐统一,将原生态与后现代生活方式相结合,以古典演绎现代,将企业文化的物质层打造成了一道独具特色的景观。

活动二 旅游企业文化的特征

【案例聚焦】

爱丁堡的米索尼酒店

米索尼(Missoni)是意大利著名的针织品时装品牌。极富艺术感染力的色彩、良好的针织工艺以及流动效果的条纹是米索尼时装的经典风格。优良的制作、鲜亮而又充满想象的色彩搭配加上强烈的富有艺术感染力的设计,使米索尼时装看起来像是一件艺术品,让人爱不释手。2010年米索尼公司在英国爱丁堡开了第一家Missoni酒店。设计团队将"米索尼"设计风格融入酒店的每个部分。步入酒店,立刻就能感受到Missoni风情。大胆的色彩运用,醒目的图案设计,加上四处洋溢着的时尚风格,让米索尼从众多的酒店中脱颖而出。

爱丁堡的米索尼酒店标识很特别

时装特点鲜明的酒店客房

酒店员工的工装也是带有锯齿状条纹的时装

问题：爱丁堡的米索尼主题酒店有何企业文化特征？

【任务执行】

旅游企业文化既具有企业文化的一般特性，又呈现出区别于一般企业、体现行业自身属性的特殊性。

一、人本性

以人为本是旅游企业文化的显著特征，同时也是旅游企业文化的主题。具体体现在两个方面：第一，旅游企业作为一种接待服务性的社会组织，需要充满人性亲情的情感来打动消费者，旅游者也主要通过消费旅游服务产品追求感性上的满足；第二，旅游企业提供的产品是服务，而且是员工与客人互动的面对面服务。从这种特征中可以看出旅游企业文化所综合的价值观、伦理道德、行为规范等都源于人，并且最终回归于人。因此，旅游企业在倡导"顾客至上"意识的同时，必须在内部提倡和贯彻"员工第一"的思想，即"管理者视员工为上帝，员工视顾客为上帝"，强调企业的民主化管理和人性化管理。"没有满意的员工，就没有满意的顾客。"对客人和员工的尊重都是人文主义精神的体现，而强调"以人为本"的人文精神也是旅游企业文化中最基本的一点。

二、服务性

服务性是旅游企业文化的基本特征。与一般企业不同，旅游企业出售的商品以无形的服务为主，企业的生产经营活动也以服务为中心。因此，服务理念、服务规范、服务方式成为旅游企业文化的基本特点。由于旅游产品具有无形性、不可转移性、生产与消费同步性、易损性、不可储存性等特点，这些特点对于保证服务产品质量来说显得非常重要。"顾客是上帝"和"顾客永远是对的"等口号，反映出旅游企业共同的价值观，即为宾客提供优质服务是旅游企业的生命线。所以，旅游企业文化的关键在于提高服务意识和改善服务方式，并以此达到提高服务质量的目的。

三、人文性

著名学者于光远先生曾经指出："旅游是带有很强的文化性的经济事业，也是带有很强的经济性的文化产业。"从一定意义上说，文化是旅游的重要内涵，也是旅游业的灵魂。旅游企业文化是旅游产品生命力的关键要素,没有文化内涵的旅游产品就不会有强大的市场生命力。一方面,旅游企业的宾客来自不同的地区,拥有不同的社会文化背景,企业需要了解不同国家地区的文化传统和价值观,尊重宾客的风俗习惯;另一方面,旅游本身是一种高层次的享受,旅游企业为适应市场需求必须要开发出文化品位较高的旅游产品。因此,旅游企业的文化意识越高,员工文化素质越高,所提供服务的文化品位越高,就越能让宾客感受到强烈的文化氛围,使宾客在文化认同中产生安全感、亲切感和满足感,真正感受到自身的人格被尊重、自己的消费是一种高雅的艺术享受。因此,旅游企业要想塑造良好的形象,就必须注重丰富的企业文化内涵。

四、开放性

旅游企业作为涉外性企业,面对的是来自世界各地的旅游者,客源广泛,文化环境的差异造成了旅游者在语言文字、审美情趣、价值取向、思维方式、道德风俗等方面的不同特点。一方面,针对旅游客源国际化的特点,旅游企业在面向国际市场的经营过程中,企业的员工,特别是决策层要有强烈的开放意识,研究和了解世界文化,设计和推出具有世界性的产品,使旅游者在文化认同中产生亲切感、安全感和享受感。另一方面,随着对外开放政策的实施,许多国际性的饭店集团大举进入中国市场,这些旅游企业在与中方合作的过程中,必然带来由于中西方文化差异引起的撞击。因此,中外合资、合作经营的旅游企业就必须建立起能为中外双方所包容的旅游企业文化。

五、系统性

旅游企业文化的系统性具体体现在两个方面:一方面,旅游企业文化是整个社会文化系统的重要组成部分,是一个子系统,深受社会文化的影响,并且反作用于社会文化的发展;另一方面,旅游企业文化本身就是一个复杂的系统,是企业价值观、行为规范、共同目标、企业环境等多种要素相互联系、相互作用形成的有机体。这就要求旅游企业的员工具有强烈的协作意识和协调全局的观念,把握旅游企业文化系统性这一重要特征。

【任务拓展】

①苏州同程网作为新兴在线旅游企业有何企业文化特征?

②选择一家属于全国百强的旅行社,分析其企业文化特征。

【任务反馈】

品牌是企业文化的浓缩,具有个性特色是品牌的亮点和卖点,也是整个品牌的灵魂所在。成功的饭店品牌都有非常鲜明的个性特色。如喜来登酒店以"物有所值"赢得人心,希尔顿酒店以重"快"服务著称,香港文华大酒店以重"情"服务而显。希尔顿的"快捷"、假日的"热情"、香格里拉的"亲情"、喜来登的

"值"等在顾客心目中都有鲜明的印象。

为何酒店业特别强调个性化的企业文化特点？

释疑：这是旅游企业文化个性突出的表现，旅游企业需要有别于其他企业的经营特色。独特的经营特色是企业文化个性的表现，是旅游企业文化竞争的基础，可以使旅游企业在市场竞争中获得更清楚的定位和分工。同时，现代旅游消费者对于个性化享受的要求也越来越高。因此，这就要求旅游企业在构建旅游企业文化的过程中，树立创新意识，在把握共性的基础上注重企业个性的展现。

任务二　旅游企业文化建设

【任务目标】

旅游企业文化具有独特的功能和作用。通过学习，了解旅游企业文化对内、对外不同的功能，从而更有针对性地开展旅游企业文化建设。

活动一　旅游企业文化的功能

【案例聚焦】

中国国际航空公司的企业价值观

中国国际航空股份有限公司是中国唯一载国旗飞行的航空公司。它具有国内航空公司第一的品牌价值，在我国各大航空公司中居于领先地位。近年来，国航依靠构建优良的企业文化，成为全球成长最快的公司之一。国航清楚地认识到自身是一个服务性企业，并在把握住服务所具有的时效性、多样性、变化性、安全性、感受性等特点的基础上，提出企业的宗旨，即"满足顾客需求、创造共有价值"。同时，把"服务至高境界、公众普遍认同"作为企业价值观，树立"爱心服务世界、创新导航未来"的企业精神。这些理念作为国航企业文化的核心内容，是国航品牌建设的思想基础和全体员工共同的行为指导。

载着国旗飞行的中国国际航空公司

问题：国航在企业文化建设中为何如此重视企业宗旨、企业价值观和企业精神？

【任务执行】

一、旅游企业文化的外在功能

（一）树立旅游企业形象

所谓旅游企业形象是指旅游企业通过各种传播媒介在社会公众心目中产生的一种综合反映。具体来说，旅游企业形象就是社会大众在心目中对一家旅游企业的全部看法和评价，并且与其旅游企业文化紧密联系，同时也被认为是旅游企业文化的外在表现。因此,旅游企业文化通过传播媒介的作用,形成旅游企业形象。什么样的旅游企业文化,就会形成什么样的企业形象。先进的企业文化可以为旅游企业树立良好的社会形象;反之,落后的企业文化则会对企业形象的塑造产生一定的负面影响。亚洲饭店集团的龙头——香格里拉饭店集团依托亚洲地区的社会文化背景,充分发掘东方人的传统美德,并将之与饭店经营相融合。于是"殷勤好客亚洲情"这七个字便成为香格里拉饭店集团的形象定位,这一形象定位帮助该集团在激烈的市场竞争中迅速占据了一席之地。

香格里拉饭店的前台体现出浓厚的亚洲风情

自从加入 WTO 之后,我国的旅游企业面临着新的机遇和严峻的挑战,这就更加迫切要求旅游企业通过企业形象的塑造向社会传达更积极、更真实的感受。同时,旅游消费者对旅游企业形象的关注,也促使旅游企业在其形象塑造上投入更多的精力、物力和财力。

(二)提升市场竞争力

通过企业文化塑造良好的旅游企业形象,以此作为旅游企业所拥有的最珍贵的无形资产。这些无形资产不仅可以提高旅游企业的信誉,扩大旅游企业的影响,还能更好地发挥企业文化在经济发展中的动力作用,以进一步提高旅游企业的市场竞争力,使旅游企业在市场的比拼中占据较为有利的地位。

旅游企业文化的差异直接决定了旅游企业市场竞争力的强弱。优秀的旅游企业文化往往能够使企业获得生生不息的长期牵引力和持续不断的内在动力。旅游企业的市场竞争力就是在不断地自我培养和修炼的过程中逐步形成和发展的。在目前日益激烈的旅游市场竞争中,旅游企业一定要把握好自身的企业文化,将之与自己的产品和服务相融合,以区别于其他竞争对手,从而使自己在众多旅游企业中脱颖而出。

二、旅游企业文化的内在功能

(一)增强旅游企业凝聚力

如果一家旅游企业的基本价值得到员工的共同认可和追求,员工便会感受到旅游企业的强大吸引力,也就自然而然地把旅游企业的目标作为自己的个体目标,这就是企业凝聚力的表现,正如"爱你的员工吧,他们会百倍地爱你的企业"这句名言所表达的一样。

凝聚功能是旅游企业文化的功能之一。旅游企业文化强调以人为本的管理理念,尊重人、关心人、理解人,能够使企业员工从内心深处产生一种奋发进取和贡献力量的精神,对企业产生强烈的归属感和认同感,继而形成一种强大的凝聚力。旅游企业的凝聚力具体体现在三个方面:第一,企业文化通过文化心理沟通,使员工树立以企业为中心的共同理想、信念、目标、追求和价值观念,产生一种强烈的向心力;第二,企业文化能够改变员工的思想态度,把一个企业的宗旨、理念、目标和利益融入员工的内心深处,使员工对企业产生认同感、使命感、归属感和自豪感,并自觉地付诸行动;第三,企业文化能够使员工产生强烈的团队精神,使员工能够齐心协力在一起,为企业的长远发展而共同奋斗。

(二)构建和谐的工作环境

良好的旅游企业文化建设有利于在旅游企业内部建立起公平公正的良性竞争环境。尊重每一位员工,尊重他们自身发展的需要,才能使每个人的才能、特长得到最大限度的发挥。旅游企业管理者在企业管理过程中,要制定科学合理的企业政策和制度,使工资、福利等薪酬体系能真正体现员工的实际价值,避免损害员工的合法利益,营造有利于个人发展的良性竞争环境。没有良好的企业发展,个人的前途便无从谈起。如果企业无法满足员工个人的发展,员工便会产生不满情绪,极大地影响工作积极性。

旅游企业文化的建设也有利于建立融洽和谐的企业内部人际环境。融洽和谐的人际关系在现代社会工作中发挥着重要作用。它不仅能使员工之间的合作更加默契,极大地调动员工的工作热情和积极性,提高工作效率,还可以减少不必要的体力和精力付出,减轻工作中的疲劳感,以此保证工作的效率和质量。旅游企业以服务性工作为主,在提供服务的过程中,员工的情绪、精神状态、服务热情等对服务质量有很大的影响。因此,企业必须为员工营造轻松愉快的工作环境,以保证优质、高效的服务。

选手与作品:比赛结束后的欣喜

(三)提高员工职业道德水平

旅游企业主要为旅游者提供服务。员工的道德素质直接影响到服务质量,也直接影响到旅游企业的信誉和可持续发展。因此,旅游企业员工的工作直接关系到旅游企业在旅游者心目中的形象。市场经济是一种自发性经济,旅游市场上悖于商业原则的行为屡见不鲜,比如,导游在工作过程中接受回扣、进行额外收费等。这些行为都会损害旅游者的利益,影响旅游企业和旅游工作者的形象。开展旅游企业文化建设可以约束和规范旅游企业员工的思想、行为,有利于提高旅游企业员工的职业道德水平,增强员工积极工作的主动性和自觉性,培育高素质的员工团队。

【任务拓展】

①访问本地某著名饭店的新浪微博,谈谈该饭店给你的印象。

②走访旅游企业员工,了解员工对企业文化的理解,以及对企业开展文化建设看法。

【任务反馈】

世界知名的万豪集团被认为是企业关心员工方面的楷模,是许多职工向往的工作胜地。在万豪集团的经营哲学中有这样一条原则:"对待员工就像你想让他们对待你一样——给他们提供成功的途径,给他们信心。尊重他们,让他们喜欢工作并对工作有兴趣。"万豪集团通过与员工耐心交谈,倾听他们的诉说、关心他们的家庭情况、了解他们的想法和抱负,从而实现对员工的真正理解。对员工做到真正的关心,信任员工,并给他们创造良好的发展机会,体现了"如果你关心员工,员工就会关心客人"这句话的真谛。

如何理解"如果你关心员工,员工就会关心客人"?

释疑:这句话体现的是"以员工为本"的要义。所谓"以员工为本"是指旅游企业管理者对下属员工进行人文关怀、进行人性化管理,让员工感受到自己对企业的价值和意义,培养员工对企业的归属感和责任感。首先,旅游企业管理者要富有"人情味",关心和爱护员工,给予员工温情,关心员工需要,让员工把企业当成自己的家;其次,要满足员工受尊重的需要,在工作中不仅要尊重员工的劳动,还要完全信任员工的能力,树立员工的主人翁意识;最后,旅游企业要对员工进行职业生涯规划的培训,为其提供一个能够实现自我发展的环境,同时要完善晋升制度和奖励制度,无论是在精神上还是在物质上,都要及时承认员工的成绩。

活动二 旅游企业文化的构建

【案例聚焦】

金陵饭店:中国民族酒店第一品牌

南京金陵饭店位于南京市区,是南京市的"中心地标"。金陵饭店是江苏省第一家五星级酒店,连续五年获得中国"最受欢迎本土酒店集团品牌"的称号,也是唯一入选"中国十大最受欢迎商务酒店"的民族品牌酒店,被誉为"中国民族酒店第一品牌"。此外,金陵饭店也是国内饭店首发上市的第一股。

南京金陵饭店走过近三十年,在取得如此辉煌成绩的背后,离不开其日益完善的企业文化。金陵饭店在经营过程中不断加强企业文化建设,同时结合自身的经验和体会,形成了行之有效的理念,创造了极具金陵特色的企业文化。以"创建中国人自己管理的、具有国际影响力的民族品牌百年企业"为公司愿景,将其企业文化构建归结成"四个致力于":致力于提升品牌影响力、国际竞争力和持续发展力,为股东创造盈利空间;

致力于凝聚人、引导人、激励人，塑造高素质团队，为员工打造成长平台；致力于为宾客提供超越期望值的高品质产品和服务，为宾客营造温馨家园；致力于关注民生，创造丰富的物质财富和精神财富，为社会创造更大价值。

金陵饭店二期扩建工程效果图

问题：企业文化在南京金陵饭店的发展中起到什么作用？

【任务执行】

旅游企业文化的构建是一项长期而复杂的系统工程。它与旅游企业的生产经营活动紧密联系在一起，是一个循序渐进的动态过程，需要企业在其经营过程中不断探索、营造、培养和发展。目前，旅游企业文化的构建可从以下几方面着手：

一、塑造良好的企业形象

旅游行业是一个开放性行业，是引导人们消费理念、引领时尚、直接为消费者提供服务的行业。旅游企业形象直接影响到消费者对于企业的印象和进一步选择企业为自己提供服务的想法。一个良好的旅游企业形象，能够通过留给外界的美好印象来获得社会和消费者的认可和信任，从而为企业的发展创造一个良好的外部环境。因此，旅游企业必须把塑造良好的企业形象作为一项重要的战略措施。

希尔顿饭店集团董事长康拉德·希尔顿就十分重视通过运用规范的企业礼仪来塑造良好的企业形象。他提出"微笑服务"，成功地使之成为自己企业的传统和习惯，并最终形成了希尔顿独特的企业文化。由此看来，企业员工的服务方式和服务态度可以直接反映出旅游企业的形象，是塑造旅游企业良好形象的重要出发点。此外，旅游企业的名称和标识等物质层面的文化载体，也是企业形象建设需要重点设计和创造的。这些物质层面以最直接的方式表现出旅游企业文化，可以让消费者最直观地感受到企业传达的文化气息。

二、全面提高旅游服务者的素质

旅游企业的服务人员在激烈的市场竞争中扮演着企业文化建设者的重要角色。许多旅游企业通过全面提高旅游服务者的素质，来推动旅游企业文化的建设。提高旅游服务人员素质的方法有很多，其中最主要的途径就是教育与培训。首先要把握教育培训的连续性。某些企业将教育培训只简单地看作是员工上岗前的热身学习，缺乏连续性，也忽略了企业客观环境日益变化的特点。这种不连续的教育培训方式并不能明显提高员工的素质。以员工素质高而著称的希尔顿饭店集团每年都会组织部分员工到密歇根大学和康奈尔大学进行学习,以此保证员工素质处在不断提高的过程中。此外,教育培训的方式不只局限于课堂学习。有计划地组织管理者与员工进行"圆桌式"探讨,举行与企业文化有关的文娱活动,以及让员工积极参与企业管理等,这些都是全面提高旅游服务者素质的重要手段,也是以人为的力量积极构建旅游企业文化的生动表现。

三、建立先进的管理机制与制度

旅游企业的管理机制与制度以旅游企业文化的价值观为指导,为企业的日常活动提供统一的规范管理,是企业文化由精神层面向行为层面、物质层面转化的必经过程。因此,建立先进管理机制与制度受到更多旅游企业的重视。首先,招聘、选拔及晋升人才的标准要与旅游企业文化相结合。企业文化建设的过程,本质上就是企业员工在生产经营活动中不断创造和实践的过程。员工不仅是企业文化的创造者和实践者,也是企业文化的载体。因此,企业在人才制度上要重点考虑员工与企业文化的契合程度。其次,要将员工的绩效与激励政策融入到企业文化之中。旅游企业应将企业文化用职业化行为标准进行具体描述,通过具体的考核指标来达到诠释企业文化的目的。最后,要将企业文化与沟通机制相结合。通过组织各种沟通和反馈活动,潜移默化地告诉员工企业提倡什么、鼓励什么,树立个人或团队标兵,使员工对企业文化的理解达成一致,最终在员工心目中形成真正的企业认同感。

提升旅游景区品质

四、培育企业价值观和企业精神

在精神层面上把握旅游企业文化,需要着重提炼出旅游企业文化的价值观并且打造积极的旅游企业精神。旅游企业文化的价值观在企业文化内容体系中处于核心地位,是指导企业行为的基本准则和信条,也是企业必须解决的首要问题。而旅游企业精神是企业全体员工较为一致的内心态度、意志状况和思想境界,是企业价值观的外化。因此,树立旅游企业文化的价值观和企业精神被认为是旅游企业的生命源泉。

第一,要立足于企业实际。无论是提炼出企业的价值观,还是树立旅游企业精神,都需要从旅游企业的实际情况出发,认识到企业自身的发展轨迹以及旅游行业特征,发挥企业的优势,改善不足之处,同时要站在现实的基础上,着眼于未来,力求从发展的视角出发,在更高的层次上把握旅游企业的价值观和企业精神。

第二,强化企业的个性,注重企业自身的特色。由于在服务方向、历史传统以及职工队伍素质等方面的差异,不同的旅游企业所呈现出的价值观和企业精神是千差万别的。国内许多企业并未认识到自身个性的重要性,依旧是千篇一律、人云亦云,这便无法建立自身独具特色的企业文化,无法在市场竞争中立足。著名的香格里拉饭店集团清楚地把握住了自身企业的个性,从集团本身是典型的亚洲管理集团这一实际情况入手,提出"殷勤好客亚洲情"这一企业价值理念,使员工接受了"亚洲式的殷勤好客服务,树立亚洲传统文化风格"这一企业精神。正是对企业个性的正确把握,香格里拉集团才能在激烈的市场竞争中脱颖而出,取得巨大的成功。

第三,需要员工理解并接受企业价值观和企业精神。旅游企业员工是企业价值观和企业精神的直接承担者,也为消费者提供了最直观的表现。因此需要对企业员工进行宣传和教育,使他们在耳濡目染中感受到企业价值观并接受企业精神,为旅游企业文化的构建提供强大的精神动力。

【任务拓展】

①拟定一份调查问卷,旨在了解旅游企业在文化建设方面的举措、成效和存在问题。集体交流讨论,在老师的指导下,修订并完善调查问卷。有条件的地方可以组织学生赴相关旅游企业进行调查,并对调查结果进行分析,撰写调研报告。

②在旅游业中有"不创新即死亡"的说法,搜集最近两年旅游企业文化建设的创新案例,撰写案例分析报告,并进行班级交流或在线交流。

【任务反馈】

文化更多地表现为意识形态上的内容。企业文化是企业在生存过程中所形成的指导企业行为的一种价值体系,它告诉企业成员什么是对的价值标准,什么是错的价值标准。企业文化必然是人本的文化和群体的文化。国际著名酒店连锁集团希尔顿酒店提出:"我们要靠那些受过严格训练和通晓经营方法与程序的人来承担责任,并对所有挂希尔顿酒店牌子的旅馆进行管理和指导。"它不仅体现了希尔顿酒店重视人的作用,体现以人为本的理念,更强调了其旗下各酒店之间价值观的一致性。

旅游企业文化的构建应遵循哪些原则?

释疑:第一,坚持"以人为本"的原则。一切从人出发,以人为根本,充分调动人的主动性、积极性和创造性,引导员工实现企业利益目标,实现企业与员工的双赢。第二,坚持创新原则。创新是旅游企业文化建设的灵魂,不仅要在意识层面上进行价值观的创新,还要注重开发独特的旅游产品、开展有特色的旅游服务,使企业文化富有长久的生命力。

第三,坚持独特的原则。旅游企业要根据行业特点和自身的实际情况,在企业形象的塑造上保持个性,以充足的吸引力保证强大的竞争力。

◆模块评价

【知识/技能评价】

①旅游企业文化有哪些特征?

②旅游企业文化包含哪些方面的内容?

③简述旅游企业文化的主要功能。

④简述旅游企业文化与旅游企业形象的关系。

⑤如何构建良好的旅游企业文化?

【能力应变】

阅读是我们了解不同旅游文化的重要途径之一,它应该成为我们的一种生活方式。请阅读或观看一部反映旅游企业运营管理的作品,如电影《我服侍过英国国王》或者小说《大饭店》、传记《抓住机遇——威尔逊和他的假日酒店》、《四季酒店云端筑梦》等等,围绕企业文化对员工成长、企业壮大和社会影响等方面撰写一份观后感或读后感。

【模块链接】

企业文化基石:
里兹—卡尔顿酒店员工基本准则

里兹—卡尔顿(The Ritz-Carlton)被认为是全球首屈一指的奢华酒店品牌,因其高贵奢华的风格,一直被业界尊崇为经典。里兹—卡尔顿酒店的成功离不开优秀的企业文化,其文化精髓浓缩在著名的《员工基本准则20条》之中。员工基本准则20条如下:

1. 公司信条是最基本的信条,要使每一位员工都了解、掌握并履行这一信条。

2. 我们的座右铭是:"我们是为绅士和淑女提供服务的绅士和淑女。"就服务而言,公司尊重客人,维护客人的尊严,同样,公司也尊重员工,维护员工的尊严。

3. 服务三步骤是里兹—卡尔顿酒店的服务基础。与客人接触时严格遵循三个步骤的基本要求,就能够为客人带来满意,赢得客人的光顾,赢得客人对酒店的忠诚。

4. 员工誓言是里兹—卡尔顿酒店良好工作氛围的基本保证。每个员工必须遵守誓言,创造良好工作氛围。

5. 所有员工都必须成功通过自身工作岗位的年度培训,取得培训合格证书。

6. 公司的奋斗目标要让每一个员工知道。要让员工知道,实现公司目标是每个人的职责。

7. 为了让员工体验到工作的成就和工作的乐趣,每个人都有权参与那些与其相关的工作。

8. 每个员工要随时注意发现整个饭店存在的缺点,这些缺点可以称为比佛先生(Mr. BIV),即工作出现的错误、重复做的工作、造成的损失、无效率行为和差距等。

9. 营造一个团队协作的工作氛围

是每个员工的职责。要努力通过相互的支持和合作满足客人的需求与员工需求。

10. 每个员工都享有充分的授权。比如说,如果客人遇到了问题或客人需要特别的帮助,每个人都应该放下手头的工作,对客人遇到的问题予以关注并尽力解决。

11. 严格遵循清洁卫生标准是每一位员工的责任。

12. 要为客人提供最好的个性化服务,每个员工都有责任来了解并记录客人的喜好。

13. 不要坐视客人流失而无动于衷。遇到客人表示愤怒和不满时,每个员工都有责任予以安抚。无论谁接到客人的投诉,都应该负起责任,予以解决,令客人满意,并对此做出记录。

14. "要微笑——因为我们是在服务的舞台上。"要主动与客人保持目光接触。与客人交谈时要使用得体的语言。

15. 无论是在工作时还是工作之余,都要争做酒店的形象大使。谈话时的态度也要乐观向上。对自己关心的事项要随时向恰当的人员沟通和宣传。

16. 客人询问饭店内某个地方时,要亲自陪同前往,而不应仅指明方向。

17. 接听电话要注意遵守里兹—卡尔顿酒店的电话礼节。铃响不能超过三下,接听时要在语音中透出"微笑"。尽量称呼对方的名字。必要时,可以对打电话者说:"请稍等一会儿,好吗?"不要筛选电话。要尽量接通电话,不要随意转接电话。要注意语音信箱的使用礼仪。

18. 要为自己的形象感到自豪。注意保持个人形象。每个人都有责任按照里兹—卡尔顿酒店的仪容仪表的要求着装打扮,以专业的形象出现在客人面前。

19. 安全第一。每个员工都有责任为客人和自己创造一个安全可靠、不会出现意外的环境。注意火灾及其他安全隐患的处理程序,发现安全隐患要及时报告。

20. 保护好里兹—卡尔顿酒店的财产是每一位员工的责任。要注意节约能源,维护、保养好饭店的财产、设备,并注意环境的保护。

上述20条员工基本准则,详细而具体地约定了员工在工作中需要注意到的问题,覆盖面广并且操作性强,为酒店能够为客人提供卓越和一流的服务奠定了基础,同时,成为里兹—卡尔顿酒店企业文化不可动摇的基石。

拓展路径

阅读《饭店企业文化塑造》(旅游教育出版社,2009),此书结合中外饭店企业的成功案例,细致地剖析了企业文化的理念、价值观与企业精神的内涵,并提出了塑造企业文化的可行方法,值得研读。以下著作和论文均涉及旅游企业文化,推荐阅读。

[1] 李琼英,方志远主编. 旅游文化概论[M]. 广州:华南理工大学出版社,2008.

[2] 刘晓航主编. 旅游文化学[M].

天津:南开大学出版社,2009.

[3] 曹诗图,孙静主编.旅游文化学概论[M].北京:中国林业出版社,2008.

[4] 李玉华主编.旅游文化学概论[M].北京:对外经济贸易大学出版社,2009.

[5] 马波.现代旅游文化学[M].青岛:青岛出版社,2001.

[6] 张丙军,杨虎森.关于旅游企业文化建设的几点思考[J].河南商业高等专科学校学报,2006(5).

[7] 曹诗图,查俊峰.试论旅游企业文化的特征、发展趋势与建设[J].武汉科技大学学报,2008(2).

[8] 刘娜.旅游企业文化建设之我见[J].河北师范大学学报(哲学社会科学版),2005(3).

[9] 李静远.旅游企业文化建设途径浅探[J].江汉石油职工大学学报,2001(2).

[10] 董革冰,董革非.加强旅游企业文化建设的思考[J].沈阳大学学报,2006(1).

[11] 吴开军.试论旅游企业的企业文化塑造[J].宿州教育学院学报,2009(2).

[12] 易伟新.中国近代旅游企业的企业文化建设研究——以中国旅行社的CIS为例[J].湘潭大学学报(哲学社会科学版),2009(3).

全国高职高专旅游类"十二五"示范教材
（黄震方总主编）

旅游概论	旅游法规实务	景区服务与管理
旅游英语	旅游电子商务	会展服务与管理
旅游经济	旅游服务礼仪	导游操作实务
客源国接待实务	旅游企业财税基础	模拟导游
旅游心理与人际沟通	饭店经营与管理	酒店前厅实务
旅游文化	餐饮服务与管理	酒店客房实务
旅游市场营销	旅行社经营与管理	（待续）
中国旅游地理		

读者反馈表

感谢您长期以来对南师大版旅游类教材的关注和支持，为了践行一体化教学理念和全程为师生服务的理念，我社建立了旅游类教材互动反馈平台，每一位选用我社旅游类教材的读者均可享受免费获赠旅游类教研参考资料、书讯、最新教材样书以及免费使用我社旅游类教材教学和学习资源包，长期参与互动者，可成为我社高教部读者俱乐部高级会员，定期获赠样书。为了加强我社对每位读者服务的针对性和有效性，烦请填写如下反馈表。

姓 名		单 位			地 址			
院系		电话		邮编	E-mail			
授课科目		学生数		其他授课科目		学生数		欲开设科目	
第___学期 春季□ 秋季□		教材选择者		第___学期 春季□ 秋季□		教材选择者		第___学期 春季□ 秋季□	学生数	教材选择者
研究方向		欲出版教材（有□ 无□）	书稿名		欲出版专著（有□ 无□）	书稿名		欲出版其他类（有□ 无□）	书稿名
对我社教材反馈意见		内容质量			编校质量			装帧质量	
		印刷质量			体例设计			定价	

填妥后请选择以下任一方式将此表返回。
电话：025-83598887　　025-83598187 转 1057
E-mail:lvyoubianjishi@126.com　　邮编：210097
地址：江苏省南京市宁海路 122 号南京师范大学出版社高教部
注：登录我社门户网站"资源下载"栏目免费下载旅游类教材教学资源包、学习资源包和"读者反馈表"等相关资源，请使用图书配套下载码 hwyl06。